I0483877

Finanzberatung.
Nein Danke!

„Ohne Beratung erfolgreich investieren"

Verzichten Sie auf Experten, Bankberater und teure Ratgeber

von

Dr. Olaf Borkner-Delcarlo auf Seite

Impressum

Im Eigenverlag herausgegeben
ISBN: 1507561865

Für meine Frau

Autor: Dr. Olaf Borkner-Delcarlo
Gesamtlektorat: Claudia Heinen
Gestaltung und Grafik: Franca Delcarlo
Für Kommentare, Kritik und Anregungen
mailto: olaf.borkner@gmail.com

Inhaltsverzeichnis

1 Investieren für Kleinanleger

Die Welt der Finanzen und Geldanlagen ist wie ein großer Löwenkäfig, und der kleine Anleger läuft nackt darin herum, mit einem blutigen Steak auf dem Rücken. Warum, so werden Sie sich fragen, will ich unbedingt in diesen Käfig hinein?

Die Frage ist müßig, denn Sie befinden sich bereits darin. Sie verdienen Geld, zahlen Steuern, konsumieren Güter, Sie sind ein Marktteilnehmer, potenzieller Geldanleger und damit natürlich interessant für Finanzberater, Rentenfachleute und Versicherungsagenten. Und auch der Staat versucht Ihnen ständig zu erklären, wie Sie Ihr Geld anlegen sollen, was Sie lassen oder tun müssen, damit es später einmal reicht. Aber diese Ratgeber haben nur eines im Sinn: Sie wollen alle an Ihnen verdienen. Ja, auch der Staat, der ganz besonders, denn der braucht immer Geld.

Ein Löwe werden Sie nicht sein, wohl auch nicht werden, denn dafür braucht man schon einige Milliarden auf dem Konto, aber Sie könnten wenigstens versuchen, das blutige Stück Fleisch auf Ihrem Rücken loszuwerden, sodass nicht jeder dieser „*Ratgeber*" gleich auf den ersten Blick sehen kann: „Ah, fein …, da ist ja ein neues Opfer!"

1.1 Geld anlegen? Nicht nach den Regeln der Löwen

Während für jemanden, der eine Milliarde auf dem Konto hat, eine Fehlinvestition von zehn oder zwanzig Millionen eine Kleinigkeit ist, kann für Sie der Verlust von einigen Tausend Euro bereits der finanzielle Ruin bedeuten. Deshalb sollten Sie nicht gleich jedem „*Berater*" Ihr Geld andienen, in der Erwartung, dass der schon wissen wird, wie Ihr Vermögen zu verwalten ist. Seien Sie versichert, alle Experten und Berater sind nur daran interessiert, etwas von Ihrem Geld zu bekommen, und zwar so viel wie möglich.

Alle Finanzgurus, denen Sie begegnen werden, gehören auch nicht gerade zu den Löwen, sie sind eher der Kategorie Hyäne zuzuordnen, welche die Reste des Kapitalmarkts verwerten. Allerdings sollten Sie zusehen, dass Ihr Kapital nicht der Resteverwertung der Gurus anheimfällt, und das funktioniert nur, wenn Sie sich von allen Beratern und Finanzexperten fernhalten. Ja, Sie haben richtig gelesen, *fernhalten!*

Gehen Sie in Ihre Bank, zu Ihrem Versicherungsmakler, winken Sie ab und sagen Sie: *„Keine Beratung bitte!"* Die Reaktion darauf wird Sie in Erstaunen versetzen.

Halten Sie sich fern von staatlichen Beratungsstellen und Verbraucherorganisationen, die können Ihnen nicht helfen. Um Ihr Geld müssen Sie sich selbst kümmern, denn niemand ist kompetenter als Sie. Ein Experte mag so kompetent sein, wie er will, aber er wird immer eine andere Vorstellung vom Investieren haben als Sie selbst. Seine Vorstellung von Sicherheit und Rendite wird eine andere sein als die Ihre, und von nachhaltigem Investieren haben Berater meist keine Ahnung, sonst würden sie nicht stets Geldanlagen propagieren, die sich in mageren Zinserwartungen erschöpfen, und Ihnen nur die Hoffnung vermitteln, dass Sie Ihr angelegtes Geld dereinst einmal zurückerhalten werden.

Berater sind eine feine Sache, wenn Sie sich ein Auto oder einen Kühlschrank kaufen wollen. In Finanzdingen allerdings können Ihnen Berater kaum gute Ratschläge geben, weil es nicht ihr eigenes Geld ist, das sie anlegen, und weil Sie nicht wissen können, wie gut ihre Ratschläge wirklich sind. Außerdem gibt's bei Finanzdingen keine Garantie oder Gewährleistung nach dem Motto:

„Hoppla, das war jetzt wohl doch nicht die Anlage, die ich wollte. Macht nichts, die kann ich doch bestimmt wieder umtauschen!"

Wenn das Geld einmal weg ist, dann ist es weg, das bekommen Sie nicht wieder.

Gerade in Gelddingen haben es Ratgeber stets leicht, gute Ratschläge zu erteilen, denn sie müssen entstehende Verluste nicht tragen. Außerdem zeichnen sich die allermeisten Berater nicht gerade dadurch aus, es geschafft zu haben. Warum sonst säßen sie nicht den Tag über hinter einem Schreibtisch und warteten darauf, dass ihnen jeden Monat das Gehalt überwiesen wird?

Berater, die ihr Geld wert sind, denen werden Sie und ich in unserem Leben nicht begegnen, die spielen in einer anderen Liga, um die zu beschäftigen, dafür haben Sie und ich zu wenig Geld.

Dieses Buch ist für Sie geschrieben. Für Menschen, die von Finanzdingen keine Ahnung haben. Die nicht wissen, wie man Geld anlegt, deren Unwissenheit stets und ständig ausgenutzt wird, damit andere Geld verdienen. Es ist für Menschen geschrieben, die fest davon überzeugt sind, keine Ahnung davon zu haben, wie der Aktienmarkt funktioniert, und deshalb der Meinung sind, Geldanlage sei nur etwas für Fachleute.

Sie, ich und die anderen kleinen Anleger, wir sind es, die das Geld des großen Marktes verdienen müssen, wir sind es, die Steuern und Abgaben zahlen, einkaufen und konsumieren, damit sich das große Rad der Finanzen überhaupt drehen kann. Kein Berater hat an Ihnen ein persönliches Interesse, niemand möchte ausgerechnet Sie reich machen. Die Gurus der Finanzwelt interessieren sich allesamt nur für Ihr Geld, und genau dies sollten auch Sie tun!

1.2 Der erste Hauptsatz der Geldanlage

Die grundlegende Aussage dieses Buches ist:

Investieren Sie in Anlagen, die Sie verstehen und beurteilen können, aber nicht in Experten und „Finanzprodukte", die Sie weder verstehen noch beurteilen können!

Wenn Sie wissen, wie eine Steckdose montiert wird, aber keine Ahnung davon haben, wie eine Drehstrom-Sternschaltung in eine Dreiecksschaltung umgepolt wird, holen Sie da gleich einen promovierten Elektroingenieur, damit er Ihnen die Steckdose anschließt?

Gewiss nicht!

Dasselbe gilt für die Geldanlage. Wenn Sie nicht wissen, was ein Derivat, ein Optionsschein, ein Zertifikat ist, dann lassen Sie doch einfach die Finger davon und montieren Sie Ihre Steckdose selbst. So einfach ist das.

Wie, so werden Sie sich fragen, kann Nichtwissen erfolgreicher sein als Expertenwissen?

Um das zu erfahren, lesen Sie den Absatz 9.2: „*Kaufen und liegen lassen funktioniert nicht mehr?*"

Am Ende dieses Buches wird Ihnen klar sein, wie dieser *Hauptsatz der Geldanlage* gemeint ist und wie er funktioniert. Auch wenn Ihnen alle Ratgeber das Gegenteil suggerieren wollen: Es ist nicht schwer, sein Geld auch ohne Gurus und teure Finanzberater erfolgreich anzulegen, denn Sie haben etwas, was die große Gemeinde der Anlageberater nicht hat, und das ist *Zeit!*

Und Zeit kompensiert mit den Jahren jeden Wissensvorsprung, den Experten und Anlageberater haben können.

Natürlich werden Sie keine 153,23%, 214,12% oder 364,34% Vermögenszuwachs pro Jahr erreichen, aber solche Gewinne existieren meist nur in den Hochglanzbroschüren illustrer Anlageberater. Nur, bei der Geldanlage geht es eben nicht darum, den maximalen Gewinn in kürzester Zeit zu erzielen, sondern darum, eine optimale Geldanlage zu finden, die sich verlässlich und dauerhaft rentiert, und das hat mit maximalem Gewinn nur peripher etwas zu tun! Lassen Sie sich nicht verunsichern, man muss keinen Index schlagen, um an der Börse Erfolg zu haben. Ja, Sie können mit dem täglichen Ergebnis Ihrer Aktienanlage immer unter den Indizes liegen und am Ende dennoch besser dastehen als jeder Experte oder Investor, der dem Index ständig hinterhergelaufen ist.

1.3 Im Supermarkt an der Kasse

Sie gehen doch sicherlich jeden Tag einkaufen. Sie überreichen dem Mann an der Kasse fünfzig oder sechzig Euro, ohne ihm mitzuteilen, was Sie eigentlich möchten. Und ohne ihm einen Einkaufszettel zu übergeben, beauftragen Sie ihn, Ihre Einkäufe zu tätigen. Was ihm gerade so einfällt: Saure Lunge, Wiener Würstchen, Bier, Brot und Butter. Nach einer kleinen Wartezeit nehmen Sie von dem Mann eine braune, zerknitterte Tüte in Empfang und bedanken sich höflich. In gespannter Erwartung gehen Sie nach Hause, packen aus, was Ihnen der freundliche Herr alles so eingepackt hat, und freuen sich über den gelungenen Einkauf.

Ach was ..., nein ...? Das tun Sie nicht?

Das ist jetzt aber merkwürdig, denn genau dies geschieht, wenn Sie einem Fondsmanager, Banker oder Finanzberater Ihr Geld übergeben, damit er es für Sie anlegt.

„Aber das ist doch etwas ganz anderes", werden Sie sagen, *„schließlich geht es hier um Geld und nicht um Würstchen, Bier, Brot und Butter!"*

Ja, in der Tat, es geht um Geld. Um Ihr Geld! Aber wenn Sie das beim Supermarkt um die Ecke machen, dann haben Sie nur ein Essen auf dem Tisch, das Ihnen nicht schmeckt, wenn die Tüte nicht die Dinge enthält, die Sie eigentlich zu Mittag essen wollten. Doch wenn der Fondsmanager Titel für Sie kauft, die Sie nicht verstehen, die Sie nicht haben wollen, dann ist das in Ordnung?

Der etwas merkwürdige Einkauf hat nur harmlose Folgen, doch die ebenso merkwürdige Art Ihr Geld anzulegen, kann tatsächlich Ihre Existenz gefährden. Bei *jeder* Investition sollten Sie stets genau wissen, was Sie da einkaufen und auch wenn Ihnen die halbe Welt erzählt, ETFs seien eine gute Anlage, Fonds würden den Mark schlagen, dann mag das wohl so sein, allerdings wissen Sie das immer erst hinterher, wenn Sie den Fonds, den ETF für ein, zwei Jahre gehalten haben.

Wenn Sie sich in dem großen Markt des Angebots nicht auskennen und nicht wissen, welche Aktie Sie auswählen sollen, warum wollen Sie dann Fonds kaufen, über die Sie noch weniger wissen? Warum wollen Sie Ihr Geld völlig unbekannten Managern geben, deren Hintergrund Sie ebenfalls nicht kennen und deren Anlagestrategie Sie auch nicht verstehen? Wenn Sie das tun, verschieben Sie doch nur das Problem, aber Sie lösen es nicht! Im günstigsten Fall werden diese Manager mit Ihrem Geld genau die Aktien kaufen, die Sie sich nicht getraut haben zu kaufen, im schlechtesten Fall werden sie genau die Aktien kaufen, die Sie niemals gekauft hätten. Bitte, wo liegt da der Sinn?

Ein Fonds kann von einem Tag auf den anderen seine Führungsspitze auswechseln, ohne dass man Ihnen das auch nur mitteilt. Woher wollen Sie wissen, ob die alte Spitze so gut war, wie in den Prospekten beschrieben? Woher wollen Sie wissen, wie kompetent die neue Spitze in der Zukunft sein wird? Ist Ihnen Ihr Geld wirklich so wenig wert, dass es Ihnen egal ist, wer gerade was damit einkauft?

Wenn Sie keine Ahnung von Finanzdingen haben, nicht wissen, wer Herr DAX oder Frau DOW ist, wenn Sie nicht wissen, was ein Optionsschein, Zertifikat oder Derivat ist, und wenn Sie dennoch Ihr Geld ertragreich und sinnvoll anlegen wollen, dann müssen Sie sich selbst darum kümmern.

Es gibt zwei Arten von Anlegern an der Börse; die Spekulanten und die Investoren.

- Spekulanten sind Anleger, die Ihr Geld in Kursen anlegen, in der Hoffnung einen schnellen Euro zu machen. Denen sind die Unternehmen, die sie kaufen, ziemlich egal.

- Investoren sind Anleger, die in Unternehmen investieren, von denen sie überzeugt sind und deren Geschäftsmodell sie kennen.

Und **Sie** müssen entscheiden, in welches Lager Sie gehören. Wenn Sie Fonds oder ETFs kaufen, gehören Sie eindeutig in das Lager der Spekulanten, denn Sie können nicht wissen, was Sie da gekauft, in welche Unternehmen Sie investiert haben. Mich wundert immer nur, dass in fast allen Lebensbereichen der Kunde wissen will, was er tut, will oder kauft, nur im Finanzwesen, da soll das dann anders sein?

Mit meiner Einteilung ist keinerlei Wertung verbunden. Einem Spekulanten, der weiß, was er tut, der über geeignete Informationen und genügend Mittel verfügt und auch mal einen größeren Verlust hinnehmen kann, dem sei sein schneller Gewinn gegönnt, nur sollten Sie sich prüfen, ob diese Attribute auch auf Sie zutreffen, wenn nicht, dann spielen Sie Lotto, wenn Sie in ETFs oder Fonds investieren. Seit ich das begriffen habe, bewegt sich mein Depotwert ständig nach oben, allerdings die schnellen Gewinne tauchen nicht mehr auf meinem Konto auf. Die schnellen Verluste allerdings auch nicht. Wie gesagt: Sie müssen sich entscheiden, das kann Ihnen niemand abnehmen.

Deshalb:

Der Weg zu einem Finanz-, Bank-, Versicherungsberater, Fondsverwalter oder den staatlichen Renten und Vorsorgetöpfen ist der schnellste Weg, das eigene Geld loszuwerden. Alle diese Leute arbeiten zuerst einmal für sich selbst. Was sollten sie auch anderes tun?

Warum nur fallen so viele Anleger auf die Sprüche der Finanzverwalter herein? Warum hinterfragen, analysieren wir nicht einmal, was die Experten da von sich geben? Manche Aussagen sind so hanebüchen, dass man sich schon fragt: „Ja, denken denn die Herren nicht nach, bevor sie so etwas sagen?"

1.4 Aber lassen wir doch die Experten zu Wort kommen

Am 13.05.2013 stand auf Focus-Money-Online Folgendes zu lesen:

„Nichts ist mehr wie vorher", warnt Fondsmanager Flossbach.

Was für eine Aussage!

Den Spruch habe ich nach dem Crash 1987, 2001 und nach 2008 gehört, und zwar von den verschiedensten „Experten".

Meinen die Finanzgurus wirklich, alle Anleger seien so leicht-
gläubig und einfältig, dass diese Aussage noch irgendeinen Wert
hätte?

Offenbar ja, wie sonst könnte man diese Äußerungen eines renommierten Experten in einer ebenso renommierten deutschen
Wochenzeitung interpretieren?

Auf dem Kapitalmarkt ist immer noch alles so, wie es immer
war, und daran wird sich auch nichts ändern. Kein Krieg, keine
Krise hat daran je etwas ändern können, und die Eurokrise wird
daran auch nichts ändern. Solche Aussagen dienen nur dazu, Sie zu
verunsichern, Ihnen das Gefühl zu geben: *„Alles ist anders, und
ich kenne mich nicht aus, also muss ich mich einem Experten anvertrauen."*

Nun ein Zitat aus der gleichen Publikation:

*Auch Normalsparer können vom Geheimwissen exklusiver
Finanzmanager profitieren: mit „vermögensverwaltenden
Fonds". Diese Fonds trotzen nicht nur dem aktuellen
Goldpreis- und Zypern-Schock – sie gewannen sogar in den
vergangenen Krisenjahren ...*

Wie geheim ist Geheimwissen eigentlich? Wenn es tatsächlich
ein solches Wissen gäbe, dann würden Sie das nicht erfahren, sonst
wäre es schließlich nicht geheim. Aber auch sobald Ihre Anlageberater und Fondsmanager dieses ominöse *„Geheimwissen"* kennen,
weiß es bereits die ganze Finanzwelt und hat auch schon darauf
reagiert. Sie werden wie immer nur hinterherlaufen. Wir Anleger
sind dazu verdammt, immer nur hinterherzulaufen.

Nur so schlimm, wie sich das anhört, ist das gar nicht, denn
langfristig gesehen, kann einem Anleger die Hektik der Börse und
die erratischen Kursentwicklungen völlig gleichgültig sein. Man
müsste eben nur auf die Börsentipps der wahren und wirklichen
Fachleute hören. Das wunderbare dabei ist: Diese Fachleute begegnen Ihnen jeden Tag beim Einkaufen, sie verlangen keine Gebühren oder Courtagen und sie gehen Ihnen nicht mit lästigem Fach-

chinesisch auf die Nerven. Lassen Sie sich überraschen und erfahren Sie, wer die wirklichen Fachleute sind.

Ich werde Ihnen zeigen, dass es für den Anleger besser ist, einem Markt hinterherzulaufen, den er kennt und einschätzen kann, anstatt sich obskuren Beratern anzuvertrauen, die meist auch nicht wissen wo's lang geht. Klar, Sie müssen hinterherlaufen, denn kontrollieren werden Sie den Markt nicht können, aber dies können die honorigen Herren Anlageberater eben auch nicht.

Und weil's so schön ist, noch ein Zitat aus der gleichen Publikation:

Doch wie schaffen es die XYZ-Fonds, die meisten der üblichen Banken-Mischfonds so deutlich zu schlagen? Vor allem aus zwei Gründen: In vielen der Fonds stecken beträchtliche eigene Mittel der Fondsmanager. Zudem zahlen die Anleger ihre Fondsgebühren oft nach der Höhe des Erfolgs. Beides spornt die Geldverwalter zu überdurchschnittlichen Leistungen an. Fondskollege Sauren erklärt: „Wir achten auf eine nachhaltige Investment-Philosophie, die fundamentale Kriterien mit ökonomischen und politischen Rahmenbedingungen kombiniert.“

Als ich dies las, konnte ich nur mit dem Kopf schütteln.

Sieh an! Der honorige XYZ-Fonds schafft es also, profitabel zu wirtschaften, und das nur, weil die Fondsmanager selbst ihr Kapital darin angelegt haben? Und weil die Gebühren vom Erfolg des Fonds abhängig sind, soll sich Ihr Geld besonders schnell und sicher vermehren?

Na, dann finden Sie doch erst einmal heraus, wo und wie viel Geld ein Fondsmanager in den jeweiligen Fonds so anlegt. Ganz gewiss wird er das ausgerechnet Ihnen sofort verraten!

Und dann sollen Sie auch noch dankbar sein, dass die Gebühren, die er Ihnen abverlangt, vom Erfolg des Fonds abhängen? Dann fragen Sie doch mal den famosen Herrn Manager, welchen Anteil Ihres *Verlusts* er bereit ist zu tragen, wenn sich seine

Ratschläge einmal nur wenig erfolgreich auf die Entwicklung Ihres Vermögens auswirken?

Am Gewinn partizipieren kann jeder, aber bei Verlust mit den Schultern zucken, das ist genau die Methode, vor der Sie sich hüten sollten.

Es grenzt an Unverschämtheit zu suggerieren, ein Fonds hätte besonderen Erfolg, bloß weil die Fondsmanager darin investiert sind. Es zeigt allerdings, worum es den Managern eines Fonds tatsächlich geht. Im Umkehrschluss heißt das doch: Wenn der Fondsmanager sein Geld *nicht* in den von ihm verwalteten Fonds steckt, kann ihm das Ergebnis völlig egal sein!

Oh nein! Ich will dieses Verhalten nicht kritisieren, gewiss nicht! Es ist doch völlig normal, dass jeder im Geschäftsleben seine eigenen Interessen verfolgt. Aber eben dies sollten auch *Sie* tun! Ihre eigenen Interessen verfolgen, anstatt solchen Leuten und Institutionen Ihr schwer verdientes Geld anzuvertrauen.

Und dann wird auf eine nachhaltige Investment-Philosophie geachtet, welche die fundamentalen Kriterien mit ökonomischen und politischen Rahmenbedingungen kombiniert.

Wunderbar!

Doch das ist nichts weiter als Geschwätz, dummes sinnloses Geschwätz, das man sonst nur von Politikern zu hören bekommt! Was sind das überhaupt: *fundamentale Kriterien und ökonomische und politische Rahmenbedingungen?* Woher sollen Sie wissen, dass die Experten diese Wischiwaschi-Bedingungen auch einhalten können? Wäre es nicht besser, die famosen Experten fänden Anlagen, die von solchen Kriterien unabhängig sind?

Die Informationen, die ich aus der Pressemitteilung entnehme, sind: Wenn der ratlose Anleger nicht weiß, wohin mit seinem Geld, so soll er sich doch gefälligst an einen Vermögensverwalter wenden, der immer dann magere Gewinne verteilt, wenn sie anfallen. In jedem Fall jedoch Gebühren verlangt und sich im Verlustfall aus allem heraushält.

Zudem war ich eigentlich immer der Auffassung, dass angelegtes Geld nur Geld verdienen soll, aber nicht, dass man dafür etwas zahlen muss.

1.5 Sie haben keine Ahnung, wie man Geld anlegt?

Mag sein, aber sie werden staunen, wie wenig Ahnung man vom Investieren wirklich haben muss und dennoch erfolgreich dabei sein kann.

Die meisten Strategien und Methoden der Fachleute sind so vielfältig, so komplex, dass selbst diese Experten nicht wissen, welche davon dauerhaft erfolgreich sind. Denn *wenn* sie es wüssten, dann *gäbe* es ja *die eine Strategie*, der man nur folgen müsste, um schnell reich zu werden. Und genau die gibt es eben nicht!

Das Perfide an den Methoden der Anlageberater ist: Sie beziehen sich auf Zahlen, harte unwiderlegliche Fakten. Zahlen, die man in den Bilanzen der einzelnen Unternehmungen und Volkswirtschaften wiederfinden kann. Das Dumme dabei ist nur, diese Zahlen werden ziemlich willkürlich in Relation zueinander gesetzt. Der eine Analyst setzt *ROE* (Return on Equity) in Relation zum Börsenwert, der andere verknüpft *ROI* (Return on Investment) mit dem Cashflow. Und sehen Sie, darin liegt der Lotteriefaktor der unterschiedlichen Analysen. Denn auch mit harten Zahlen kann man willkürliche Prognosen produzieren.

Ein bekannter, mit einer gehörigen Portion Humor ausgestatteter Statistiker hat mal die lokale Dichte der Storchenpopulation mit der Geburtenrate in Niedersachsen in Beziehung gesetzt, und heraus kam, dass in manchen Gegenden von Niedersachsen offensichtlich die Babys tatsächlich vom Storch gebracht werden müssten, so dicht ist die Korrelation zwischen den beiden Ereignissen. Sehen Sie, auch das ist Statistik.

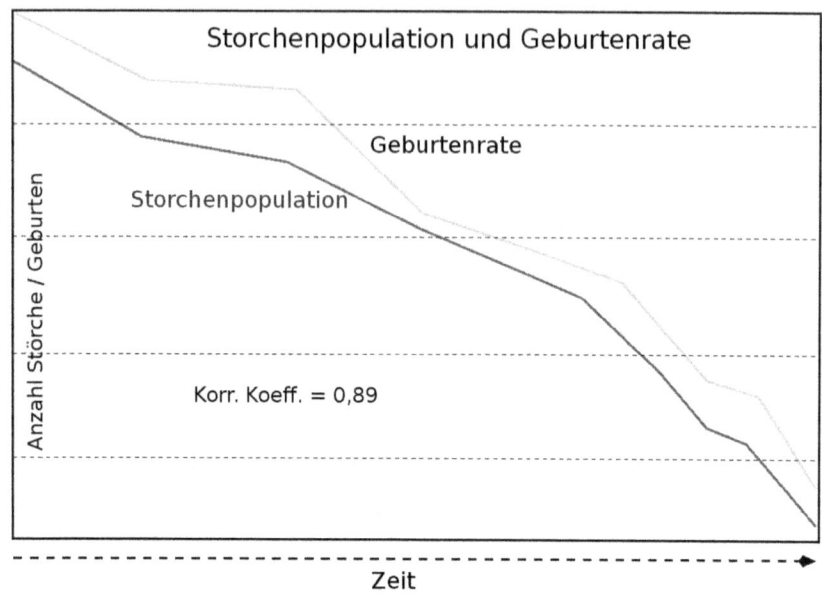

Storchenpopulation und Geburtenrate

Geburtenrate

Storchenpopulation

Korr. Koeff. = 0,89

Anzahl Störche / Geburten

Zeit

Statistik ist ein wichtiges Teilgebiet der mathematischen Wissenschaften, aber man sollte ihre Ergebnisse nicht undifferenziert interpretieren.

Die Auflösung dieses merkwürdigen Ergebnisses ist verblüffend einfach. In dieser statistischen Auswertung wurde bewusst ein Faktor nicht berücksichtigt und das ist die unterschiedliche Industrialisierungsdichte der einzelnen Samplegebiete, denn Störche siedeln sich eben nicht so gerne in Städten wie Hannover oder Lüneburg an.

Dabei liegt all den schlauen Strategien, Methoden und Berechnungen eine einzige Tatsache zugrunde, an der niemand vorbeikommt, der sich mit dem Investieren und der Anlage von Geld beschäftigt. Es ist jedoch genau *diese* Tatsache, die von einem Berater nie erwähnt wird.

Bei der Geldanlage sollte es nicht um Charts, Kurse, Prognosen, Strategien und kunstvolle „Finanzprodukte" gehen, sondern einfach nur um die Investition in den Konsum und in die Unternehmungen, welche die Konsumgüter herstellen und vertreiben.

In den Konsum von Leuten wie Sie und ich, Ihre Nachbarn und Arbeitskollegen. Denn nur dieser Konsum ist eine dauerhaft verlässliche Größe, wenn Sie Ihr Geld anlegen wollen. Nur dieser Konsum verspricht dauerhaften Vermögenszuwachs. Investieren Sie in Unternehmungen die reale Produkte herstellen, Produkte, die weltweit von jedermann täglich gebraucht werden. Und nicht in „*Produkte*" der folgenden Art:

Hier die illustre „Produktbeschreibung" eines renommierten Finanzmarktfonds:

... Auch der Fonds der XYZ der Anlagegesellschaft der Münchener Rück ist ein Dachfonds. Krüger investiert nur in Zins-, Aktien- und Geldmarktfonds. Für die einzelnen Anlagearten existieren Ober- und Untergrenzen: Krüger kauft – je nach Marktlage – zwischen 20 und 80 Prozent Aktien- oder Zinsfonds und maximal 30 Prozent in Geldmarktfonds. Aktuell stecken 48 Prozent der Gelder in Aktien-, 36 Prozent in Zins- und der Rest in Geldmarktfonds ...

Der Begriff „*Produktbeschreibung*" ist vielleicht etwas euphemistisch, denn Produkte werden Sie vergebens darin suchen. Bei dieser famosen Beschreibung werden Sie keine Unternehmung finden, deren Produkte Sie essen können, keine, mit denen Sie Ihre Küche putzen oder Ihre Wäsche waschen können! Das alles wären Produkte, die Sie verstehen. Aber wissen Sie, was ein Geldmarktfonds oder ein Zinsfonds ist, wissen Sie, welche Aktien dafür gekauft werden, würden Sie die auch kaufen, wenn Sie wüssten, welche das sind?

Wissen Sie nicht?

Ja, warum wollen Sie dann Ihr Geld in diesen Fonds stecken? Kennen Sie den Herrn Fondsverwalter? Bestimmt hat er den schmucken Titel einer renommierten Business-School vorzuweisen, aber kennen Sie ihn wirklich? Wissen Sie, wie erfolgreich er in der Vergangenheit war? Wissen Sie, welche Vorstellungen er hat bezüglich Sicherheit, Anlagestrategie, Zinserwartungen? Und wenn Sie das alles wissen würden, decken sich diese Vorstellungen mit den Ihren?

Und wenn Sie das alles *nicht* wissen; warum wollen Sie dann ausgerechnet ihm Ihr Geld anvertrauen? Und wenn die Herren tatsächlich große Gewinne einfahren würden, dann würden Sie vom gedeckten Tisch der Erträge gewiss nur ein paar Krümel abbekommen. Denn die Verwaltung eines solchen Fonds ist eine sehr teure Angelegenheit, die zuerst einmal bezahlt werden muss. Sie dagegen müssen stets nur die Dispositionsmasse liefern, also das Geld, das die Manager anlegen. Ihre paar Kröten interessieren dabei nicht, es ist die Menge, die's macht! Und Sie und Ihr kleines Vermögen sind nur ein kleiner Teil dieser Dispositionsmasse.

Bei dem beschriebenen Fonds der *Munich Re* handelt es sich um einen Dachfonds, und das bedeutet: Er enthält keine Einzeltitel, sondern wiederum nur Fondsanteile. Sie sollten sich fragen: Kann ein solcher Fonds wirklich dauerhaft erfolgreich sein, kann wirklich für Sie auch nur ein Stückchen vom Kuchen übrig bleiben?

Wenn solche Dachfonds tatsächlich eine gute Anlage wären, warum konstruiert man dann nicht Dach-Dach-Fonds, also einen Fonds, in dem nur Dachfonds enthalten sind, der müsste dann eigentlich doch noch besser, noch sicherer sein? Was will man eigentlich damit erreichen? Ich nenne das finanztechnische Homöopathie, man verdünnt die Anlage, bis Ihr Geld nur noch eine molekulare Erinnerung an die ehemalige Unternehmensanlage hat.

Bedenken Sie!

Sie müssen nicht nur den Dachfonds-Manager und sein umfangreiches Team durchfüttern, sondern auch noch die Chefs der Unterfonds und ihre Teamleiter, Sekretärinnen, Zuarbeiter, Büroangestellten …? Und bedenken Sie weiter, alle diese Menschen wollen etwas haben vom Gewinn, was kann da schon für Sie übrig bleiben? Lassen Sie sich nicht beeindrucken von großen Namen und behalten Sie stets in Erinnerung: Sie sind das letzte Glied in der Kette, und der Letzte zahlt die Rechnung! Zudem würden Sie nur daneben stehen und nicht wissen, was mit Ihrem Geld geschieht. Der Staat hat Ihnen bereits die Kontrolle über Ihr Leben genommen, indem er Ihnen zwangsweise ein fremdbestimmtes Kontroll- und Sicherheitssystem überstülpt, wollen Sie wirklich jetzt auch noch die Kontrolle über Ihre Finanzen an einen Fondsverwalter abgeben, der Fondsanteile anderer Fonds verwaltet?

Die Anlage in Fonds ist für normale Anleger in der Regel Unsinn. Sie ist es, weil mit Ihrem Geld, ohne dass Sie es wissen, Aktien gekauft werden, die Sie selbst niemals kaufen würden und die Sie überhaupt nicht haben wollen. Das Argument, dass sich das Risiko minimiert, wenn man in einen Fonds investiert, weil, wenn einige Titel im Fonds fallen, andere eben steigen werden, mag schon wahr sein, allerdings stimmt das genauso in der umgekehrten Richtung. Wenn Gewinne auftreten, werden diese eben auch minimiert durch Verluste, die dann bei einigen Titel auftreten. Und wenn Sie bedenken, dass die Börsen seit einem Jahrhundert tendenziell eher steigen, dann sollten Sie sich schon überlegen, ob Sie die Welt der Börse ständig negativ sehen sollten oder ob es nicht doch besser wäre, Sie vertrauten in die stetig wachsende Wirtschaft.

Wenn Sie als Anleger Ihr Geld sinnvoll anlegen wollen, dann können Sie das nur, wenn Sie in den Konsum der Menschen investieren. Sicher, das könnten Sie gewiss auch mit einem Fonds erreichen, denn Fonds gibt's für jedes Gebiet, nur, warum sollten Sie das tun, die Marktführer auf den entsprechenden Gebieten sind Ihnen doch bekannt? Die bieten ausreichende Sicherheit für Ihre Geldanlage mit einer vernünftigen, realistischen Wachstumserwartung und einer verlässlichen Rendite. Alle anderen „*Produkte, Methoden und Strategien*" dienen nur dazu, Ihre Berater reich zu machen, Sie und Ihre Befindlichkeiten spielen dabei keine große Rolle.

Deshalb: Kaufen Sie keine Fonds, keine Zertifikate, keine Optionsscheine, keine Staatsanleihen oder sonst ein Finanzprodukt. In diesen *Produkten* stecken immer Ideen und Konstrukte, die Sie weder wollen noch kaufen sollten. Kaufen Sie stattdessen Anteile der

Produzenten von Babywindeln, Parfüm, Hautcreme und Putzmittel jeglicher Art. Orientieren Sie sich an den wahren Experten. Beobachten Sie die Hausfrauen, schauen Sie zu, was sie kaufen, dann wissen Sie, welche Aktien *Sie* kaufen sollen.

1.6 Grundlagen der Geldanlage

Bei der erfolgreichen Geldanlage kommt es darauf an, wie lange Sie Zeit haben, Ihr Vermögen aufzubauen. Wenn Sie keine Zeit haben, also schnell reich werden wollen, dann brauchen Sie viel Glück, und Lotto wäre dann vielleicht eine gute Alternative. Wenn Sie allerdings viel Zeit und regelmäßig etwas Geld zur Verfügung haben, dann kann ich Ihnen verraten, wie Sie Ihr Geld sicher vermehren können. Keine Angst, Sie brauchen nicht viel Geld und so viel Zeit nun auch wieder nicht, aber zehn bis fünfzehn Jahre sollten es schon sein, damit sich die Sache auch wirklich lohnt.

Die Finanzexperten verschleiern Ihnen nur, wie simpel es ist, Geld anzulegen. Verständlich! Denn sie wollen schließlich auch Geld verdienen. Aber muss es ausgerechnet Ihr Geld sein?

Als Beispiel sehen Sie sich die Entwicklung der Aktie in Abbildung 1 an. Über die letzten 25 Jahre hat sich der Kurs nur in eine Richtung bewegt. Wenn Sie diese Aktie heute kaufen, dann investieren Sie in Zahnpasta und nicht in *„fundamentale Kriterien, die mit ökonomischen und politischen Rahmenbedingungen kombiniert sind"*. Hätten Sie oder Ihr vorausschauender Vater vor 25 Jahren diese Aktie gekauft, dann hätte sich Ihr eingesetztes Kapital vervielfacht, nämlich von damals etwa $0,80 bis auf einen Wert heute von $123. Das ist das 153-Fache! Aus 1.000€ wären weit mehr als 153.000€ geworden. Das wäre doch ein schönes Sümmchen, mit dem sich etwas anfangen ließe?

Ach, Sie meinen das würde heute nicht mehr funktionieren? Die Zeiten seien anders und heute ist alles viel komplizierter?

Was sollte denn am Zähneputzen so kompliziert sein? Das haben die Menschen damals getan, tun es heute noch, und sie werden es morgen auch noch tun.

Die Unternehmung kennt man auf der ganzen Welt, sie existiert bereits seit dem Jahre 1809, also seit einer Zeit, als Napoleon Europa unsicher machte, als Fürst Metternich gerade zum Außenminister der K.-u.-k.-Monarchie gekürt wurde, als Bismarck noch nicht geboren war und Ihre Urgroßeltern auch noch nicht lebten.

Kennen Sie eine Staatsanleihe aus der Zeit Bismarcks, die heute noch Zinsen zahlt? Sehen Sie, so sicher und verlässlich sind die Staatsanleihen der Regierungen und Staaten.

Abbildung 1: Zahnpasta geht immer

Die Colgate-Aktie

Entwicklung von 1978-2014

Übrigens: Diese Unternehmung kontrolliert 54% des gesamten Weltmarkts für Zahnpasta, das sollte Sie doch überzeugen.

1.7 Die guten, alten Zeiten von morgen, das ist heute

Die guten alten Zeiten, wie oft werden sie bemüht. Gerade wenn's um das Investieren geht. Ja, hätte man damals in *Coca Cola, BASF, Beiersdorf* oder *McDonalds* investiert, dann wäre man heute reich, aber heute, heute ergibt das doch keinen Sinn mehr. Die Zeiten haben sich geändert, die Geldentwertung, der niedrige Zins, der hohe Zins, die schwankende Wirtschaftsentwicklung, alles wird angeführt, um zu zeigen, wie schlecht doch heute alles ist und wie gut die Dinge früher liefen.

Die Erinnerung verklärt alles, aber eigentlich leben wir in den besten Zeiten, die es jemals in der Menschheitsgeschichte gegeben hat. Und auch unsere Zeiten werden einmal zur *Guten alten Zeit* und auch dann wird man genau dasselbe sagen: „*Ja, hätte man doch nur damals investiert, dann könnte man heute über ein schönes Vermögen verfügen.*" Sie müssen *jetzt* etwas tun, damit Sie später einmal über ein ausreichendes Kapital verfügen können.

Das schnelle Geld, von dem die Berater sprechen, das läuft nicht in Ihre Richtung und auch nicht das langsame, von dem staatliche Beratungsstellen ständig reden. Aber heute müssen die Anleger ja schon froh sein, wenn sie über die Zeit nur wenige Kapitaleinbußen hinnehmen müssen. Die allseits beliebten Kapitallebensversicherungen zeigen das doch. Sie müssen Geduld haben und sie dürfen nicht dem schnellen Geld hinterherlaufen und erst recht nicht dem langsamen, das Ihnen der Staat verspricht.

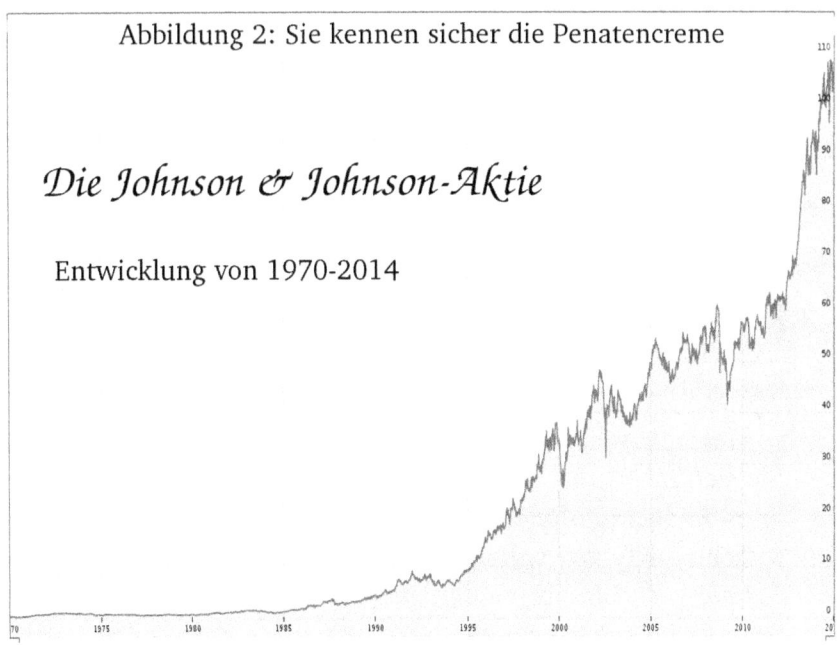

Abbildung 2: Sie kennen sicher die Penatencreme

Die Johnson & Johnson-Aktie

Entwicklung von 1970-2014

Investieren Sie doch in die Aktie aus Abbildung 2.

Das Unternehmen *Johnson & Johnson* wurde im Jahre 1886 von den Brüdern Robert Wood Johnson I, James Wood Johnson und Edward Mead Johnson gegründet. Es stellt unter anderem die bekannte Penaten-Creme her. Es ist doch kaum anzunehmen, dass es diese Firma in einigen Jahren nicht mehr geben wird!

Was müssen Sie über Strategien wissen? Welche Vorkenntnisse brauchen Sie, um in solche Firmen zu investieren?

Keine!

Ihr Wissen von Börse und Finanzgeschäften reicht völlig aus.

Die zitierten Finanzberater tun gerade so, als ob es bei der Geldanlage auf jede Kleinigkeit ankäme, als ob *fundamentale Kriterien, die mit ökonomischen und politischen Rahmenbedingungen kombiniert sind*, wirklich wichtig wären. Das sind sie nicht!

Denn, wenn Sie wüssten, was das genau bedeutet, und wenn Sie ferner wüssten, wie sich diese Bedingungen über die Zeit verändern, dann wüssten Sie immer noch nicht, wie man darauf richtig reagiert. Und das wissen diese Herren ebenso wenig wie Sie und ich. Die Experten können Ihnen später nur mit wohlgesetzten Worten erklären, warum leider gerade Ihre Fondsanlage schiefgegangen ist und warum gerade Sie Ihr Geld verloren haben.

Wenn Sie nicht wissen, welche Aktien Sie kaufen sollen, woher wollen Sie dann wissen, welcher Fonds erfolgreich sein wird? Vergessen Sie die Wirtschaftswissenschaftler, die Finanz- und Versicherungsberater, sie alle wollen Geld verdienen, und es ist Ihr Geld, das sie verdienen wollen.

Geldanlage ist das einfachste Geschäft der Welt. Dafür müssen Sie sich nicht stundenlang mit Charts herumärgern, keine Bilanzen lesen können, dafür müssen Sie sich nicht in langen Expertengespräche die Ohren volltönen lassen. Kaufen Sie, was gekauft wird, das hat vor mehr als hundert Jahren funktioniert und das wird auch heute noch funktionieren. Natürlich werden Sie nicht den DAX, DOW oder sonst einen Index dauerhaft schlagen. Aber wollen Sie das überhaupt? Wollen Sie wirklich stets und ständig schlauer als der Markt sein? Wenn Sie das wirklich wollen, dann sollten Sie sich auch die Frage stellen, ob Sie das auch können? Seien Sie versichert, der Markt ist ein dermaßen volatiles Ding, ihn vorherzusagen ist schlicht nicht möglich. Vergessen Sie Bollingerbänder, Charttechnik, Cloudstrategie und Fibonacci-Zahlen, das sind alles nur Methoden, die Ihnen auf pseudowissenschaftliche Weise suggerieren sollen, man könne damit die Zukunft vorhersagen. Schaffen Sie sich eine Kristallkugel an, damit können Sie ebenso gute Vorhersagen machen wie jeder Börsenprofi. Investieren Sie nicht in Kurse, sondern in Unternehmungen. Investieren Sie in Unternehmungen, die Sie kennen, deren Produkte Sie beurteilen können und deren Vertriebswege Ihnen bekannt sind. Investieren Sie in Ihr eigenes Wissen, nicht in das vorgebliche Wissen anderer.

2 Warum ausgerechnet Aktien?

2.1 Die Renten sind sicher!

Sogar die offiziellen Verlautbarungen der Bundesregierung gestehen es inzwischen ein: Die gesetzliche Rente wird im Regelfall nicht ausreichen, um im Alter Ihren Lebensstandard zu sichern. Sie werden also nicht umhinkommen und eine eigene Vorsorge aufbauen müssen. Es ist also ratsam, jeden Monat eine feste Summe beiseitezulegen. Doch dann stellt sich sofort die Frage: Wohin mit dem Ersparten?

Komplexe Finanzprodukte, Renten-, Kapitallebensversicherung, Fonds, Sparbuch oder doch lieber Staatsanleihen?

Obwohl dies die liebsten Anlageklassen der Deutschen sind, können Sie damit keinen ausreichenden Kapitalstock aufbauen.

Es ist traurig, aber leider wahr: Die Deutschen legen ihr Geld falsch oder doch zumindest ineffizient an. Die jüngste Statistik des Bundesverbandes deutscher Banken demonstriert das eindrucksvoll: Von den 4.930 Milliarden Euro Spargeld liegen 3.353 Milliarden Euro, gut zwei Drittel also, auf Sparbüchern, Girokonten, unter der Matratze, oder es wird in völlig überflüssige Lebensversicherungen und Finanzprodukte investiert. Das sind fast 42.000€ pro Bürger.

Der Schuldenstand der Bundesrepublik Deutschland betrug am 31. Dezember 2012 die gigantische Summe von 2.072 Milliarden Euro, und damit liegen die schlecht investierten Vermögenswerte der Deutschen um das 1,6-Fache höher als der gesamte Schuldenstand Deutschlands.

2.2 Der Wunsch nach Sicherheit wird zum Risiko

Ich habe nun schon in einigen Ländern gelebt und gearbeitet und kenne daher die verschiedensten Modelle der Altersvorsorge. Und gerade Deutschland unterscheidet sich beim Anlegerverhalten schon in signifikanter Weise von vielen anderen Ländern.

Nach zwei verlorenen Kriegen, mehreren Währungsreformen, diversen Steckrübenwintern und einigen anderen Notzeiten ist der Wunsch nach Sicherheit gerade in Deutschland auf eine aberwitzige Weise zur Manie geworden. Das hat dazu geführt, dass von Banken, privaten und staatlichen Beratungsstellen Anlagen als sicher eingestuft werden, die es eigentlich nicht sind, und Anlagen, die sich in der Vergangenheit als sehr sicher erwiesen haben, mit dem Attribut hoch risikoreich bewertet werden. Lassen Sie sich von Ihrer Bank das Formular für Ihre Risikoeinstufung geben. Auf einer Skala von eins bis x findet sich die Investition in Einzeltitel am obersten Ende der Risikoskala. Hochgelobt werden Festgeld, Fonds und ETFs, wobei ein ETF eben auch nur eine Unterart eines Fonds ist.

Mir ist bis heute unerfindlich, warum eine Aktienlage in Form von Fonds sicherer sein soll als die direkte Anlage in Aktien. Vor allem dann, wenn es sich bei vielen Titeln um Unternehmen handelt, die schon länger auf dem Weltmarkt vertreten sind als die BRD, das Dritte Reich und das Kaiserreich zusammengenommen.

Meiner Meinung nach sind die stets empfohlenen Anlageformen im Gegensatz zur allgemeinen Meinung hoch riskant und unsicher. Staatsanleihen können durch einen Schuldenschnitt reduziert oder gar ganz gestrichen werden, Rentenversicherungen können ausfallen, weil auch eine Versicherungsgesellschaft nur eine Unternehmung ist, so wie jede andere Unternehmung auch. Und das Spargeld kann enteignet werden, die Zyprioten haben es erfahren, ihnen hat man die Sparguthaben einfach weggenommen. Und das wird mit Sicherheit auch in Deutschland geschehen. Wenn der Staat das Geld seiner Bürger braucht, dann wird er es sich nehmen!

Hier ein Zitat aus Focus Online, das Ihnen die Augen öffnen sollte:

Politiknahe Berater und Wirtschaftsforscher haben bereits durchgerechnet, wie die Staatsschulden über Zwangsabgaben getilgt werden könnten. Und manchmal sagen Politiker sogar laut, dass sie nicht mit offenen Karten spielen: Wenn Bundesfinanzminister Wolfgang Schäuble die Zwangsmaßnahmen in Zypern zynisch kommentiert: „Bankeinlagen sind eine sensible Sache, daher macht man es am Wochenende", lässt das die Alarmglocken schrillen.

Klingt wie die Antwort eines Einbrechers auf die Frage, warum er gerade nachts in Ihr Haus eingestiegen ist und nicht am Tag.

Vertrauen Sie nicht dem Staat! Egal, wie Sie den Begriff „Staat" definieren, ob „*Die da oben*" oder „*Der Staat sind wir doch alle*", den Mangel an Geld werden Sie ganz allein zu spüren bekommen, da hilft Ihnen keine Solidargemeinschaft.

Gerade die allseits so beliebten Lebensversicherungen, der Deutschen liebstes Kind, sind besonders kritisch zu beurteilen. Es ist kaum zu glauben, aber statistisch betrachtet, besitzt jeder Deutsche zwei von diesen unsinnigen und nutzlosen Verträgen. Zunächst einmal sind sie extrem unflexibel, weil, wenn man das Geld schnell braucht, man meist nur schleppend an das Ersparte kommt. Und häufig bekommt man es auch nur mit erheblichen Verlusteinbußen zurück, gerade wenn man es am dringendsten benötigt.

Wenn solche Versicherungen wenigstens ein klein wenig Rendite erwirtschaften würden, könnte man diese überbordende Manie, Versicherungen abzuschließen, noch verstehen, aber Lebensversicherungen werfen in der gegenwärtig herrschenden Phase der Niedrigzinsen doch kaum mehr etwas ab. Bereits 2010 sank die Durchschnittsrendite der deutschen Staatsanleihen auf ein historisches Tief von unter 2%, und heute liegt der Zins bei unter 1,5%. Da die Lebensversicherer gesetzlich mit ihrer Anlagemöglichkeit sehr eingeschränkt sind, wissen sie kaum noch, wie sie den garantierten Mindestzins erwirtschaften sollen. Und so liegt die Durchschnittsrendite deutscher Versicherer mit etwa 1,75% nur noch leicht über dem staatlich verordneten Garantiezins.

Wegen des schon seit Langem niedrigen Zinsniveaus am Kapitalmarkt gilt auch für Neuabschlüsse im Jahr 2013 nur noch ein garantierter Zinssatz (Höchstrechnungszinssatz oder kurz HRZ) in Höhe von 1,75 Prozent beim Abschluss einer neuen kapitalbildenden Lebensversicherung und einer privaten Rentenversicherung.

Dieser Zins bezieht sich allerdings nur auf den nominalen, nicht den realen Wert, denn berücksichtigt man die Inflation, dann bleibt davon kaum etwas übrig. Rechnet man dann noch die Steuer für Kapitalerträge heraus, werden Sie, über einen langen Zeitraum gerechnet, sogar Geldwert verlieren.

2.3 Die Inflation frisst Renditen auf

Wenn Sie langfristig ein Vermögen aufbauen wollen, dann müssen Sie Ihre Strategien überdenken. Zuerst müssen Sie Anlagen finden mit einer Rendite, die zumindest höher ist als die Inflationsrate. Zurzeit beträgt die offiziell veröffentlichte Inflationsrate etwa 2,4%, und da Kapitalerträge oberhalb des Freibetrags mit 25% besteuert werden, müssen Sie mit Ihren Anlagen mindestens eine Rendite von 3,2% erzielen, um überhaupt einen einzigen Euro damit zu verdienen.

Anleihetitel zu finden, die oberhalb der 3,2% ausschütten, ist nicht leicht, und wenn man solche findet, dann ist im Regelfall das Ausfallrisiko auch nicht gerade klein. Und stellt man diesem Konzept einmal die Anlage in Aktien gegenüber, dann sieht bei oberflächlicher Betrachtung das Bild für die Aktienanlage nicht besonders gut aus, denn die durchschnittlichen Dividendenrenditen liegen meist sogar unter den verlangten 3,2%. Und doch ist dies die einzige Anlageform, mit der Sie die Inflation nicht nur schlagen, sondern sogar weit übertreffen können.

Wie kann das sein?

Wenn Sie 1.000€ in eine Lebensversicherung einzahlen, dann erhalten Sie nach Ablauf von 25 Jahren Ihr Geld zurück. Jedes Jahr erhalten Sie eine Ausschüttung von 1,75%. Also etwas über 17€. Wie hoch Ihr Vermögen sein muss, um damit ein auskömmliches Leben zu finanzieren, brauche ich Ihnen nicht vorzurechnen, aber das Tausendfache sollte es bei dieser mageren Rendite schon sein.

2.4 Vergleich mit einer Aktienanlage

Um den Vergleich so einfach wie nur möglich zu gestalten, habe ich als Referenz meine eigene Aktienanlage verwendet. Ich habe also die errechnete durchschnittliche Zuwachsrate von 7% zugrunde gelegt (es ist etwas mehr, aber ich will doch einen gewissen Sicherheitspuffer einbauen). Die Werte in meinem Depot generieren seit Jahren schon eine errechnete Dividende von 3,6%. Aus diesen Daten habe ich die Wertermittlung der nächsten 25 Jahre errechnet.

Das durchschnittliche Wachstum des Referenzdepots beträgt also 7% pro Jahr. Wenn Sie nun vermuten, dass sich mein Depot überdurchschnittlich gut entwickelt hätte, so stimmt das nicht. Ganz im Gegenteil, die Performance meines Depots liegt sogar etwas unter dem Durchschnitt von DAX, DOW und Co. Natürlich habe ich den Index DOW um die durchschnittlichen Dividendenabschläge bereinigt, da sie, anders als beim DAX, nicht in der Kursfindung berücksichtigt werden.

Warum ist das so und weshalb hat sich mein Depot dennoch besser geschlagen als die genannten Indizes?

Um das zu verstehen, müssen Sie die Dividendenrendite mit in die Rechnung einbeziehen, denn dann hat mein Depot den Index tatsächlich um 1,2% geschlagen und das in jedem Jahr.

Mit etwas Kenntnis in Tabellenkalkulation wird Ihnen die nun folgende Rechnung gewiss keine Probleme bereiten.

Beginnend mit einer Investition von nur 1.000€, beträgt die Dividendenrendite nach Steuern im ersten Jahr nur 2,63%, und das bleibt sie auch über die Jahre. Allerdings beziehen sich diese

2,63% auf den jeweiligen Wert des Depots. Und da sich dieser jedes Jahr um 7% erhöht, erhöht sich die Dividendenrendite ebenfalls um diese 7%. Gemessen am Anlagewert von 1.000€ würden Sie nach 25 Jahren eine Rendite von 14,26% vom angelegten Kapital erhalten. Und das schlägt jede Inflation, zudem wächst Ihr Kapital von 1.000€ auf stolze 5.500€ an, verfünffacht sich in der Zeit. Während die Versicherung Ihnen nach 25 Jahren gerade mal Ihre 1.000€ zurückgibt, erhalten Sie, wenn Sie in Aktien investieren, den fünffachen Wert zurück, und das sollte Sie doch überzeugen.

2.5 Tradierte und grundlegende Regeln?

Im allgemeinen Geklapper der Börsenwelt haben sich einige *grundlegende Regeln* herauskristallisiert, die ich nun etwas näher beleuchten möchte.

Fast jeder Finanzberater wird Ihnen sagen: „Setzen Sie in jedem Falle ein Stop Loss, um vor zu großen Verlusten geschützt zu sein." Das ist Unsinn, denn wenn der Kurs kurz nach Ihrem Verkauf in eine andere Richtung als die von Ihnen erwartete läuft, dann werden Sie Gewinne verpassen und sich ärgern. Mir ist das ständig passiert und seit einigen Jahren lasse ich es einfach.

Ein Beispiel zum Thema Stop Loss!

Als vor Jahren die BSE-Krise durch alle Medien ging, da stürzten die Aktien von *McDonalds* in den Keller. Niemand wollte sich mit der gefährlichen Rinderkrankheit anstecken lassen.

Am 17.05.2002 stand die *McDonalds*-Aktie bei 23,54€. Neun Monate später, mitten in der BSE-Krise fielen die Aktien am 28.02.2003 auf einen Wert von 10,82€. Das ist ein Verlust von mehr als 50%. Aber bereits 2 Jahre später, am 04.03.2005, stand *McDonalds* wieder bei 27,93€, und am 27.03.2013 stand sie bei 80,85€. Sicher hätte ein Stop

Loss Ihnen einen großen Verlust erspart, aber auch nur dann, wenn Sie am 28.02.2003 wieder eingestiegen wären. Aber …, woher hätten Sie wissen können, dass ab diesem Zeitpunkt die Aktie wieder steigen würde? Sie kannten doch damals die Kursentwicklung nicht.

Wenn Sie freilich die Aktie gehalten hätten, einfach nur gehalten, bis heute: Ohne finanztechnischen Firlefanz, ohne Stop und vor allem ohne Loss, dann hätten Sie bei einem Einstandskurs von 23€ Ihre Anteile bis heute fast vervierfacht. Zudem würde die Anlage heute 12% Dividendenrendite bringen, gerechnet vom angelegten Wert. Und das muss Ihnen eine andere Anlageform erst mal vormachen!

1. Verlieben Sie sich nicht in Ihre Aktien

Doch, genau das sollten Sie tun, verlieben Sie sich in Ihre Aktien. Ja, Sie lesen richtig. Auch wenn alle Experten Ihnen das genaue Gegenteil erzählen, wenn Sie nicht von Ihren Produkten, von den Produkten Ihrer Unternehmungen überzeugt sind, dann werden Sie den kurzlebigen Kursentwicklungen der Börse ausgeliefert sein, denn dann werden Sie niemals begreifen, welches Potenzial in Ihren Unternehmungen steckt. Sie werden der Versuchung erliegen, bei fallenden Kursen Ihre Titel zu verkaufen, weil alle Welt sie verkauft, und Sie werden bei einem hohen Kurs Ihrer Werte nicht nachkaufen, weil sie Ihnen zu teuer erscheinen. Sie werden auf einen günstigen Einstiegskurs warten, der gewiss auch kommen kann, von dem Sie jedoch niemals wissen können, ob und wann er kommen wird. Denn wenn's kurios zugeht, dann wird Ihnen ein vermeintlich zu teurer Einstiegskurs weglaufen und Sie werden das Nachsehen haben. Der allseits so beliebte *Stop Loss* wird dann zu einem *Stop Win* und das ebenfalls populäre Setzen auf ein *Limit* wird zum *„Verdammt jetzt habe ich die Aktie doch nicht bekommen"*.

Wenn Sie doch einmal daran denken, einen *Stop Loss* zu setzen, dann sollten Sie Folgendes berücksichtigen: An vielen Börsen wird das *Stop-Fishing* praktiziert. An der *NYSE* zum Beispiel werden die Orders, wenn sie gesetzt werden, unter anderem von sämtliche Members und den Floor Brokers gesehen. Es genügt dann nur eine winzige manipulierte Kursbewegung und schon wird Ihre Order ausgeführt. Kurz darauf steigt der Kurs wieder und Sie haben das Nachsehen. *Stop-Fishing* kann kaum nachgewiesen werden und ist ein sehr einträgliches Geschäft für die Spezialisten.

Wenn der Stop nicht an der Börse ausgeführt wird, so wird er vom Broker simuliert. In diesem Fall haben nur die Mitarbeiter des Brokers Einsicht ins Stop-Order-Buch. Aber auch hier kann ein Missbrauch kaum nachgewiesen werden. Spielen Sie nicht mit bei solchen Spielchen, Sie können dabei nicht gewinnen.

Als Kleinanleger dürfen Sie nicht auf die Kurse sehen, sondern nur auf die Qualität der Unternehmung selbst. Wenn die gesund ist, dann wird sich der Kurs mittelfristig schon in die richtige Richtung bewegen. Für eine Investition in die Kurse haben Sie, ich und die allermeisten Kleinanleger zu wenig Sachkenntnis. Wenn Sie wissen, was Sie gekauft haben, dann wird Ihnen der Kurssturz eines Ihrer Titel nicht viel Kopfzerbrechen bereiten, besonders dann nicht, wenn die Dividenden zuverlässig gezahlt und ebenso zuverlässig erhöht werden.

Ich gebe zu, Liebe ist wohl ein zu starkes Wort, aber ich identifiziere mich schon mit meinen Titeln. Ich lese alle Geschäftsberichte, schaue mir von Zeit zu Zeit die Bilanzen an, beurteile die Wertentwicklung und schaue auch, ob die Produkte, die meine Unternehmung herstellt, gekauft werden.

Sie sollten nur Aktien von Unternehmungen kaufen, von denen Sie überzeugt sind, und das erfordert doch eine gewisse Zuneigung, denn es werden Tage kommen, da wird auch ein Titel wie *Procter & Gamble* um zwei, drei vielleicht sogar vier Prozent fallen, dann sollten Sie wissen, was sie gekauft haben, dann sollten Sie überzeugt sein von der Investition. Es könnte sonst geschehen, dass Sie, nervös geworden, die Aktien verkaufen und dann bei einem folgenden Aufschwung das Nachsehen haben. Sehen Sie sich die vergangenen Kursentwicklungen Ihrer Unternehmungen an, dann werden Sie beliebig viele Zeitpunkte erkennen können, an denen genau das passiert ist.

2. Legen Sie nicht alle Eier in einen Korb ...

Das ist eine wenig hilfreiche Börsenweisheit und Sie sollten sie so schnell wie möglich wieder vergessen. In welchen der vielen Körbe wollen Sie Ihr ganzes Geld denn legen? Festverzinsliche Papiere oder Rentenpapiere? Versicherungen? Investmentfonds? Staatsanleihen? Rentenpapiere? Gold? Festgeld? Sollen's vielleicht Rohstoffe oder Derivate der obskuren Art sein? Verstehen Sie auch nur eines dieser Produkte wirklich? Haben Sie alle Bedingungen der Verträge durchgelesen? Wissen Sie, wann die Rentenversicherer Ihre Betriebsrente kürzen dürfen? Kennen Sie *§89 des Versicherungsgesetzes*? Wissen Sie überhaupt, wie Rentenpapiere funktionieren, welche Anlagen sie enthalten und welche Bonität diese haben?

Nein?

Ja, warum wollen Sie dann dort Ihr hart erarbeitetes Geld anlegen?

Es mag ja Leute geben, die so etwas erfolgreich können, nur ..., Sie und ich, wir sind das eben nicht!

Glauben Sie wirklich, das Wechseln der Körbe ergibt einen Unterschied, wenn Sie nicht wissen, was in den Körben enthalten ist und wie der Inhalt funktioniert? Jeder Handwerker weiß, dass man die Handgriffe beherrschen muss, um ein Problem zu lösen, nur der Investor, der soll mal so eben sein Geld in verschiedene Körbe werfen, von denen er keine Ahnung hat, was darin enthalten ist, und nur damit das Risiko minimiert wird?

Alle, ausnahmslos alle Körbchen leiden an derselben Krankheit: Sie können nicht wissen, wie sich der Wert in den einzelnen Körben entwickeln wird. Wir Kleinanleger können eigentlich gar nicht anders, als dass wir in Unternehmungen investieren, deren Produkte und Vertriebswege wir kennen. Kaufen Sie Unternehmungen, keine Kurse.

Legen Sie Ihre Eier in den Korb mit dem niedrigsten Risiko, und das ist der Korb, der die Konsumwerte enthält. Und zwar legen Sie alle hinein, ausnahmslos alle Eier, über die Sie verfügen. Solange Sie nicht über die bewusste Glaskugel verfügen, ist das die beste Strategie, die ich Ihnen ans Herz legen kann.

Schauen Sie sich das Körbchen mit Werten wie *Beiersdorf*, *Consolidated Edison*, *P&G*, *JNJ* und *McDonalds* an, das ist bisher noch nie zu Boden gefallen und keines der Eier darin ist je zerbrochen.

Festgeld ist keine gute Geldanlage, genauso wenig wie Gold. Festverzinsliche Anlagen erwirtschaften zurzeit einen Gewinn unter der Inflationsrate und vernichten zwar nicht die angelegte Summe, wohl aber den realen Wert Ihrer Investition.

Gold ist keine Alternative und Sie sollten keines halten, außer als Schmuck für Ihre Gattin. Gold kann auch fallen. Und es ist gefallen. Als ich im Jahre 1978 Gold kaufte, war es sehr billig und stieg kometenhaft dann in ungeahnte Höhen. Nur um dann für dreißig lange Jahre nur noch zu fallen. Haben Sie wirklich so viel Zeit?

3. Setzen Sie nicht nur auf die Gewinner von gestern …

Die Gewinner von gestern könnten die Verlierer von morgen sein! Wie lange können Sie denn schon in die ach so sicheren festverzinslichen Papiere investieren? Zwei Jahre, fünf Jahre oder gar doch schon zehn Jahre? Aber ich will konzedieren, die Aussage kann stimmen, denn eine absolute Sicherheit gibt es bei der Geldanlage nicht. Nur dann sollten Sie sich doch einmal die Wertentwicklung der *ED*-Aktie (*Consolidated Edison*) anschauen, und zwar über die letzten 158 Jahre. Oder nehmen Sie die Unternehmung *Procter & Gamble*. Die existiert bereits seit dem Jahre 1837, da war Bismarck noch ein junger Mann, der Sezessionskrieg noch 24 Jahre weit weg und an ein einiges Deutschland dachte damals auch noch niemand. Sehen Sie sich die Unternehmung *General Mills* an, sie zahlt seit 115 Jahren ohne eine einzige Unterbrechung Dividende. Meinen Sie nicht auch, dass daneben die festverzinslichen Papiere von heute ziemlich lächerlich aussehen? Solche Unternehmungen sind nicht die Gewinner von gestern, auf die können Sie bedenkenlos setzen. Denken Sie daran: *Hin und her macht Taschen leer.*

4. Halten Sie nicht eisern an alten Entscheidungen fest …

Doch, halten Sie an Ihren Entscheidungen fest. Verlieben Sie sich in Ihre Unternehmungen und verfolgen Sie genau, was das Management so treibt. Denn nur dann werden Sie langfristig erfolgreich investieren können. Wenn Sie in große Werte investieren (und dabei auf alle Technologiewerte verzichten, denn die verstehen Sie und ich sowieso nicht), dann sind Ihre angelegten Gelder relativ sicher. Relativ, denn eine absolute Sicherheit gibt es nicht. Eine Unternehmung wie *Johnson & Johnson* hat eine Marktkapitalisierung, die sogar etwas höher ist als der deutsche Staatshaushalt (ohne Länder) und die Firma existiert seit dem Jahr 1886.

Und um Gottes willen setzen Sie keine *Limits* oder *Stop-Loss-Order*, so wie von vielen „*Experten*" vorgeschlagen, das ist absoluter Blödsinn, damit laufen Sie nur Gewinnen hinterher. Sehen Sie sich die Kursentwicklung der genannten Unternehmungen an, und zwar nicht für die letzten drei oder vier Jahre, sondern für die vergangenen dreißig bis vierzig Jahre, und Sie werden Hunderte von Limit-Kursen entdecken, die alle nur eines bewirkt hätten: Wenn Sie zu den Kursen verkauft hätten, dann hätten Sie zugunsten eines kleinen Gewinns von wenigen Prozenten eine gute Aktie verkauft, die sie nie mehr zu einem besseren Kurs bekommen hätten, Ihnen wäre der Gewinn einfach weggelaufen. Und leider, die psychologische Barriere ist sehr hoch, Aktien teuer zurückzukaufen, die man einmal zu einem geringeren Preis verkauft hat.

Wissen Sie, wie der Idealzustand eines Investors sein sollte? Ein ideales Depot haben Sie, wenn Sie Ihre Aktien überhaupt niemals mehr verkaufen **können**.

Wie ist das zu verstehen?

Ich könnte jetzt Warren Buffett anführen, der seine *Coca-Cola*-Beteiligung heute gar nicht mehr verkaufen könnte, weil fast die gesamte Anlage nur noch zu versteuernder Gewinn ist, aber ich will das Beispiel etwas niedriger hängen.

Ich habe vor Jahren mein Depot nach den in diesem Buch dargelegten Erkenntnissen aufgebaut und bin mit allen meinen Einzeltiteln souverän mit mehr als 50% im Plus. So hat *JNJ* 80% zugelegt, *Altria* 233%, PG 61% und so fort. Diese Titel generieren mir ein sehr komfortables monatliches Einkommen. Wissen Sie, was geschieht, wenn ich diese Werte verkaufe, weil sie vielleicht im vergangenen Jahr nicht so erfolgreich waren? Ich müsste auf 25% meiner Gewinne verzichten. Aber das wäre noch nicht das Schlimmste, denn ich müsste nun mit 25% weniger Kapital Anlagen finden, die mir ein ähnliches Einkommen generieren und das ist, wie Sie sich sicherlich vorstellen können, nicht so einfach möglich.

Nein, hören Sie nicht auf solche Ratgeber, investieren Sie richtig, bleiben Sie dabei und verlieben Sie sich in Ihre Unternehmungen. Meine *McDonalds*-Aktie hat sich im Jahre 2014 nur seitwärts bewegt, ja, übers Jahr gerechnet sogar einen kleinen Verlust eingefahren. Sollte ich die jetzt verkaufen? Nun, seit dem Jahr, in dem ich diese Titel gekauft habe, haben sie insgesamt meinem Depot einen Gewinn von 24% beschert. Soll ich diese Gewinne wirklich versteuern? Und was soll ich dann mit dem Geld anfangen? *McDonalds* zahlt 3,72% Dividende und erhöht diese jedes Jahr regelmäßig. Nach einem Verkauf müsste ich also einen ebenso sicheren Wert finden, der aber dann 4,65% Dividende generieren müsste.

Erinnern Sie sich an den Satz von Herrn Kostolany, einem wirklichen Experten, dessen Weisheiten keinesfalls veraltet sind: *Hin und her macht Taschen leer.*

5. Legen Sie nicht Ihr gesamtes Vermögen fest an …

Damit könnte man einverstanden sein, allerdings sollten Sie eines bedenken: Nicht investiertes Geld generiert keine Gewinne, doch von diesen werden Sie einmal leben müssen, wenn Sie in Rente gehen. Legen Sie Ihr Geld in Unternehmungen an, die regelmäßig Dividende zahlen, irgendwelcher Spekulationen sollten Sie sich enthalten, dafür haben Sie und ich nicht genug Geld.

6. Vertrauen Sie nicht irgendjemandem!

Hier kann ich uneingeschränkt zustimmen, allerdings sollten Sie Ihr Vermögen keinem systematischen Finanz-Check unterziehen lassen, denn Sie sollten nie vergessen, Ihre Interessen haben mit den Interessen einer Bank, Sparkasse, einem Rentenberater oder Anlageberater nichts, aber auch gar nichts zu tun. Ihre Anlagestrategie sollte einfach sein, ganz einfach, so einfach, dass Sie keinerlei Finanz-Check brauchen, alles andere ist Scharlatanerie.

Eines gilt's noch hinzuzufügen: Natürlich werden Sie im Regelfall von Ihrem Bankberater nicht willentlich und wissentlich über den Tisch gezogen, aber Sie müssen sich vergegenwärtigen, dass sich seine Ratschläge nicht nur an seinem Fachwissen orientieren, sondern dass eben in seine Beratung zu einem Großteil seine eigenen Lebensgewohnheiten und Bedürfnisse einfließen.

Wenn er gerade ein Haus baut, wird er Ihnen empfehlen, auch eines zu bauen, wenn er sein Geld in festverzinslichen Werten angelegt hat, dann wird er Ihnen etwas Ähnliches empfehlen, weil subjektiv für ihn diese Entscheidung ja nicht falsch sein kann und darf. Ich spreche aus Erfahrung, denn *Beratungen* genau dieser Art habe ich vor vielen Jahren ebenfalls erhalten. Wenn Ihr Bankberater ein eher ängstlicher Typ ist, wird er Ihnen ebensolche Ratschläge erteilen, wenn er risikobereiter ist, werden auch seine Ratschläge risikobereiter sein, ohne dass man seine Fachkenntnis dabei in Zweifel ziehen müsste. Beim Investieren geht es aber um **Ihre** Ängste und **Ihr** Risikobewusstsein und genau dies sollten Sie stets berücksichtigen.

Die in diesem Buch vorgestellte Methode ist nicht neu, sie orientiert sich nicht an der Börsenentwicklung von gestern, vorgestern oder gar von morgen. *Benjamin Graham* hat das so gemacht, ebenso sein begnadeter Schüler *Warren Buffett*. Machen Sie's doch genauso!

Man braucht eben keine Kerzen oder unterschiedlich schräge Striche in einen Chart hineinzeichnen, kein Sigma einer Gaußschen Verteilungskurve. Man muss sich auch nicht an Bollinger-Bändern orientieren, keine wie immer gearteten Wolkenbänder beobachten, man muss auch nicht wirklich wissen, welche Bedeutung Fibonacci-Zahlen für den Kurs einer Aktie haben (sie haben keine!), man muss nicht einmal täglich die Börsenkurse verfolgen, obwohl das mit der Zeit recht spaßig ist, der eigenen Investition beim Wachsen zuzusehen. Ja, man muss nicht einmal Bilanzen lesen können, obwohl das bei der Beurteilung auch großer Unternehmungen recht hilfreich sein kann, aber damit werde ich mich in einem Nachfolgeband genauer beschäftigen. Und die Informationen, die man wirklich braucht, die kann man in jedem Supermarkt erhalten. Völlig kostenlos übrigens! Die Methode ist so einfach, simpel, aber eben auch langweilig, und deshalb sollten jetzt alle Zocker, Day-Trader und Spekulanten einfach das Buch beiseitelegen und zu einer anderen Lektüre greifen.

2.6 Schlaue Sprüche

Schlaue Sprüche werden Sie schon oft gehört haben, und auch ich werde Ihnen nicht zeigen können, wie Sie schnell zu einer Million Euro kommen. Bücher, die vorgeben, das zu können, sind meist voll mit bunten Charts, komplizierten Tabellen und schwierigen finanztechnischen Berechnungen. Nur …, reich werden damit vermutlich nur der Verlag und der Autor eines solch famosen Buches. Denn seit es den Buchdruck gibt, erfreuen sich besonders Bücher reger Beliebtheit mit Titeln wie *„Wie werde ich reich"*, *„Wie stärke ich mein Selbstbewusstsein"* oder *„Wie werde ich attraktiver für das andere Geschlecht"*.

Und eigentlich könnte man alle diese Titel subsumieren in der Überschrift: *„Wie delegiere ich die Verantwortung für mein Handeln an andere?"* Doch wenn man die Verantwortung an andere delegiert, dann degradiert man sich zum passiven Zuschauer, hat keinen Einfluss auf die Entscheidungen und muss am Ende, gerade bei Finanzgeschäften, mit den Verlusten allein fertig werden. Das haben viele Zertifikate-Käufer in der Vergangenheit schmerzlich feststellen müssen. Denn mit der Verantwortung der Banken und Anlageberater verhält sich das so ähnlich wie mit der Politik. Da trägt man gern einmal die Verantwortung, und wenn's ans Übernehmen derselben geht, dann tritt man einfach zurück.

Fehler bei der eigenen Finanzverwaltung habe ich viele gemacht, doch der allergrößte war, auf andere gehört zu haben, die vorgaben, es besser zu wissen.

2.7 Sicherheit

Wenn man an der Börse investieren will, dann muss man sich zwangsläufig mit dem Thema Sicherheit beschäftigen.

Auch wenn's philosophisch klingt: Die absolute Sicherheit existiert nicht. Diese Tatsache werden Sie akzeptieren müssen. Was natürlich nicht bedeutet, dass Sie dem Marktgeschehen hilflos ausgeliefert sind.

Es sind viele Parteien, die am Markt teilnehmen, viele, die sich um Ihr Geld bemühen, aber nicht alle haben ein „*Rating*", das gerade für den Anleger akzeptabel sein sollte. Das Rating soll eigentlich ein Maß für das Risiko darstellen. Solche „Ratings" werden von den allseits bekannten Agenturen erstellt.

Unter Rating verstehe ich allerdings nicht, was *Standard & Poors, Fitch* oder *Moodys* zu einem Risiko sagen, das mag zwar alles richtig und fundiert sein, aber Ihnen als Anleger nützt das wenig. Sie dagegen sollten stets nur Ihre eigenen Erfahrungen und Informationen berücksichtigen, wenn Sie einem Schuldner Geld leihen wollen.

Risiko ausschließen können Sie nicht, aber unnötige Risiken eingehen, das sollten Sie gewiss nicht. Gerade mit dem Begriff Risiko wird viel Schindluder getrieben. Von den „Experten" bei Bank, Versicherung und staatlichen Verbraucherorganisationen wird Ihnen empfohlen, in risikoarme Fonds zu investieren, risikoarme Finanzprodukte zu kaufen und in risikoarme Schuldner zu investieren. Dabei sind es gerade diese Investitionen, die das höchste Risiko darstellen.

Mein Begriff von „risikoarm" ist:

- Zu wissen, was man gekauft hat,

- von den Produkten, die hinter dieser Investition stehen, überzeugt zu sein,

- ohne viel Mühe zu sehen, wie sich die Investition in der Vergangenheit entwickelt hat,

- verlässlich den Ertrag abschätzen zu können, den diese Investition **dauerhaft** generiert.

Es sind jedoch ausgerechnet *diese* Investitionen, die von den „Experten" und allen staatlichen Beratungsstellen stets als extrem risikoreich eingestuft werden. Lassen Sie sich von Ihrer Bank die Richtlinien zur Risikoeinstufung geben, dann werden Sie sehen, dass ausgerechnet Aktien als höchst risikoreich eingestuft werden. Verrückte Welt.

Sehen Sie sich Ihre Schuldner an. Denn wenn Sie Aktien, Fonds oder Staatsanleihen kaufen, so haben Sie es immer mit einem Schuldner zu tun. Allerdings ist es schon sehr merkwürdig, dass ausgerechnet die Marktteilnehmer, die sich in der Vergangenheit als äußerst unzuverlässig erwiesen haben, in der Bevölkerung das höchste Ansehen genießen.

2.8 Schwere Entscheidung?

Nehmen wir an, Sie verfügten über eine gewisse Summe und Sie hätten die Wahl, Ihr Geld einem von drei Schuldnern zu geben:

Schuldner 1

Dieser Schuldner hat in den letzten 100 Jahren selbstherrlich mehrfach seine Währung abgewertet, hat mit dem Geld seiner Schuldner Rüstungsgüter entwickelt und gekauft. Hat zwei Kriege begonnen und verloren, leistete sich einen stets wachsenden Mitarbeiterstab, der fürstlich entlohnt einen komfortablen Lebensstandard genießen konnte. Dieser Schuldner wirbt um Ihr Geld mit wunderschönen Titeln wie Schatzbrief oder Bundesanleihe. Dumm ist nur, dass er auch derjenige ist, der indirekt mit seiner Schuldenpolitik den Wert des Geldes bestimmt, das Sie ihm leihen sollen. Und damit kann er auch bestimmen, wie viel an Wert Sie am Ende der Laufzeit von ihm wieder zurückerhalten. Er bietet Ihnen auch Zinsen an, aber die werden stets unterhalb der ebenfalls von ihm, zumindest mittelbar, bestimmten Inflationsrate liegen.

Die Administration dieses Schuldners ist aufgebläht und arbeitet wenig effizient. Er kümmert sich um Dinge, die ihn eigentlich nichts angehen, seine Administratoren werden nicht nach Qualifikation ausgesucht, sondern nach Popularität des Bewerbers oder, schlimmer noch, nach Proporz und Parteizugehörigkeit.

Für sich verbuchen kann er, dass er mittels seiner Finanzhoheit stets von seinen Bürgern so viel Geld verlangen kann, wie er möchte, damit einen stetigen Cashflow generiert, also eine Pleite theoretisch ausgeschlossen werden kann.

Theoretisch?

Wenn Sie auch nur oberflächlich recherchieren, so stellen Sie fest, dass so eine Pleite *praktisch* schon mehrfach eingetreten ist. Ja, auch in Deutschland, oder gerade im soliden und zuverlässigen Deutschland.

Schuldner 2

Der zweite Schuldner teilt Ihnen mit, dass im Gegensatz zum ersten Schuldner eine Mannschaft ausschließlich aus qualifizierten Mitarbeitern besteht. Alles ausgewiesene Experten, die ihr Geschäft verstehen. Er stelle zwar keine Güter her, lässt er Sie wissen, allenfalls *Produkte*, so nennt er die Papiere, die er selbst herstellt und vertreibt. Er verkaufe auch keine Waren, dafür habe er aber die Hand am Drücker, kann bestimmen, wer in der Welt der Wirtschaft und Finanzen überlebe und wer nicht, sagt er. Er bietet Ihnen einen vernünftigen Ertrag an, jedenfalls nach Meinung des Schuldners selbst. Allerdings kann er Ihnen auch nicht garantieren, dass Sie bei einer Pleite nicht doch Ihr ganzes Geld verlieren. Und Pleiten hat's in der jüngeren Vergangenheit gerade in seinem Geschäftsbereich genügend gegeben.

Schuldner 3

Der dritte Schuldner sagt Ihnen, dass er eigentlich gar kein Geld von Ihnen wolle, doch wenn Sie es denn möchten, können Sie jeden Arbeitstag ohne Weiteres Anteile von seinem Geschäft kaufen und auch wieder verkaufen. Sie seien dann Miteigentümer und bekämen gemäß des Anteils an seiner Firma auch einen Anteil am Gewinn. Sie könnten die Bilanzen seiner Firma einsehen, und er gebe Ihnen bereitwillig Auskunft über den wirtschaftlichen Status seiner Unternehmung. Er teilt Ihnen weiter mit, dass Sie, wenn Sie diese Anteile kaufen, leider auch nicht vor einem eventuellen Totalverlust geschützt seien. Es könne schließlich sein, dass seine Firma irgendwann einmal pleitegehe. Allerdings könne er darauf verweisen, dass er sein Geschäft bereits seit mehr als 100 Jahren betreibe, und da er immer noch am Markt vertreten sei, sei eine Pleite eher unwahrscheinlich. Außerdem stelle er nur Seifen, Waschpulver und Babywindeln her, alles recht krisenfeste Produkte, die eigentlich immer gebraucht werden. Er habe keine teuren Kriege geführt, ja, er habe sogar alle vergangenen Kriege fast ohne Blessuren überstanden. Er verfüge zwar nicht über die Finanzhoheit, könne also kein Geld drucken. Aber, so sagt er Ihnen, könne er auf eine mehrere Jahrzehnte andauernde Dividendenzahlung verweisen, die stets sicher gezahlt und sogar über die Jahre hinweg stetig an den Kurswert seiner Firma angeglichen wurde. Und wenn Sie die Anteile an seiner Firma irgendwann einmal verkaufen wollten, dann sei das kein Problem, täglich bekommen Sie das Geld zurück, in jeder Währung, die zum Zeitpunkt des Verkaufes gerade gültig ist.

Wem würden Sie Ihr Geld geben?

Sie sollten niemals Ihr Geld irgendwem geben, nur damit es nicht mehr in Ihrem Fokus ist, Sie sich nicht mehr damit beschäftigen müssen und Sie die Verantwortung dafür endlich los sind. Sie sollten stets Ihr Vermögen im Blick haben und Ihr Geld gemäß einfacher und leicht verständlicher Kriterien anlegen. Kriterien, die Sie verstehen und deren Wirkung Sie beobachten können. So bleiben Sie in der Verantwortung für Ihr eigenes Vermögen und sind nicht abhängig vom Handeln anderer. Denn abhängig zu sein vom Handeln anderer, ist der sicherste Weg, sein Geld zu verlieren. Und es spielt keine Rolle, ob der andere sich nun Staat, Bank oder Versicherung nennt. Niemand sollte an Ihrem und Ihrer Familie Wohlergehen so sehr interessiert sein wie Sie selbst!

3 Erfolgreich investieren

3.1 Regeln zum erfolgreichen Investieren

3.1.1 Legen Sie Ihre Zielrichtung fest

Reich zu werden, ist zwar ein erstrebenswertes Ziel, Sie sollten allerdings schon eine Vorstellung davon haben, was Reichtum für Sie wirklich ist und wie Sie dieses Ziel erreichen wollen.

Bleiben Sie realistisch und geben Sie sich nur Ziele vor, die Sie auch erreichen können.

Auf die Frage, was ich einmal werden möchte, antwortete ich als kleiner Junge: *„Ich will Millionär werden!"*

Onkel, Tanten, Brüder, Schwester, Vater, Mutter, alle lachten, weil in unserer Familie Reichtum bereits bei einigen Hundert D-Mark anfing und eine Million eine Summe war, die sich niemand von uns in den kühnsten Träumen auch nur vorstellen konnte.

Bereits auf dem Schulweg rechnete ich mir aus, dass das mit der Million wohl nicht so leicht werden würde, denn für eine solche Summe hätte ein kleiner Schuljunge wie ich, ohne Taschengeld und ohne Einkommen, drei Jahre lang jeden Tag knapp 1.000 DM beiseitelegen müssen. Was Steuern und Abgaben waren, wusste ich damals noch nicht, denn eingerechnet dieser Abzüge würde es wohl doppelt so lange gedauert haben.

Es ist deshalb gewiss nicht verkehrt, einmal auszurechnen, bei welcher Summe Sie landen müssen, um irgendwann einmal ein auskömmliches Leben zu haben, ohne Anträge und Nachweise zu erbringen, ohne den Staat um Hilfe anbetteln zu müssen und ohne allein auf eine Rente angewiesen zu sein, über deren zukünftige Höhe man nur spekulieren kann.

Fangen wir also klein an: Wenn Ihnen 1.000€ pro Monat zusätzlich reichen sollten, dann müssten Sie monatlich 1.785€ an Dividenden generieren. Nach Abzug aller Abgaben ergäbe das nämlich die gewünschten 1.000€ netto. Bei einer dreiprozentigen Verzinsung des Kapitals wären also 714.000€ nötig, um die 1.000€ netto jeden Monat auf dem Konto zu sehen.

Ganz schön viel!

Es ist der Staat, der ständig mehr haben will, denn die Steuern und Abgaben, die er fordert, fressen weit mehr als die Hälfte Ihres potenziellen Zusatzeinkommens schlicht auf. Sie sollten also bald anfangen mit dem Investieren, wenn Sie ein von den staatlichen Versorgungsprogrammen unabhängiges Einkommen generieren wollen.

Vielleicht werden Sie jetzt denken: Wenn wirklich 714.000€ nötig sind, um nur 1.000€ monatlich zu generieren, dann sind ja vielleicht die staatlichen Rentenkassen doch nicht so übel, schließlich kann man nach einem arbeitsreichen Leben eine solche Rente immer noch erzielen.

Doch sieht man sich die Auszahlungsquote der Rente an, so ist sie von 72% im Jahre 2005 über 67% im Jahr 2007, auf heute 52% des durchschnittlichen Nettolohns gesunken und das bei einem Anstieg von ehemals 35 auf 40 nötiger Arbeitsjahre. Nach Äußerungen der Sozialdemokraten könnten es sogar bald nur noch 42% vom durchschnittlichen Nettolohn sein.

Sehen Sie sich Ihren Nettolohn an! Könnten Sie heute wirklich mit nur 42% Ihres Nettoeinkommens auskommen? Sicher, berücksichtigt man die stetigen Rentenerhöhungen, so werden Sie später einmal mehr Geld bekommen, aber sieht man sich die stetig steigende Inflationsrate an, so werden die 42% dereinst mal mehr Geld bedeuten, aber mehr wert ganz gewiss nicht.

Mein Vater verdiente 1950 umgerechnet 200€ im Monat und brachte damit eine sechsköpfige Familie durch, aber meiner Mutter fällt es heute schwer, mit 1.500€ Witwenpension über die Runden zu kommen. Die Rente mag sicher sein, aber ob Sie davon einmal leben können, das wird Ihnen niemand garantieren können. Sie werden vorsorgen müssen! Die Apologeten des Umlagesystems können mir hundert Mal vorrechnen, wie gut das System in der Vergangenheit funktioniert hat und wie risikoreich das Investieren an der Börse ist, doch sehe ich mich in dem Bekanntenkreis meines Vaters und Großvaters um, dann stelle ich fest; die gesetzliche Rente reicht kaum für ein sorgenfreies Leben. Was immer auch gesagt wird, es ist kein gutes Geschäft, da können die staatlichen Stellen erzählen, was sie wollen. Setzen Sie auf private Vorsorge, Sie werden sehen, das lohnt sich eher.

Ich will jetzt nicht berechnen, welche Summen durchschnittlich nach einer Beitragszeit von 40 Arbeitsjahren in die staatlichen Rentenkassen eingezahlt werden und ob sich diese Investition dann tatsächlich rentiert hätte. Das staatliche Rentensystem funktioniert auf dem Verfahren der Umlage, also haben die eingezahlten Beträge eine völlig andere Bedeutung. Sie sind ein Solidarbeitrag, der dazu dient, die jetzige Generation von Rentnern abzusichern. Darin jedoch sind zwei sehr perfide Argumente versteckt:

- Mit dem Hinweis auf die demografische Entwicklung kann dem Rentner *jede* Kürzung plausibel gemacht werden, denn er profitiert ja nicht vom *selbst eingezahlten Geld*, sondern von den Beiträgen der jetzt gerade Beschäftigten. Seine vor Jahren irgendwann einmal eingezahlten Gelder sind ja längst schon aufgebraucht, haben mit seiner Rente also nichts mehr zu tun. Damit entfällt aber jede Rechtfertigung des Rentenzahlers mit dem Hinweis auf die selbst eingezahlten Beiträge.

- Und *der* Teil der Bevölkerung, der die Beiträge zahlen muss, kann sich gegen Beitragserhöhungen wehren mit dem Hinweis, dass sie ja für die Renten jetzt aufkommen müssen, sie also nicht für sich selbst ansparen können. Und wenn der Anteil der arbeitenden Bevölkerung immer geringer wird, dann wird sich der Rentner eben bescheiden müssen.

Sie sehen, als Rentner haben Sie schlechte Karten.

Wohlgemerkt: Für die herrschende Klasse in unserer Gesellschaft gilt dies nicht! Deren Pensionen werden nach dem letzten Gehalt berechnet, und dieses wird durch eine schnelle Mehrfachbeförderung kurz vor Pensionseintritt noch flink auf häufig mehr als 100% des „*wirklich*" letzten Gehalts angehoben. Wie könnte es sonst sein, dass ein mir bekannter Amtmann innerhalb zweier Jahre vor Pensionsbeginn noch schnell zum Regierungsoberrat befördert wurde, ohne je ein Gymnasium geschweige denn eine Universität von innen gesehen zu haben.

Aber ich will hier nicht dem Neid das Wort reden, schließlich gilt immer: „Augen auf bei der Berufswahl". Zudem bringt es nichts, Zustände zu kritisieren, die man nicht ändern kann. Man kann nur daraus lernen und sich in der Zukunft entsprechend verhalten.

Allerdings frage mich schon: Wer hat sich dieses verrückte System bloß ausgedacht?

Die Entkoppelung der Rente von der eigenen Arbeits- und Beitragsleistung ist dermaßen perfide konstruiert, dass man fast geneigt sein kann, eine Verschwörung dahinter zu vermuten, und die stets ansteigende Begehrlichkeit des Staates macht es immer schwieriger, eine gesunde und ertragreiche Eigenversorgung aufzubauen.

Schwieriger ja, aber (noch) nicht unmöglich!

Deshalb verlassen Sie sich nicht auf die staatlichen Renten. Auch wenn das System den Anschein der Gerechtigkeit vermittelt. Was nützt es Ihnen, wenn's am Ende nicht für eine vernünftige Existenz reicht?

3.1.2 Investieren Sie nur in Werte, die Sie auch verstehen

Wie viele Rentner wurden von den bösen, bösen Bankstern hereingelegt, weil man Ihnen Produkte aufgeschwatzte, die sie nicht verstanden. Rentner, die im Lebensmittelladen genau auf jeden Cent achten, die sogar das Kleingedruckte auf der Fertigsuppenpackung lesen, genau diese Rentner haben in der Vergangenheit Finanzprodukte gekauft, deren Titel sie meist nicht einmal vorlesen oder buchstabieren konnten. Deshalb: Lassen Sie die Finger von *Produkten,* die Sie nicht verstehen.

Vielleicht kennen Sie ja einen Nachbarn, der zum Millionär geworden ist, weil er als Day-Trader spekuliert hat? Aber das ist nur einer der vielen Wege, schnell das letzte Geld zu verlieren, denn auch hier sollten Sie wenigstens die Zukunft der nächsten Minuten kennen, bevor Sie Ihr schwer verdientes Geld einsetzen. Investieren Sie lieber in Burger, Seife, Zahnpasta, Babywindel und Co, das ist sicherer und weniger risikoreich.

3.1.3 Wenn Sie die Wahl haben, investieren Sie stets in den Marktführer

Die Aktien, die für uns Anleger überhaupt infrage kommen, sind recht dünn gesät, aber wenn Sie dennoch in die Verlegenheit kommen sollten, zwischen mehreren Firmen auswählen zu können, so sollten Sie stets in den Marktführer investieren. Das ist nicht immer so eindeutig, wie man meinen möchte. Als Beispiel sollen die Firmen *General Electric* und *Siemens* gelten. Wer da Marktführer ist, können Sie nicht so ohne Weiteres entscheiden, dafür ist die Produktpalette zu umfangreich.

Aber da gibt's ein anderes Kriterium, das Sie heranziehen können. Schauen Sie sich den Gewinn der Firma an und dann die Anzahl der Mitarbeiter. Dann dividieren Sie Gewinn/Mitarbeiter und schon haben Sie eine ziemlich aussagekräftige Zahl, wie viel die Firma pro Mitarbeiter verdient. Denn es nützt Ihnen nichts, wenn der Umsatz stimmt, aber das Geld für zu viele Mitarbeiter ausgegeben wird.

Wie findet man solche Zahlen?

Kein Problem. Auf jeder Seite einer amerikanischen oder englischen Firma finden Sie einen Tabulator mit der Bezeichnung „*Investor Relation*".

Die Informationskultur europäischer Titel ist da etwas zurückhaltender, da müssen Sie manchmal eben etwas suchen.

3.1.4 Lassen Sie die Moral beiseite, wenn Sie investieren wollen

Sie sind nicht das Gewissen der Welt, auch nicht der Vormund Ihrer Mitmenschen. Wenn Sie also in Firmen nur deshalb nicht investieren wollen, weil Sie moralische Bedenken haben, dann können Sie das Investieren gleich ganz bleiben lassen. Sie werden nämlich auf dem großen Markt der Börse kaum eine Aktie finden, die mit ihren Verfahren, Produkten oder Dienstleistungen nicht gegen irgendeine moralische Regel oder Vorstellung verstößt. So dürften Sie beispielsweise in keine Brauerei, keinen Lebensmittelhersteller oder Vertreiber, keine Pharmaziewerte, keine Fast-Food-Kette, keine Soft-Drink-Firma und erst recht nicht in die Zigarettenindustrie investieren.

Ich war starker Raucher, habe aber im Alter von 24 Jahren das Rauchen aufgegeben, weil ungesund und teuer. Nun bin ich seit mehreren Jahrzehnten Nichtraucher, und dennoch habe ich eine relativ große Summe meines Anlagevermögens in das Unternehmen *Altria* investiert. Wenn jemand unbedingt rauchen will, dann soll er das tun, und wenn der Staat gut daran verdient, warum nicht dann auch Sie? Sie sind nicht der Vormund der Welt, jeder erwachsene Mensch muss selbst wissen, was er tut.

Das Bedrucken der Zigarettenschachteln mit warnenden Sprüchen ist ein hilfloser Versuch, dem Bürger das Rauchen abzugewöhnen, zudem ist es sehr zynisch, wenn ausgerechnet der Staat derartige Verordnungen erlässt und gleichzeitig Steuern auf diese Produkte erhebt. Vielleicht werden demnächst Wiener Würstchen mit dem Aufdruck versehen: „*Exzessiver Genuss schadet Ihrer Gesundheit*", weil zu viel Fett enthalten ist oder sonst irgendeine krank machende Substanz. Ich habe oft den Eindruck, dass dem Bürger das Gefühl vermittelt werden soll, er möchte doch bitte die Verantwortung für das eigene Handeln an den Staat delegieren, denn der weiß am besten, was für seine Bürger gut ist.

Moral ist eine schöne Sache, hat aber beim Investieren keinen Platz. Sehen Sie sich den Staat an. Er ächtet vordergründig die Spielsucht, betreibt jedoch Spielcasinos und kassiert. Er verurteilt das Rauchen und kassiert. Er verdammt den Alkohol und kassiert. Warum, frage ich Sie, sollten Sie moralischer sein als der Staat? Investieren Sie getrost in Alkohol und Zigaretten. Denn auf eines ist stets Verlass: Sobald der Staat eine Steuer auf ein Produkt erhebt, wird er dieses Produkt niemals mehr verbieten.

Die Marke *Altria* kennen Sie nicht? Nun, die Zigarettenmarke Marlboro ist Ihnen doch sicherlich bekannt! In Amerika wird genau diese Marke von *Altria* produziert und vertrieben. Aber *Altria* generiert seit über 50 Jahren schon eine durchschnittliche Dividende von 5%, und genau *das* sollte Ihr Handeln bestimmen.

Wenn Sie meinen, dass der Zigarettenkonsum wenigstens in den westlich orientierten Ländern mit der Zeit zum Erliegen kommen wird, dann sollten Sie sich die Statistiken ansehen. Nachdem man 2011 in Australien besonders hässliche Bilder auf die Schachteln drucken musste und deshalb der Firmenaufdruck immer kleiner wurde, stieg der Zigarettenkonsum im folgenden Jahr sogar an.

Wenn die katholische Kirche eine AG wäre, ich würde mein gesamtes Geld dort in Aktien anlegen. Keine Unternehmung hat es geschafft, über 2000 Jahre erfolgreich zu bestehen und derart viele Reichtümer anzuhäufen.

Fazit: Für moralinsaure und risikoaverte Latzhosenträger ist die Börse eben nicht gemacht. Nur werden sich die Moralisten eben dereinst mal mit den mageren staatlichen Renten zufriedengeben müssen. Und eines ist sicher: Sie werden später lamentieren, wie ungerecht die Welt doch sei, und nach einer Umverteilung des Vermögens verlangen. Aber man kann Vermögen umverteilen, solange und so oft man will, es wird immer in den Händen einiger weniger enden. Und das liegt bestimmt nicht nur an den Händen der wenigen!

3.1.5 *Sehen Sie sich nicht die Kurse an der Börse an, sondern zuerst die Produkte der Firmen, in die Sie investieren wollen*

Die Kurse der Firmen variieren täglich. Manchmal machen sie Ausschläge wie ein junger Esel, sowohl nach oben wie nach unten.

Wenn Sie mit diesen erratischen Kursbewegungen Geld verdienen wollen, dann haben Sie eine harte Zeit vor sich. Sie sollten sich jedoch eines vor Augen halten: Wenn sich der Kurswert einer Firma von einem auf den anderen Moment um 10, 20 oder gar 30 Milliarden Dollar verändert, so wird sich der Wert dieser Unternehmung nicht von einem Moment auf den anderen ebenfalls um 10, 20 oder gar 30 Milliarden Dollar verändern. Die Hoch- oder Abstufungen einiger Analysten wird auch nicht innerhalb weniger Minuten den *Wert* einer Firma in die Höhe oder den Abgrund treiben!

Also hat der Kurs nichts mit dem Wert einer Anlage zu tun?

Doch, hat er schon. Nur nicht der momentane Wert. Wenn Sie den Kurs einer Unternehmung gemittelt über 10, 20 oder gar 30 Jahre nehmen, dann können Sie sehr wohl daran ablesen, was eine Unternehmung wert ist und wie sich dieser Wert über die Jahre entwickelt hat. Eine solche Grafik können und sollten Sie heranziehen, wenn Sie in einen Titel investieren wollen. Aber der tägliche Kurs, der sollte bei Ihrer Kaufentscheidung keine Rolle spielen. Der Großmeister des Investierens, André Kostolany, hat es einmal wie folgt beschrieben:

> *„Der Börsenkurs einer Aktie verhält sich wie ein Herr mit seinem Hund auf einem Spaziergang. Während der Hund einmal nach vorne rennt, dann wieder hinter seinem Herrn zurückbleibt, geht der Hundebesitzer stetig nach vorne. "*

Sie werden es erraten haben: der Hund, das sind die täglich schwankenden Kurse, und der Herr ist die Wertentwicklung der Anlage. Die täglichen Börsenkurse sollten keinen Einfluss auf Ihre Kaufentscheidung haben. Einfach, weil Sie kurzfristig den Wert der Aktie nicht widerspiegeln.

Ich möchte den schönen Satz des Herrn Kostolany noch um einen kleinen Zusatz ergänzen:

> *„Der Börsenkurs einer Aktie verhält sich wie ein Herr mit seinem Hund auf einem Spaziergang. Während der Hund einmal nach vorne rennt, dann wieder hinter seinem Herrn zurückbleibt, geht der Hundebesitzer stetig nach vorne.*

Und zehn Meter vor und hinter dem Hund laufen die Analysten, wedeln mit kleinen Wurststückchen und schreien ständig: ‚Hier Rex, guter Hund, komm braver Hund.'"

Produkte gibt es viele, aber Sie sollten nur in Firmen investieren, die reale Produkte herstellen und vertreiben, also etwas, das man anfassen und verwenden kann. Von allen anderen *Finanzprodukten* sollten Sie die Finger lassen, die werden stets von Finanzdienstleistern, Staaten und Banken angeboten; sie alle haben keinen inneren Wert, jedenfalls keinen, den Sie erkennen könnten. Mit verbundenen Augen würden Sie schließlich auch nicht alles trinken, was man Ihnen vorsetzt, bloß weil's flüssig ist!

Grundsätzlich gibt es jedoch nur zwei Arten von Anlagen, die Sie überhaupt berücksichtigen sollten. Verbrauchsgüter, die von der breiten Masse jeden Tag gekauft werden, und Technologiegüter, die zwar auch von der breiten Masse gern gekauft werden, die aber einem anderen Zyklus unterliegen als die erstgenannten.

Im Grunde sollten Sie eigentlich von Letzteren auch die Finger lassen. Damit will ich Technologiewerte gewiss nicht schlecht reden, aber derartige Werte taugen einfach nicht für den Anleger, der nur über moderate Geldmittel und wenig Erfahrung verfügt.

Warum taugen sie gerade für diesen nicht?

Eine Firma, die Technologiegüter herstellt, muss jedes Jahr mit einem neuen, besseren Produkt auf den Markt kommen. Wenn sie es nicht tut, wird's eine andere Firma tun, und das schöne Geschäftsmodell ist im Eimer. An der Börse gibt es genügend derartige Beispiele, wo genau dies geschehen ist.

Die Firma *Grundig*, einst sehr erfolgreich, weil Erfinder des PAL-Systems, hat die technologische Entwicklung zur Digitaltechnik verschlafen und ist heute vom Markt verschwunden. *Telefunken*, *AEG*, *Kodak* und auch *Nokia*, sie alle haben die Veränderungen am Markt verpasst und krebsen heute am Existenzminimum, wenn sie denn überhaupt noch existieren. Die Liste solcher Firmen ist lang und reicht bis in die heutige Zeit.

Sehen Sie sich die Firma *Apple* an: der absolute Highflyer der letzten Jahre. Wenn es dieser Firma auch nur in einem einzigen Jahr nicht gelingen sollte, ein neues innovatives Produkt auf den Markt zu bringen, dann könnte es düster aussehen für deren Zukunft. Selbst der Software-Gigant *Microsoft* könnte in der Zukunft Probleme bekommen, denn er ist gerade dabei, die Entwicklung zum Tablet-Computer zu verschlafen. Das neue System wird vermutlich *Android* heißen, und das Geschäft werden in Zukunft vielleicht andere machen. PCs in den privaten Arbeitszimmern werden bald der Vergangenheit angehören, und die Firma *DELL* hat das bereits zu spüren bekommen.

Technologie und seine Entwicklung ist für Außenstehende nur schwer einzuschätzen, also lassen Sie besser die Finger von solchen Firmen, die sollten nicht auf Ihrer Einkaufsliste stehen. Lassen Sie sich nicht beirren, bleiben Sie standhaft, denn auch wenn Ihr Nachbar Ihnen erzählt, wie viel er mit seinen Technologiewerten verdient hat, die Verluste, die er damit vielleicht erleidet, wird er Ihnen bestimmt nicht mitteilen.

Dagegen sind Firmen, die Verbrauchsgüter des täglichen Bedarfs herstellen, etwas rarer gesät. Dafür existieren diese Firmen aber schon sehr lange, bedienen einen viel größeren Markt und sind weitgehend unabhängig von dem Hype der Massen und daher unbekannt.

Bei einem neuen *Apple*-iPhone-Modell wird Ihnen jeder erzählen wollen, wie toll das Gerät ist und wie fantastisch die neuen Funktionen sind. Bei einer neuen Sorte Toilettenpapier wird es Ihnen kaum passieren, dass jemand Ihnen erzählt, wie fein und saugfähig das Papier sei, das er heute auf der Toilette benutzt habe.

Hersteller von Verbrauchsgütern unterscheiden sich von Technologiewerten ganz gewaltig. Zudem kennt man sie nur selten. Oder wissen Sie vielleicht, welche Produkte die Firma *Reckitt Benckiser* herstellt?

Nicht?

Aber Sie benutzen diese Artikel doch jeden Tag, sehen Sie doch mal genauer hin auf die großen Schachteln und kleinen Plastikflaschen in Ihrer Waschküche, in Ihrem Bad.

Man könnte nun meinen, dass gerade auf diesem Gebiet die Konkurrenz sehr groß ist, schließlich kostet das Entwickeln und Herstellen solcher Güter nur wenig. Dabei dürfen Sie jedoch nicht vergessen, dass es nicht um die Produkte selbst geht, sondern um den Vertrieb und die PR. Und diese beiden Bereiche sind bei Firmen wie *Reckitt Benckiser, Procter & Gamble* oder *Johnson & Johnson* weltweit ausgebaut und etabliert. Kinderwindeln zu entwickeln und herzustellen, ist gewiss keine große Kunst, aber Sie müssen ein effizientes, weltweites Vertriebssystem haben, um diese Waren an den Mann, die Frau zu bringen.

Oder nehmen Sie *McDonalds*. Es sollte doch nicht so schwer sein, einen besseren Hamburger herzustellen.

Meinen Sie?!

Sie haben recht, ist es gewiss nicht! Ein paar mehr Zwiebelchen, eine Scheibe mehr Tomaten, ein Blättchen grünen Salat mehr und schon haben Sie einen besseren Hamburger. Nur, wie bringt man ein solches Produkt an die Kunden?

Haben Sie schon mal einen *McDonalds*-Kindergeburtstag erlebt? Die Leute wissen, wie man Kunden an sich bindet. Der Geschmack eines Hamburgers ist sehr typisch, und das gibt ihm einen Wiedererkennungswert.

Ich weiß, jetzt kommt wieder die Keule mit der grünen Kritik: *Diese Art Werbung solle man verbieten, man solle Kinder nicht an solche Produkte heranführen* und so weiter. Aber ist das nicht sehr pharisäerhaft? Wollen wir alle wirklich in einer Welt leben, in der uns der Staat qua Gesetz vorschreibt, was wir tun und lassen sollen? Wenn jemandem der Big Mac schmeckt, warum soll er ihn nicht essen? Wenn jemand gerne raucht, warum soll er's dann nicht tun? Wenn jemand zum Alkoholiker wird, ist nicht der Alkohol daran schuld, sondern dieser Jemand selbst, der nicht genügend Selbstbeherrschung aufbringt, sich zu kontrollieren. Natürlich soll man versuchen, Kinder auch von staatlich erlaubten Drogen fernzuhalten, aber ein Mac in Kinderhand ist ganz bestimmt keine Droge. Ebenso gut könnte man fünf Pfund Kartoffeln auf dem Kinderteller als Droge bezeichnen. Investieren Sie ruhig bei *McDonalds*! Der Staat verdient prächtig am Umsatz, und Sie können sich darauf verlassen, dass auch die Sozialisten nichts gegen diese Firma unternehmen würden, kämen sie an die Macht, denn auch ihr politisches Modell funktioniert nicht ohne Geld.

Und außerdem: Mir schmecken die Dinger, wenn auch nicht jeden Tag, so doch ein bis zwei Mal im Monat. Reagieren Sie nicht gleich panisch, wenn wieder einmal im Deutschen Fernsehen *McDonalds* kritisiert wird.

An der Tankstelle um die Ecke sitzt eine Frau an der Kasse. Sie weiß, dass ich in Aktien investiert bin, und da sie auch einige Titel hält, kommen wir manchmal ins Gespräch. Vor einigen Monaten kam wieder einer dieser Berichte in einem der deutschen Gesundheitssender. Der Beitrag zeigte mit erhobenem Zeigefinger auf, wie gefährlich der Konsum von *McDonalds*-Produkten sei und wie schädlich für die Gesundheit. Am folgenden Tag fuhr ich zum Tanken und die Dame sprach mich darauf an:

„Sie haben gewiss doch heute Ihre *McDonalds*-Aktien verkauft!", sagte die Dame und lächelte.

Ich schüttelte nur den Kopf und erwiderte: „Nein, habe ich nicht! Ich denke eher daran, noch welche nachzukaufen!"

Die Dame sah mich erstaunt an: „Aber gestern Abend konnte doch ganz Deutschland den negativen Bericht über diese Fast-Food-Kette sehen, da ist der Kurs doch sicher gefallen."

„Schon", sagte ich, „aber die fast zwei Milliarden Chinesen und eine Milliarde Inder, die haben den Bericht sicherlich nicht gesehen!"

McDonalds ist ein Gigant, und gegen sein seit 60 Jahren etabliertes Vertriebsnetz ist schwer anzukommen. Viele amerikanische Qualitätsaktien existieren bereits seit mehr als 100 Jahren, und sie sind erfolgreich. Gegen solche Firmen konkurrieren zu wollen, ist aussichtslos, das haben schon viele Billiganbieter schmerzvoll feststellen müssen.

Aber da gibt's ja noch die Billigmarken!

Wenn Sie annehmen, dass die Billigmarken nicht von den Großen hergestellt werden, dann irren Sie. Auch die Billiganbieter bieten Produkte der Giganten an, Sie werden nur deren Namen nicht auf der Packung finden.

Solche Firmen müssen nicht jedes Jahr ein neues Produkt auf den Markt bringen, es reicht, wenn sie die PR etwas verbessern, die Wässerchen etwas fruchtiger machen, vielleicht mit Süßstoff statt mit Zucker süßen oder die Düfte der Seifen etwas variieren. Gehen Sie in die einschlägigen Läden und sehen Sie sich um. Volle Regale überall! Regale voller Seifen, Waschpulvern und Reinigungsmitteln, die ständig von den Verkäuferinnen aufgefüllt werden müssen. Sehen Sie sich um die Mittagszeit eine Filiale von *McDonalds* an, dann wissen Sie, welche Aktien Sie kaufen müssen. Und dazu brauchen Sie keinen Bankberater.

Auch wenn ich gerade Technologiewerte als Anlage für Kleinanleger nicht empfohlen habe, so muss ich dennoch eine Unternehmung erwähnen, die allein unter einem geschichtlichen Gesichtspunkt eine Ausnahme darstellt und die eigentlich in jedes Depot gehört, und das ist *General Electric*. *GE* ist schon etwas Besonderes. *GE* existiert bereits seit dem Jahr 1876, ist Weltmarktführer in vielen, sehr vielen Bereichen und zahlt Dividende seit mehr als 100 Jahren. Seit einer Zeit also, als es in Deutschland noch den Kaiser gab. Es ist die einzige Firma, die seit Beginn im DOW gelistet war und heute noch gelistet ist.

Die Firma wurde gegründet von *Thomas Alpha Edison* und ist eine reine Technologiefirma. Aber bitte, wenn Sie ganz orthodox sein wollen, dann lassen Sie *GE* einfach weg, denn es gibt keinen *Standardkatalog* von Aktien, die man unbedingt haben muss. Eine Unternehmung muss Sie überzeugen, und nur Sie können entscheiden, ob das der Fall ist oder nicht. Sind Sie von einer Aktie überzeugt, dann ist genau diese Aktie die richtige für Sie.

Wenn Sie tatsächlich einmal die Analyse eines Experten lesen sollten die Sie überzeugt, die Ihre eigene Meinung ins Wanken bringt,
dann rate ich Ihnen, lesen Sie die Analyse eines anderen Experten,
das wird Sie davon überzeugen, dass nur Ihre Meinung, nur Ihre
Analyse für Sie selbst richtig ist.

Kurzfristig gesehen ist die Börse ein Lotteriespiel, mal sind die
Kurse unten, dann sind sie wieder oben. Ich wundere mich stets,
warum es genau für die Börse so viele Analysten, Strategien und
Methoden gibt, obwohl doch jeder wissen müsste, dass genau wie
beim Lotto die kurzfristigen Entwicklungen an der Börse nicht
vorhersagbar sind.

An der Börse gibt es keine Experten, und alle Ratschläge, so logisch, vernünftig und wissenschaftlich sie auch verpackt sein mögen, sind nichts weiter als der Versuch, die Zukunft vorherzusagen.
Setzen Sie auf den Markt, nicht auf Kurse, investieren Sie in Produkte, nicht den momentanen Wert an der Börse, setzen Sie auf
Vernunft, aber nicht auf Fibonacci-Zahlen, Wolkengebilde, Chart-
Analysen und anderen Unsinn.

Möchten Sie ein Beispiel? Hier ist eines, besonders prominent,
weil von einem renommierten Börsenportal veröffentlicht.

*Die Aktie der Allianz erreichte am 22. Mai 2013 ein Hoch
bei 122,10 Euro. Danach musste der Wert einen deutlichen
Rückschlag hinnehmen. Die Aktie fiel auf die exp. GDL 200
zurück. Dort drehte die Aktie wieder nach oben. Am Freitag erreichte sie fast schon wieder das Hoch bei 122,10
Euro. Aktuell scheint der Wert unterhalb dieser Marke zu
konsolidieren. Ein Rückfall auf 114,20 Euro wäre dabei un-
dramatisch. Solange die Aktie über dieser Marke notiert,
besteht eine gute Chance auf einen Ausbruch über 122,10
Euro und damit auch auf eine Rally bis ca. 131,00 Euro.
Sollte der Wert allerdings unter 114,20 Euro abfallen, würde eine Verkaufswelle in Richtung 107,60 Euro.*

Für mich klingt das wie: „*Kräht der Hahn auf dem Mist, ändert
sich das Wetter oder es bleibt wie es ist!*"

3.1.6 Kaufen Sie keine Banktitel, Staatsanleihen, Finanztitel, Zertifikate oder gar Derivate

Staatsanleihen sind Versprechen der Bank, des Finanzhauses, des Staates, die Ihnen Ihr Geld gegen einen Zins nach einer mehr oder weniger langen Zeit zurückzugeben. Doch Versprechen können gebrochen werden, wie die Lehman-Krise eindrucksvoll bewiesen hat. Auch der Staat wird Sie, ohne mit der Wimper zu zucken, enteignen, wenn er dies für nötig hält. Die teilweise Enteignung der Kontoinhaber in Zypern ist ein gutes Beispiel dafür. Wenn der Staat Ihr Geld will, dann wird er es sich nehmen. Deshalb suchen Sie sich starke Partner, Partner, die dem Staat Paroli bieten können, wenn er in Ihre Kasse greifen möchte. Sie meinen, derart starke Partner gibt es nicht?

Der deutsche Staat verfügte im Jahre 2013 über gut 500 Milliarden Euro an Steuereinnahmen. Die Marktkapitalisierung von *GE* beträgt gut 200 Milliarden Euro, die von *Johnson & Johnson* sogar 259 Milliarden Euro und die von *Procter & Gamble* immerhin 220 Milliarden Euro. Das sind Partner, die sich eine Enteignungspolitik ihrer Investoren nicht gefallen lassen werden. Selbst wenn es dem Staat einfallen sollte, wieder einmal eine Währungsreform mit anschließender Geldentwertung zu beschließen, Ihre Anteile an den genannten Unternehmungen würde dies nicht tangieren.

Sie meinen, das seien Verschwörungstheorien? Dann lesen Sie doch mal nach, was 1949 geschehen ist wie in den Jahren nach 1927 unter Reichskanzler Hermann Müller, der Geldwert schrumpfte und die DM/Euro-Umstellung im Jahre 2001 trug schließlich auch nicht gerade zur Wertstabilität der Vermögen bei.

Solange es bei den Entscheidern keine Haftungsregeln gibt, wird der Staat mit dem Geld seiner Bürger nicht verantwortungsvoll umgehen, das hat nichts mit den Entscheidern selbst zu tun, sondern das ist leider eine nur allzu menschliche Eigenschaft. Geben Sie doch Ihrem Sohn zu Monatsbeginn mal Ihre Scheckkarte, der Kontostand am Monatsende sollte Sie nicht überraschen. Aber so ähnlich funktioniert auch die Geldpolitik der Staaten.

Noch vor wenigen Jahren hätte ich Ihnen geraten, einen gewissen Anteil Ihrer Anlagen in Staatsanleihen zu halten. Bonds oder Staatsanleihen hatten damals noch eine ähnliche Rendite wie Aktienanlagen, waren also eine echte Alternative. Mit der unguten Entwicklung der europäischen Währung hat sich die Situation vollständig verändert. Sie können auch heute noch mit Staatsanleihen eine gute bis exzellente Verzinsung erreichen, allerdings nur, wenn Sie bereit sind, Ihr Geld in Ländern mit einem hohen Risiko anzulegen, aber genau dies sollten Sie nicht tun. Natürlich können Sie mit Staatsanleihen Ihr Geld auch sicher anlegen, allerdings nur zum Preis von geringer bis nicht existenter Rendite. Rendite aber sollte stets Ihr oberstes Ziel sein, denn von irgendetwas wollen Sie schließlich leben. Und ob ausgerechnet deutsche Staatsanleihen so sicher sind, können Sie bestimmt selbst beurteilen, nachdem Sie den Absatz 8.14 „*Der Staat, der verantwortungsvolle Wirtschafter*" ab Seite 216 gelesen haben.

Ob und wann sich diese Lage auf dem Markt der Staatsanleihen wieder bessern wird, das weiß ich nicht, aber solange die Zinsen derart niedrig sind, sollte man als Anleger die Finger von Staatsanleihen jeglicher Art lassen. Man könnte auf amerikanische Bonds ausweichen, nur leider sind auch die nicht mehr der sichere Hafen, und es ist abzusehen, wann die Inflation zu laufen beginnt. Denn auf irgendeine Weise müssen die Staaten von ihren hohen Schulden herunter, und das funktioniert meist nur über das Mittel Inflation. Wer dann sein Geld in Geldwerte angelegt hat, wird der Zahler sein.

Finanzprodukte und Derivate sind keine Anlagen, die Sie überhaupt berücksichtigen sollten. Streichen Sie diesen Begriff einfach aus Ihrem Wortschatz. Diese Anlageklassen stellen weder Waren her noch vertreiben sie welche. Bei all diesen Anlagen handelt es sich um Wetten, deren Bedingungen vom Emittenten festgelegt werden. Wollen Sie wirklich mit jemandem Poker spielen, der die Karten selbst fälschen darf?

Natürlich kann man auch mit Finanzprodukten und Derivaten gutes Geld verdienen, aber dazu fehlen Ihnen und auch mir die Informationen und Kenntnisse. Aber ich habe Ihnen ja versprochen: Folgen

Sie meinem Rat, so werden Sie das Risikoprofil Ihrer Kapitalanlage so weit wie möglich gering halten können.

3.1.7 Finden Sie heraus, wie lange die Firma bereits existiert, in die Sie investieren wollen

Wenn eine Firma seit mehr als 100 Jahren existiert, dann ist das zwar keine Garantie dafür, dass sie weitere 100 Jahre bestehen bleibt, aber es ist doch ein gutes Indiz für solides Wirtschaften. Wenn diese Firma dann zum größten Teil nur Verbrauchsgüter des täglichen Bedarfs herstellt, so ist das schon fast so gut wie eine Garantie für den Fortbestand der Unternehmung.

Bei jeder Risikoüberlegung, die Sie anstellen, sollten Sie bedenken, dass es nichts auf dieser Welt gibt, was wirklich sicher ist. Sie können als Anleger also nur versuchen, das Risiko zu minimieren, ausschließen können Sie es nicht. Und die staatliche Vorsorge hat sich leider in der Vergangenheit als sehr unsicher erwiesen.

Ende der 70er-Jahre habe ich auf mein italienisches Girokonto einen Zins von 9% bekommen, das Dumme war nur, die Inflationsrate betrug damals 23%.

Denken Sie an die beiden Weltkriege. Nach dem Ersten musste mein Großvater seinen Lohn beinahe in einer Schubkarre nach Hause fahren und bekam doch nur etwas Brot dafür. Und auch nur dann, wenn er eine entsprechende Lebensmittelmarke vorweisen konnte. Nach dem zweiten Krieg wurde er im Jahre 1949 ein weiteres Mal schlicht enteignet und mit 40 DM abgefunden.

3.1.8 Kaufen Sie nur Titel, die eine Dividende ausschütten

Benjamin Graham sagte einmal:

„Wenn Sie Dividendenwerte kaufen, dann schauen Sie auf die Dividende, nicht auf den Kurs. Schließlich denkt ein Hausbesitzer auch nicht jeden Tag darüber nach, wie viel sein Haus heute wert sein wird, sondern wie viel Miete regelmäßig hereinkommt."

Gute Dividenden werden meist von Firmen gezahlt, die Verbrauchsgüter herstellen. Im Regelfall liegt die Dividende bei drei bis dreieinhalb Prozent. Das ist nicht viel, schlägt jedoch die Inflation um Längen. Die Dividenden schlagen auch die Staatsanleihen und Bundesschatzbriefe, die auch in guten Zeiten meist nicht mehr als zwei Prozent netto erwirtschaften.

Zu Beginn Ihres Investments werden die Dividenden nicht gerade sprudeln. Das liegt natürlich daran, dass Ihr Kapitalstock gering ist. Über hier und da mal 50€ alle paar Monate werden Sie nicht unbedingt in Jubel ausbrechen müssen, aber wenn Sie die Dividenden regelmäßig wieder anlegen, dann werden aus den 50€ schnell 60€, dann 70€ und bald vielleicht 100€. Um einen stetigen Strom von Dividenden zu generieren, sollten Sie unbedingt darauf achten, wie die Dividendenpolitik der Firma aussieht, in die Sie investieren wollen.

An einem Beispiel will ich Ihnen demonstrieren, was diese drei Prozent Dividende wirklich bedeuten können. Dabei werde ich nur in Dollar rechnen, damit die Wechselkursschwankungen während des betrachteten Zeitraums keine Rolle spielen.

Wenn Sie Anfang 1970 $1.000 in Aktien von *Procter & Gamble* investiert hätten, dann hätten Sie bei einem damaligen Preis von $0,50, 2000 Aktien dafür bekommen. Sie hätten 3% an Dividende pro Jahr dafür erhalten, also $30. Heute hätten Ihre 2000 Aktien einen Wert von $156.000, und Sie würden jedes Jahr $4.492 an Dividenden dafür erhalten, also auch 3%. Gemessen an Ihrer damaligen Anlage ist das jedoch ein Ertrag von 494%. Wenn Sie also Geduld haben, relativiert sich der „nur" 3%-Ertrag. Hätten Sie in den ganzen 43 Jahren die Dividenden wieder in P&G angelegt, dann sähe die Bilanz noch viel besser aus, dann hätten Sie nämlich ein Kapitalstock von fast $300.000 und einen Ertrag von etwa $8.640 pro Jahr. Sie hätten sich also mit einer Investition von nur $1.000 eine Verzinsung von 864% erwirtschaftet. Sie bekämen, wenn Sie einmal in Rente sind, pro Monat 550€, bloß weil Sie oder Ihr weitsichtiger Vater irgendwann in ferner Vergangenheit einmal $1.000 für Sie investiert hat.

Kennen Sie eine Anlage, die Ihnen jetzt und in der Zukunft jedes Jahr eine Rendite von dieser Höhe auszahlt?

Wichtig dabei ist: Die Firma muss in der Vergangenheit ein zuverlässiger Dividendenzahler gewesen sein!

3.1.9 Sehen Sie sich an, wie lange schon eine Firma Dividende zahlt

Es gibt Firmen, die zahlen bereits seit mehr als hundert Jahren Dividende und sehr viele dieser Firmen erhöhen jedes Jahr fast regelmäßig die Dividendenzahlungen. Finden Sie heraus, wie viele Jahre die Dividende bereits erhöht wird, dann können Sie ausrechnen, um wie viel im Jahr Ihr Dividendenertrag wahrscheinlich wachsen wird. Sie ahnen ja nicht, welche Rendite man damit erreichen kann. Die Firmen expandieren jedes Jahr in neue Märkte, dadurch steigt der Kurs fast jedes Jahr.

Aber die Dividende allein ist nicht ausschlaggebend, denn die Firma muss auch in der Lage sein, die Rendite zu erwirtschaften.

3.1.10 Ermitteln Sie unbedingt, wie hoch der Payout Ratio ist

Das ist der Anteil des Gewinns des Unternehmens, der als Dividende ausgeschüttet wird. Wenn der sehr hoch ist, ist das nicht unbedingt ein ultimatives K.-o.-Kriterium, denn eine Firma wie Altria beispielsweise, die Zigaretten herstellt, also eine Art Selbstläufer, kann schon mal 80-85% des Gewinns an die Aktionäre ausschütten. Im Regelfall sollte jedoch die Ausschüttungsquote nicht höher als 60% sein, sonst kann es schnell an die Substanz gehen. Eine Seite im Internet, wie www.dividata.com, kann bei der Ermittlung des Payout Ratio sehr hilfreich sein.

Die Deutsche Telekom zum Beispiel, ein exzellenter Dividendenbringer, hat eine Quote von mehr als 100%. Sie zahlen also mehr an Dividenden aus, als sie im Jahr verdienen! Und das sollte für Sie bedeuten: Finger weg! Denn ewig kann so etwas nicht gut gehen.

Wollen Sie wissen, warum das Unternehmen so viel auszahlen kann?

Bitte schön!

Der ach so solide Staat ist Mehrheitsaktionär bei der Telekom und als solcher bestimmt er, wie viel an Dividende ausgeschüttet wird. Und da er stets mehr Geld braucht ...

Ob Dividenden eine sichere Einnahmequelle sind, mag Ihnen das folgende Beispiel demonstrieren:

Mein Großvater erzählte mir die folgende kleine Episode: Als im Jahre 1948 auch meiner Familie das Kopfgeld von 40DM zugeteilt wurde, bekamen die Nachbarn meiner Eltern einen Brief aus Amerika. Die Firma *General Electric* teilte ihnen darin mit, dass nun die Dividenden ausgezahlt werden könnten, die sich während des Krieges in Amerika angesammelt hätten.

Die Reichsmark war futsch, das Rentensystem lag am Boden, Immobilien wurden mit einer exorbitanten Abgabe belastet – so sicher können Immobilien in Zeiten der Krise sein, aber die Dividenden flossen weiter. Und auch der Feind, der vor dem Krieg in Amerika investiert hatte, wurde bedient, denn gerade eine amerikanische Firma kann es sich nicht leisten, zukünftige Investoren zu verärgern.

Nur zur Richtigstellung:

Eigentlich ist es nicht der Anteil am Nettogewinn, den eine AG als Dividende ausschüttet, sondern die Dividende wird aus dem Cashflow bezahlt. Der Cashflow ist eine wirtschaftliche Messgröße, die aus den erzielten Nettozuflüssen liquider Mittel errechnet wird, die während einer bestimmten Periode angefallen sind. Der Cashflow stellt eine gute Kennziffer dar, die es dem Anleger ermöglicht, den Grad der finanziellen Gesundheit eines Unternehmens einzuschätzen. Um die Solidität der Dividendenzahlungen zu prüfen, können Sie jedoch getrost den Gewinn als Referenz verwenden, diese Zahl ist wesentlich leichter zu ermitteln als der Cashflow und ebenso aussagekräftig.

3.1.11 Vermeiden Sie stetig wiederkehrende Kosten

Finden Sie eine Bank, die keine Depotgebühren verlangt.Gerade Sparkassen und einige Geschäftsbanken verlangen eine jährliche Gebühr für das Depot. Das reicht von 2% bis 0,5% des Depotwertes. Natürlich, wenn Sie ein Anlagevermögen von 20.000€ haben, dann fallen 0,5%, also 100€ pro Jahr nicht sonderlich ins Gewicht, aber bedenken Sie, wenn Sie bei den gewünschten 750.000€ angekommen sind, dann wären das mindestens 3.750€, die Sie jedes Jahr an Ihre Bank zahlen müssten. Im Extremfall wären das sogar 15.000€ für einen Dienst, den die Bank gar nicht mehr leistet, denn physische Depots bei Banken gibt es schon lange nicht mehr. Die Depots werden alle zentral und elektronisch geführt und dafür entstehen der Bank keinerlei Kosten. Sie allerdings könnte das eben bis zu 15.000€ pro Jahr kosten. So viel zur Fairness der Sparkassen und Genossenschaftsbanken, für's Nichtstun auch noch Geld verlangen. Aber Sie haben ja die Verantwortung für Ihr Depot übernommen und werden deshalb solche Banken meiden.

Kosten, die beim Einkauf der Aktien entstehen, können Sie vernachlässigen. Manche Internetbanken werben mit günstigen Kauf- oder Verkaufsgebühren, das sollte Sie jedoch nicht groß beeindrucken, denn ob Sie nur einmalig 5€, 9,99€ oder auch 20€ pro Order zahlen, nivelliert sich über die Zeit und wird von Jahr zu Jahr unwichtiger. Die Trading-Kosten wären nur dann wichtig, wenn Sie Ihr Depot ständig umschichten würden, aber das wollen Sie ja nicht. Jedenfalls sollten Sie es nicht wollen, denn ein gutes Depot sollte nach etwa drei bis vier Jahren so aufgestellt sein, dass ein Umschichten nicht mehr nötig wird. Ich halte 17 Werte, von denen ich keinen einzigen Titel wieder verkaufen möchte.

Es gibt natürlich stetig wiederkehrende Kosten, die Sie nicht vermeiden können, zum Beispiel die Kapitalertragssteuer. Diese Steuer ist besonders deshalb so ärgerlich, weil die Dividenden als angefallene Firmengewinne bereits versteuert wurden. Die Firmen müssen natürlich entstandene Gewinne versteuern, bevor sie an die Aktionäre ausschütten dürfen! Ich bin davon überzeugt, dass der Grund für diese Doppelbesteuerung darin zu finden ist, dass der Staat an eigenverantwortlichen und unabhängigen Bürgern überhaupt kein Interesse hat. Der Staat möchte alle Bürger an den Tropf der staatlichen Fürsorge hängen, damit nur ja kein Schäflein auf die Idee verfällt, die karge Weide irgendwann einmal zu verlassen. Denn auch wenn man im Alter zum Bruttosozialprodukt nichts mehr beitragen kann, so wird der Rentner immer noch als Steuerzahler gebraucht.

Aber dann ..., Sie sollten sich nicht den Kopf über Dinge zerbrechen, die Sie nicht ändern können.

Doch zusätzliche Kosten wie Depotgebühren, Gehälter für Fondsmanager, Vermittlungsprovisionen und Tantiemen für Berater sollten Sie unter allen Umständen vermeiden.

3.1.12 Wichtig! Vermeiden Sie, Geld in Geld zu tauschen

Was ist damit gemeint?

An einem Beispiel will ich Ihnen dies verdeutlichen:

Wenn Sie heute Bundesanleihen kaufen, dann erhalten Sie ein Versprechen der Bundesbank, dass Sie das Geld nach einer festen Laufzeit wieder zurückerhalten. Dafür gibt Ihnen die Bundesbank einen festen Betrag, den Zins. Sie geben also Geld und bekommen am Ende der Laufzeit Geld zurück.

Sieht nach einem fairen Geschäft aus, oder nicht?

Das Problem dabei ist: Das Versprechen bezieht sich dabei nur auf die aufgedruckte Zahl der Geldscheine. Wenn Sie also hundert Euro hergegeben haben, bekommen Sie am Ende der Laufzeit hundert Euro zurück. Was ist aber mit dem Wert der hundert Euro, wie viel können Sie sich dann noch dafür kaufen, wenn Sie das Geld zurückerhalten?

Bedenken Sie! Den Wert des Geldes bestimmt genau der, dem Sie das Geld geliehen haben, also der Staat mit der vorgelagerten Zentralbank, und der hat kaum ein Interesse daran, dass Sie Geld verdienen. Fazit: Geld gegen Geld auszuleihen, das ist kein gutes Geschäft.

Auch wenn in den Medien ständig das Gegenteil behauptet wird: Der Staat ist kein guter Schuldner, er ist es nicht, er war es nicht und wird es auch nie sein. Es ist schon erstaunlich bei der Historie, die Staatsanleihen haben, dass sie von den Experten immer noch empfohlen werden. Der Staat gleicht einer Firma, deren Vorstände und Manager alle vier Jahre ausgewechselt werden und die von der Materie ihrer Firma absolut keine Ahnung haben müssen. Wollen Sie wirklich in eine solche Firma Ihr schwer verdientes Geld stecken?

Deutschland leistete sich einen Außenminister, der bei seiner Vorbildung nicht einmal den Job eines Pförtners bei einer x-beliebigen Unternehmung bekommen hätte. Die Schulausbildung mehrfach abgebrochen und nicht abgeschlossen, keine Berufsausbildung, wegen Diebstahls, Betruges und Körperverletzung vorbestraft, als Stadtindianer, Taxifahrer und Kleindarsteller sein Leben fristend, reichte die Qualifikation doch für eines der höchsten Staatsämter in der Bundesrepublik Deutschland. Man muss eben nur zur rechten Zeit einer Partei beigetreten sein, das reicht als Qualifikation schon aus. Und einer solchen Firma wollen Sie Ihr Geld anvertrauen?

Lassen Sie's!

Der Staat ist kein zuverlässiger Partner. Sogar seine vorgeblich moralischen Grundsätze sind eher zweifelhaft. So moniert er ständig die hohen Energiekosten der Erzeuger, obwohl er es doch ist, der dem Verbraucher fast die Hälfte davon als Steuern dafür abverlangt. Der Staat hebt den moralischen Zeigefinger, wenn vor den Ferien die Benzinpreise angehoben werden, zur selben Zeit verlangt er jedoch 52% Abgaben darauf. Der Staat verlangt, verlangt und verlangt. Der Staat erhebt ohne Bedenken Steuern auf jede Art von Drogen, seien es Zigaretten oder Alkohol. Und diese Tendenz geht ständig nur in eine Richtung. Investieren Sie in zuverlässige Firmen, nicht in Organisationen wie den Staat.

Ein gesundes Eigeninteresse und ein vernünftiges Streben nach Profit, das sind die einzigen verlässlichen Größen, wenn Sie Ihr Geld gut und sinnvoll anlegen wollen, und deshalb sollten Sie sich Ihre zukünftigen Schuldner sehr gut ansehen.

3.1.13 Investieren Sie nur und ausschließlich in reale Werte

Dabei sind nicht Immobilien gemeint. Werte, die ich meine, sind: Hersteller jeder Art von Seifen, Reinigungs- oder Waschmittel, Fast-Food-Ketten, Produzenten von Zigaretten, Bier und hochprozentigem Schnaps. Sie müssen das alles nicht selbst konsumieren, ja, nicht einmal zu Hause lagern, aber daran verdienen können Sie allemal. Folgen Sie den Hausfrauen beim Einkaufen, betrachten Sie die Schachteln, die sie in die Hand nehmen, und finden Sie heraus, welche Firma die Produkte herstellt, dann wissen Sie, in welche Firmen Sie investieren sollen. Dafür brauchen Sie keine Berater, Charts oder Fibonacci-Zahlen.

Erst kürzlich sah ich einen Beitrag im Fernsehen, der das harte und entbehrungsreiche Leben der Mongolen in der Tundra behandelte. Sehr interessant! Jedoch das Interessanteste war für mich der Moment, als die Mutter ihrem Kleinkind den Po mit einer Creme einschmierte. Sie griff nämlich in eine Dose mit der Aufschrift *Johnson & Johnson*. Da wurde mir wieder einmal klar, dass ich den richtigen Wert in meinem Depot halte.

3.1.14 Hören Sie nicht auf irgendwelche Berater, sei es der Bank, des Staates oder sonstiger Fachleute

Das ist eine starke Aussage, die natürlich begründet werden muss.

Wie bereits mehrfach erwähnt, sollten Sie Ihre Anlage als *Investition* in eine bestimmte *Unternehmung* verstehen, jedoch keinesfalls als Investition in die Kursentwicklung einer Aktie. Denn der Kurs einer Aktie unterliegt völlig erratischen und vor allem zufälligen Bedingungen, die weder Sie noch irgendein illustrer Berater vorhersagen oder gar berechnen kann.

Die Börse selbst gleicht eher einer zufälligen Lotterie mit Erinnerungsvermögen und darin unterscheidet sie sich von der Ziehung der Lottozahlen.

Analysten sind in der seriösen Volkswirtschaftslehre ungefähr das, was die Astrologen in der Astronomie sind, völlig losgelöst von jeder Realität, ihren eigenen Mythen verpflichtet, die sich aus dem willkürlichen Zusammenwürfeln harter Fakten und persönlicher Befindlichkeiten speisen.

Sie müssen sich nur den Spaß machen, unterschiedliche Empfehlungen der verschiedensten Experten zu vergleichen. Ich verspreche Ihnen, Sie kommen aus dem Staunen, vor allem aus dem Lachen nicht heraus. Wenn Sie dann noch ein Übriges tun und für jede dieser Empfehlungen und Prognosen ein Musterdepot anlegen, dann werden Sie bald sehen, dass die erhaltenen Ergebnisse eher zufällig sind.

Und wenn Sie wirklich den Ratschlägen dieser Experten folgen wollen, dann sollten Sie bedenken: Diese Leute haben eine völlig andere Vorstellung vom Investieren, eine andere Zielrichtung als Sie selbst.

Auch wenn ich Ihnen davon abrate, Sie aber dennoch unbedingt auf externe Ratschläge hören wollen, dann sollten Sie sich wenigstens zuvor vergewissern, ob die Zielrichtung Ihres Beraters ähnlich der Ihren ist, ansonsten werden Sie Zitronen erhalten, wenn Sie Äpfel kaufen wollen.

Ich kann's nur wiederholen: Passen Sie Ihre Investitionen an Ihr Wissen und Ihre Informationen an, dann brauchen Sie nicht für das vorgebliche Wissen anderer zu bezahlen.

Dasselbe gilt für staatliche Beratungsstellen, die wollen Ihnen Sicherheit auf kleiner, sehr kleiner Flamme verkaufen. Allerdings kann der Staat Ihnen nur eine eingeschränkte Sicherheit verkaufen, denn die Gelder in den Sozialtöpfen sind nicht unbeschränkt und werden sicherlich nicht reichen für ein angenehmes Leben im Alter.

Natürlich solle man gute Ratschläge stets annehmen, zumindest jedoch überdenken, aber beim Investieren wird das etwas schwierig, denn Sie müssten über den Ratgeber genauso viel wissen wie über die Qualität seines Ratschlags. Zudem brauchen Sie keine Ratschläge, wenn Sie in die Grundbedürfnisse der Menschen investieren. Die kennen Sie doch, Sie sind doch selbst ein Konsument!

Berater werben meist mit ihren Erfolgen in der Vergangenheit, sie legen Ihnen Zahlen und Daten vor, von denen Sie nicht wissen können, wie diese zustande gekommen sind. So könnte ich Ihnen sofort ein Depot zusammenstellen, das in den letzten drei Jahren um 1.000%, 2.000% ja 3.000% an Wert gewonnen hat. Die Sache hat nur einen Haken! Ich könnte das nur, weil ich die Kurse der vergangenen drei Jahre kenne. Genauso werden häufig Portfolios zusammengestellt, die Ihnen als Referenz vorgelegt werden.

Viele Menschen lassen sich von einem großen und imposanten Schreibtisch beeindrucken. Sie sind davon überzeugt; dass der Mensch, der dahinter sitzt, kompetent ist und sie beraten kann. Aber bedenken Sie: Auch er kennt die Zukunft nicht, und gerade die müsste er kennen, um Ratschläge geben zu können, die 100% sicher sind. Das Geheimnis liegt nicht darin, sich an allwissende Experten zu wenden, sondern sich auf das Wissen zu beschränken, über welches man tatsächlich selbst verfügt. Denn wenn Sie das komplizierte Geschäftsmodell einer Firma nicht verstehen, dann nützen Ihnen Ratschläge anderer auch nichts.

Natürlich gibt es viele Firmen, gute Firmen sogar; sie alle stellen Produkte her und vertreiben sie und sind damit ungeheuer erfolgreich. Aber …, wenn Sie das Modell nicht verstehen, die Produkte nicht beurteilen können, den Markt nicht verstehen, über den Vertrieb nichts wissen, dann lassen Sie das Investieren in solche Firmen. Möglicherweise entgehen Ihnen dadurch einige Gewinne, aber entgangene Gewinne sind schließlich keine Verluste.

Wenn Sie nur Geld in Firmen investieren, deren Geschäftsmodell Sie verstehen, dann brauchen Sie keinen Ratgeber, weder einen unabhängigen, den Sie teuer bezahlen müssen, noch den Staat oder einen Bankberater. Sie wären damit übrigens in guter Gesellschaft. *Warren Buffett*, einer der reichsten Männer der Welt, hat das Geld seiner *Berkshire Hathaway* auf genau diese Weise investiert, er ist Mehrheitsaktionär von *Coca Cola*, einer Firma, deren Geschäftsmodell darin besteht, braunes gezuckertes Wasser herzustellen und zu vertreiben, und dieses Geschäftsmodell ist nun wirklich nicht schwer zu verstehen.

Die den Staat repräsentierenden Parteien haben kein Interesse an Ihrem individuellen Wohlbefinden, sie orientiert sich an der Mehrheitsstimmung in der Bevölkerung. Sie möchten in ihrer Gesamtheit alle nur erreichen, dass ihre Repräsentanten bei der nächsten Wahl wieder auf den lukrativen Pöstchen sitzen. Von Ihrem persönlichen Vermögen ist dann allerdings nur die Rede, wenn es darum geht, es an das eigene Wählerpotenzial zu verteilen. Kein Staat vertritt Ihre Interessen, besonders dann nicht, wenn's um Geld, Ihr Geld geht. Dagegen ist auch nichts einzuwenden, kein Staat kann auf Individualinteressen Rücksicht nehmen, wenn's ums Große Ganze geht und so funktioniert eben die Demokratie. Es ist an Ihnen, Ihre eigenen Interessen zu verfolgen und deshalb sollten Sie sich Ihrer Rolle in diesem Spiel bewusst sein und es genauso machen, wie es die politischen Parteien machen. Sie sollten Ihre Interessen verfolgen und dazu sollte es nicht gehören, dem Staat auch noch das Geld in Form von Staatsanleihen in den Rachen zu werfen, zusätzlich zu den exorbitanten Abgaben, die er von Ihnen jeden Monat verlangt.

3.1.15 Kaufen Sie nicht nur europäische Titel

Das Argument: Lokale Titel sind im Einkauf etwas billiger, weil mit weniger Spesen belegt. Das stimmt zwar, doch sollte Sie das nicht vom Kauf ausländischer Titel abschrecken. Auch wenn eine ausländische Order von 1.500€ 12,50€ an Spesen verursacht und eine deutsche nur 9.99€, so wird sich der Unterschied mit der Zeit recht bald nivellieren. Und bedenken Sie: Die institutionellen Anleger sind auf der ganzen Welt zu Hause, die kennen solche Beschränkungen nicht und investieren weltweit. Warum sollten Sie das nicht auch tun?

Wenn Dividenden einmal den Grundstock Ihrer Rente bilden sollen, dann brauchen Sie zuverlässige Zahler, und die sind in Europa nur schwer zu finden.

Der Grund dafür ist: Alle europäischen Titel werden in einem Teil der Welt notiert, in dem die Aktienkultur extrem unterentwickelt, ja, sogar negativ besetzt ist. Die Kapitalertragssteuer wird als zu niedrig empfunden, und es wird von noch höheren Steuern auf Kapitalerträgen geredet. Natürlich erscheinen 25% Kapitalertragssteuer auf Dividenden und Zinsen nicht sehr hoch, aber man sollte doch bedenken, dass das Unternehmen, welches die Dividenden aus den Gewinnen bezahlt, diese bereits schon versteuert hat. Es ist gefährlich, diese Steuern weiter anzuheben, denn damit wird der Kapitalfluss zur Refinanzierung der Firmen zwischen Investor und Wirtschaft unterbrochen. Aber man hört schon jetzt aus der Ecke der Sozialdemokratie, dass die Kapitalertragssteuer auf 32% angehoben werden soll. Man muss sich fragen, ob der Staat wirklich keine anderen Ideen hat, als ständig Steuern und Abgaben zu erhöhen. Ich habe den Eindruck, man will mit dieser Politik die Bürger von einer eigenen Privatvorsorge abhalten. Der Bürger soll sich mit dem staatlichen Rentenprogramm begnügen, und wenn er im Alter etwas mehr will, dann soll er sich gefälligst staatlicher Programme bedienen, die ihm, wenn er Glück hat, eine magere Zusatzrendite von wenigen 100€ pro Jahr einbringen.

Ich selbst habe mich von europäischen Titeln bis auf einen komplett getrennt, und das hat den folgenden Grund:

Die Philosophie der Kapitalanlage ist in Europa eine völlig andere als in den Ländern des englischen Sprachraums. In Italien wird der Aktienkauf als *„giocare alla borsa"*, als *„Spielen an der Börse"* bezeichnet. Dieser Ausdruck sagt viel aus über die Struktur der Anleger. In Italien *spielt* man an der Börse, man investiert nicht.

In Deutschland werden Dividenden abfällig als leistungsloses Einkommen bezeichnet, obwohl jeder vernünftig denkende Mensch begreifen müsste, dass für jeden von uns, dem Straßenkehrer wie für den Universitätsprofessor, einmal der Moment kommt, wo er auf leistungsloses Einkommen angewiesen sein wird, wenn er etwas mehr als die staatliche Rente oder Pension haben will.

Versuchen Sie einmal, mit Ihrer Leistung Geld zu verdienen, wenn Sie die sechzig überschritten haben! Bewerben Sie sich im Alter von fünfundsechzig um einen Job als Chefarzt in einer Klinik, als Dozent an der Uni oder als Angestellter in einer Bank. Auch wenn

Sie drei Doktortitel haben, es wird Ihnen nicht gelingen, ein leistungsgerechtes Einkommen zu erwirtschaften.

Beinahe jede Zeit in Ihrem Leben bietet die Chance, irgendwann einmal mehr zu verdienen, Karriere zu machen, aufzusteigen. Wenn Sie jedoch die fünfzig überschritten haben, ist es aus damit. Wer dann später auf die staatliche Rente angewiesen ist, ohne vorgesorgt zu haben, der kann sein Leben nur fristen, aber nicht leben. Dividendenerträge werden in Europa wenig geschätzt, weil sie als angeblich moralisch anstößig betrachtet werden. Bedenken Sie, Sie haben nur ein Leben. Auf das versprochene Paradies dereinst sollten Sie sich besser nicht verlassen.

In den angelsächsischen Ländern ist das vollkommen anders: Die Dividende dient dort zur Sicherung der Altersversorgung. Es gibt sogar spezielle *Senior Investment Programme*, die es den Bürgern erlauben, während des Erwerbslebens steuerfrei Aktien zu erwerben und Dividenden, ebenfalls steuerfrei, zu akkumulieren. Das heißt, man kann einen Kapitalstock aufbauen, der dann im Alter für die eigene Versorgung verwendet werden kann.

Ob das jetzt für's Allgemeinwohl gut oder schlecht ist, darüber will ich nicht diskutieren, schließlich will ich Ihnen nur einen Weg zeigen, mit welchen Titeln man auch in Deutschland einen Kapitalstock aufbauen kann. Und da gehören nach meiner Ansicht gerade deutsche Aktien nicht dazu.

Sehen wir uns doch in Tabelle 1 einige dieser deutschen „Perlen" an:

Aktie	Branche	Dividende	Rendite
Drillisch	Telekom	1,30€	9,3%
Freenet	Telekom	1,35€	7,3%
Amadeus Fire	Zeitarbeit	2,95€	5,2%
Generali Deu.	Versicherung	4,85€	4,9%
Hann. Rück	Versicherung	3,00€	4,6%
Tabelle 1: Deutsche Standardwerte			

Verstehen Sie mich nicht falsch, das sind alles solide Werte, und dennoch würde ich keinen einzigen davon kaufen.

Die Dividendenrenditen sind allesamt beeindruckend, nur für eine solide Anlage einfach zu klein oder im falschen Segment tätig.

Versicherungen sollten Sie nicht kaufen, Zeitarbeit ist stark von der konjunkturellen Entwicklung abhängig, und die Telekommunikation ist an sich gesehen keine falsche Wahl, aber wenn Sie in dieses Segment Ihr Geld stecken wollen, dann kaufen Sie doch den Marktführer. Und zwar nicht den Marktführer in Europa, sondern *AT&T*, den größten und erfolgreichsten Anbieter in den USA.

Versuchen Sie doch mal, über die Internetpräsentation etwas über die Dividendenpolitik europäischer Firmen herauszubekommen. Wie lange sie schon zahlen, ob und wann die Dividende erhöht wurde und ob es schon mal Zeiten gegeben hat, in denen die Dividende gesenkt werden musste. Es wird Ihnen schwerfallen, überhaupt Daten zu bekommen. Der Begriff *Investor Relations* ist für europäische Titel meist noch ein Fremdwort.

Gerade im Telekommunikationsbereich ist die Dividende eine ausgesprochen volatile Größe. So hat die Telefonica ihre beeindruckende Dividende von 12% im Jahre 2012 einfach gestrichen.

Nein, die Anleger und Investmentkultur in Europa ist keine gute. Gehen Sie mit Ihrem Geld in Länder, die zuverlässiger sind und verantwortungsvoll mit ihren Investoren umgehen.

Schauen Sie sich die Kurse der Werte an, in die Sie investieren wollen, und sehen Sie sich nicht nur an, wie sich die Werte über die letzten drei Jahre entwickelt haben, sonst könnte es Ihnen ergehen wie jemandem, der im Jahre 1979 Goldbarren gekauft hat und dreißig Jahre warten musste, nur um seinen Einstand wieder zurückzuerhalten.

In den angelsächsischen Ländern hat sich über die Jahre eine für Anleger sehr freundliche Kultur herausgebildet, und es ist diese Mentalität, die zu einem völlig unterschiedlichen Verhalten bei der Dividendenpolitik der Firmen führt.

Nun werden viele die Rentenfonds der Firma Enron, Worldcom und General Motors anführen und wie diese Firmen in der jüngeren Vergangenheit ihre Rentenfonds wertlos gemacht haben. Das stimmt schon. Nur vergisst man zu erwähnen, dass es kriminelles Verhalten war, das zu diesen Missständen führte, und dagegen ist man selbst im korrekten Deutschland nicht gefeit. Außerdem vergisst man zu erwähnen, dass bei dem überwiegenden Teil amerikanischer Firmen seit mehr als einem Jahrhundert die Dividendenanlage als Vorsorge bestens funktioniert hat. Die überwiegende Anzahl der Rentenfonds amerikanischer Unternehmen funktionieren prächtig. Sie haben auch in Krisenzeiten stets ihre Aktionäre treu bedient.

Was aber macht man nun mit den armen Rentnern, die durch den Betrug von *Enron* beispielsweise ihr Geld verloren haben? Das kann ich Ihnen auch nicht beantworten, aber ich befürchte, dass es in Zukunft den deutschen Rentnern auch nicht besser ergehen wird, wenn der Staat seine Leistungen ständig nach unten anpasst, denn die stetig abnehmende Rentenquote wird viele Rentner im Alter zwingen, eine staatliche Rentenaufstockung zu beantragen. Ob das dann wirklich so viel besser ist als die Auswirkungen der *Enron*-Pleite auf amerikanische Aktionäre? Und ob die Enteignung eines Anlegers auf dem Wege der betrügerischen Insolvenz plötzlich geschieht oder ob der Staat langfristig und stetig die Rentenquote senkt, der Effekt ist der gleiche!

Wenn eine englische, kanadische, australische oder US-amerikanische Firma, die jahrelang Dividende gezahlt hat, dies einmal nicht mehr tun würde, dann flöge sie sofort aus den SIP-Depots der Anleger heraus und würde sich damit aus dem großen Kapitalmarkt katapultieren. Eine Befürchtung, die europäische Firmen überhaupt nicht haben müssen, weil hier der Staat die Versorgung im Alter übernehmen soll. Eine Unternehmung, die mehr als hundert Jahre ohne Unterbrechung Dividenden ausgeschüttet hat, wird alles daran setzen, die auch in den folgenden Jahren zu tun.

Nun gibt es natürlich einige europäische Titel, die man mit gutem Gewissen kaufen könnte, aber da die Vorstände deutscher, italienischer oder französischer Firmen wissen, dass es kaum Privatanleger für ihre Titel gibt, nehmen sie es mit der Dividendenzahlung nicht so genau. So hat die *Allianz*, eine der großen Werte des DAX, in den letzten zehn Jahren die Dividende fünf Mal angepasst, leider nicht stets im Sinne der Investoren. Bei *Eon* war's das Gleiche, *RWE* ebenso. Alle drei Titel übrigens finanzstarke DAX-Werte. Wenn Sie einmal von Ihren Dividenden leben wollen, dann sollten Sie solche Titel meiden. Sehen Sie sich die Abbildungen im Kapitel 11, „*Volatilität ist gleich Risiko?*" auf Seite 257 an, dann sehen Sie, wie in Europa mit Investoren umgegangen wird.

Nehmen Sie eine *General Mills* aus den USA. Die zahlen seit 115 Jahren ohne Unterbrechung eine Dividende und erhöhen sie seit mehreren Jahrzehnten. Oder nehmen Sie die Aktie *ITW (Illinois Tool Works)*, der Konzern schüttet nicht nur seit 1933 ohne Unterbrechung eine Gewinnbeteiligung an die Aktionäre aus, seit fast 50 Jahren steigt sie Jahr um Jahr an. Auch das laufende Jahr macht da keine Ausnahme: Die Quartalsdividende steigt um rund zehn Prozent auf $0,42 je Aktie. Bei solchen Firmengeschichten können Sie davon ausgehen, dass die Dividenden auch in der Zukunft sicher sein werden.

3.1.16 Streuen Sie Ihre Anlagen nicht unbedingt in verschiedene Anlageklassen

Sie werden feststellen, dass dieser Rat den Ratschlägen fast aller Berater diametral entgegensteht. Aber wenn Sie sich mit Ihren Anlagen zu sehr verzetteln, dann werden Sie keine Gewinne erwirtschaften. Als Bonds und Staatsanleihen noch sicher waren, da hätten Sie auch einen Teil Ihres Geldes auf solche Anlagen verteilen können, seit der Lehman-Krise kommen solche Anlagen für normale Anleger jedoch nicht mehr infrage.

Die so viel gepriesene Risikostreuung ist nämlich im gleichen Maße, wie sie der Absicherung dienen soll, eine Strategie der Gewinnminimierung. Im Übrigen können Sie Ihre Anlagen beliebig diversifizieren, auch wenn Sie nur einige wenige Aktien besitzen. Kaufen Sie Babywindeln, Zahnpasta, Zigaretten und Fast Food, das sind Artikel, die in der ganzen Welt verkauft werden, und das ist mehr Streuung als Sie brauchen.

Und pfeifen Sie darauf, wenn Ihnen gesagt wird, Sie müssen bei Ihrer Anlage die Länderstreuung beachten. Das ist dummes Zeug! Was glauben Sie, in wie viele Länder Sie investiert haben, wenn Sie allein Aktien von *Procter & Gamble* oder *Johnson & Johnson* gekauft haben? Denken Sie an die mongolische Mama in der Tundra, die für den Po ihres Babys ein Produkt von *Johnson & Johnson* verwendete. Das ist Länderstreuung genug. Mit der viel gepriesenen Länderstreuung verzetteln Sie sich nur. Investieren Sie lieber in Produkte, die weltweit vertrieben werden. Und wenn Sie dann irgendwann einmal feststellen, Sie haben nur amerikanische, englische oder australische Titel in Ihrem Depot, dann ist das völlig in Ordnung.

Vor allem investieren Sie nicht in die BRICS-Staaten (Brasilien, Russland, Indien, China und Südafrika). Sicherlich könnte man damit viel Geld verdienen, aber mal ganz ehrlich, wissen Sie, was in diesen Ländern vor sich geht? Kennen Sie Markennamen, die aus diesen Ländern kommen? Sind Sie wirklich über die wirtschaftliche und politische Lage dieser Länder ausreichend informiert? Wenn Sie dennoch dort investieren, dann spielen Sie Lotto, denn beim Lotto kennen Sie die Gewinnzahlen vor der Ziehung eben auch nicht.

Sie könnten sich natürlich an einen Experten wenden, wenn Sie unbedingt dort investieren wollen, aber dann haben Sie das nämliche Problem, woher wollen Sie wissen, ob der sich in diesen Ländern auskennt? Das ähnelt doch eher einem Glücksspiel und hat nichts mit einer seriösen Investition zu tun.

Ich kann es nur wiederholen: Kaufen Sie nur Aktien von Firmen, deren Produkte Sie kennen, und passen Sie Ihre Investition Ihrem Wissensstand an.

3.1.17 Kaufen Sie nur Aktien, die Sie das ganze Leben halten wollen

Zurzeit hört man immer wieder „Kaufen und liegen lassen" sei out, überholt und nicht mehr marktgerecht. Das ist absoluter Quatsch. Der erfolgreiche Investor Warren Buffett hat einmal gesagt:

> *„Aktien, die man nicht für mindestens 10 Jahre halten will, sollte man keine fünf Minuten lang halten."*

Da steckt viel Wahrheit darin.

Viele Finanzverwalter versuchen das Geld der Anleger in so viele wie mögliche Titel zu diversifizieren. Zum Minimieren des Risikos sagen sie. In Wahrheit geht es nur darum, die Kauf- und Verkaufsfrequenz zu erhöhen, denn jedes Mal, wenn ein Kauf oder Verkauf getätigt wird, verdient das Finanzhaus daran. Vielleicht nicht viel, aber Kleinvieh macht eben auch Mist.

Finanzdienstleister stehen unter einem enormen Erfolgsdruck. Die Analysten, die sie beschäftigen, sind sehr teuer. Damit sie überhaupt Klienten werben können, müssten die Ergebnisse stets über dem Durchschnitt des Marktes liegen. Nun gibt es aber eine große Anzahl dieser Häuser! Und es ist offensichtlich, dass nicht alle stets eine Rendite erwirtschaften können, die immer über dem Kursdurchschnitt der Börsen liegt! Irgendjemand muss schließlich auch verlieren, wenn ein anderer gewinnen soll. Nun könnten Sie natürlich einen Finanzdienstleister heraussuchen, der das tatsächlich schafft, aber damit haben Sie das ursprüngliche Problem doch nur verlagert, nicht gelöst. Während Sie zuvor erfolgreiche Aktien am Markt suchen mussten, müssen Sie nun erfolgreiche Finanzhäuser finden. Informationen über beide, Firmen und Finanzhäuser haben Sie nicht.

Dass irgendjemand verlieren muss, wenn ein anderer gewinnt, gilt natürlich nur für kurzfristige Zeiträume von wenigen Monaten, wenn Sie langfristig über Jahre, besser noch Jahrzehnte planen, dann können und werden Sie gewinnen. Allerdings nicht *gegen* den Markt, sondern *mit* dem Markt, und das ist die Erkenntnis, welche gerade Anfänger häufig nicht in Betracht ziehen.

Finanzhäuser und Verwalter zu beschäftigen, ist sinnvoll, wenn Sie über ein wirklich großes Vermögen verfügen, dann nämlich ersparen Sie sich den Aufwand der Administration, aber solange Sie das selbst in die Hand nehmen müssen, ist das Beschäftigen solcher Dienste eher kontraproduktiv und teuer.

3.1.18 Halten Sie etwas Geld, um für gute Gelegenheiten gewappnet zu sein

Zu Beginn Ihrer Anlage etwas mehr, dann kann es stetig weniger werden, denn auf lange Sicht sollten Sie ein Depot generieren, das außer Nachkäufe keiner neuen Werte mehr bedarf. Sicherlich wird es immer wieder Aktien geben, die Sie gerne hätten, aber Sie sollten pro 100.000€ nicht mehr als drei bis vier Titel halten, denn sonst verzetteln Sie sich. Allerdings, Geld, das Sie bereithalten für Aktienkäufe, bringt keine oder doch nur wenig Zinsen, außerdem könnte es geschehen, dass Ihnen die Kurse einer Aktie, die Sie eigentlich haben wollen, schlicht weglaufen.

Sollten Sie Gold halten?

Gold ist ein spekulativer Wert, es steigt seit Jahren, bringt aber keine Zinsen. Wenn Sie Gold halten, dann stehen Sie wieder vor dem gleichen Dilemma; Sie müssen den Markt beobachten und müssen einsteigen, wenn's billig ist, aber aussteigen, wenn Gold teuer ist. Aber genau dies wollen Sie doch vermeiden! Sie, ich und alle anderen Marktteilnehmer wissen nicht, wann Gold wieder fallen wird. Wer Ihnen etwas anderes erzählt, ist entweder Gott oder ein Lügner.

Ach, Sie meinen, Gold steige immer und verliere nie seinen Wert? Dann sehen Sie sich die Entwicklung des Goldpreises doch einmal genauer an. Aber nicht nur die letzten zehn Jahre, sondern seit 1978, da werden Sie eines Besseren belehrt.

Wissen Sie eigentlich, wie der Goldpreis gesteuert wird?

Wenn man nur aufmerksam genug beobachtet, kann man es deutlich sehen.

Ohne ersichtlichen Grund beginnt im Januar, Februar 2013 der Goldpreis zu fallen. Panikartig verkaufen jetzt die kleinen Anleger ihre Bestände, und der Preis sinkt weiter.

Warum? Es ist doch nichts Weltbewegendes geschehen?

Doch, und zwar hinter den Kulissen. Die großen Geldgurus wollen Gold billig kaufen, also verkaufen sie Gold leer. Das bedeutet, sie verkaufen Gold, das sie nicht haben, zu einem späteren Termin. Das Gold wechselt nicht seinen Besitzer, aber dennoch sinkt der Goldpreis. Er sinkt, weil das Angebot am Markt jetzt höher ist. Ein sinkender Goldpreis führt aber dazu, dass die Anleger ihr Gold verkaufen, weil sie Angst haben, er könne noch weiter fallen. Wenn der Goldpreis unter den Leerverkaufspreis gefallen ist, dann kaufen die Goldgurus das Gold. Und zwar dieses Mal richtiges Gold.

Natürlich könnten die Kleinanleger jetzt auch Gold kaufen, aber sie können nicht wissen, wann der Kurs wieder steigt. Und in einem solchen Spiel kann der Kleinanleger nicht gewinnen. Also ist es besser, Sie lassen es gleich ganz. Für Investoren mit viel Geld funktioniert das Spiel nur deshalb, weil die für gewöhnlich über genügend Reserven verfügen, um so ein Spiel auszusitzen. Für Großanleger ist das keine große Sache, selbst wenn man da mal eine, zwei oder auch drei Milliarden Buchverluste erleiden sollte, so ist das kein Beinbruch. Wenn jemand anstatt zehn nur noch neun oder acht Milliarden auf dem Konto hat, so ist das völlig unerheblich. Wenn Sie jedoch statt 10.000€ nur noch 7.000€ auf dem Konto haben, dann beginnt es kritisch zu werden.

Gold und Silber sind Rohstoffe, sagen die Experten, und man muss in Rohstoffe investiert sein. Aber würden Sie sich denn 20 Tonnen Bandstahl oder 4 Tonnen Kupferdraht in Ihren Keller legen, bloß weil das Rohstoffe sind? Nein? Warum wollen Sie dann ausgerechnet Gold in den Banktresor legen?

Gold ist totes Kapital wie Immobilien auch, aber dazu komme ich später. Wenn Sie wirklich in Rohstoffe investieren wollen – und das ist eine gute Idee –, dann kaufen Sie doch *BHP-Billiton, Rio Tinto* oder meinetwegen *Vale.* Das sind alles Titel, die, anders als

Gold, hohe Dividenden zahlen und die über die Jahre stetig im Wert steigen.

Außerdem wird es bald vorbei sein mit der Steuerfreiheit der Spekulationsgewinne auf Gold. Zudem ist Gold eine äußerst schlechte Rücklage für Krisenzeiten. Oder wollen Sie wirklich einen Barren Gold hergeben, nur um zwei Eier dafür zu bekommen? Denn für's Anschauen wird Ihnen der Bauer die Eier, den Speck, das Brot wohl nicht geben.

Das hat's alles schon mal gegeben, und zwar in genau den Krisenzeiten, für die Sie ja eigentlich vorsorgen wollen. Die Charts, die Ihnen von den Experten und Goldverkäufern präsentiert werden, reichen stets nur zehn, elf Jahre in die Vergangenheit und das aus gutem Grund, denn sie zeigen genau in dieser Periode ein äußerst positives Bild. Sie sollten sich jedoch die Entwicklung des Goldpreises über die letzten 40 Jahre ansehen, dann werden Sie erkennen, dass das nicht immer so war.

Nehmen wir an, Sie hätten im Jahr 1972 eine Unze Gold für $80 gekauft und dieselbe Unze 1979 am richtigen Tag für $800 wieder verkauft, dann wäre das ein ansehnlicher Gewinn von 900% gewesen und Sie hätten sich gewiss sehr gefreut. Wenn Sie allerdings in Erwartung steigender Kurse im Jahr 1979 am selben Tag eine Unze für den Preis von $800 erstanden hätten, dann hätten Sie dreißig Jahre warten müssen, bevor Sie Ihre Unze zum selben Preis hätten verkaufen können.

Sehen Sie und genau das nenne ich Spekulation und für Spekulationen haben weder Sie noch ich genügend Kenntnisse und Informationen. Wie hätte man 1972 wissen sollen, dass der Goldkurs gerade in diesem Jahr sehr niedrig war? Sicher, es gab Leute, die das wussten, denn genau in dieser Zeit wurde das Abkommen von Bretton Woods aufgekündigt, das heißt, die Bindung des Dollars an den Goldpreis wurde aufgehoben. Aber Sie und ich, wir hätten das damals eben nicht wissen können, außer wir hätten Zugang zu den entsprechenden Organisationen und staatlichen Stellen gehabt.

Deshalb: Investieren Sie in Anlagen, die Sie verstehen, über die Sie Informationen erhalten können, die Sie ebenfalls verstehen. Alles andere ist Spekulation.

Gold ist ganz nett, aber mehr als ein, zwei Prozent des eigenen Kapitals sollte man besser nicht in Gold anlegen. Die Anlage in Gold ist kein sicherer Hort, im Gegenteil, sie ist hochspekulativ, und wenn Sie Ihr Geld sicher anlegen wollen, dann lassen Sie die Finger davon.

3.1.19 Überprüfen Sie Ihre Anlagen von Zeit zu Zeit und verkaufen Sie nicht gleich bei der erstbesten schlechten Nachricht

Auch wenn die Strategie, die ich Ihnen hier vorstelle, sehr einfach ist, so sollten Sie Ihr Depot von Zeit zu Zeit überprüfen. Dazu ist es hilfreich, wenn Sie bei Ihrer Bank ein Musterdepot anlegen. Jede Bank, die auf sich hält, bietet solche Programme an. Es gibt sogar Börsendienste, die ihr Musterdepot sehr elaboriert und professionell verwalten. Sie können dann jeden Tag sehen, wie sich Ihr Depot entwickelt, Sie bekommen Daten über Ihre Investitionen, Meinungen von Börsendiensten und Analysten. Aber geben Sie nicht zu viel auf deren Meinung, meist haben sie eine völlig andere Strategie und Zielrichtung als Sie selbst.

3.1.20 Investieren Sie nur Geld, das Sie wirklich langfristig nicht brauchen

Investieren Sie nie geborgtes Geld. Sie können nicht wissen, wie sich die Aktien kurzfristig entwickeln werden, und wenn man das Geld unbedingt braucht und verkaufen muss, dann zahlt man bei einem Verkauf meistens drauf. Allerdings sollten Sie unbedingt einen Sparplan haben, der Sie zwingt, jeden Monat eine gewisse Summe beiseitezulegen und zu investieren. Zu Beginn des Berufslebens reichen schon 50€ und wenn man den Erfolg sieht, dann wird der Beitrag von selbst immer höher. Und vor allem: Solange Sie von Ihrem Gehalt leben können, investieren Sie die Dividenden wieder, Sie werden sehen, es wird sich lohnen.

Bei den Aktien, die Sie mit der Strategie selbst finden werden, werden Sie kaum einen größeren Einbruch im Kurs erleben. Und wenn dies tatsächlich einmal geschehen sollte, dann sollten Sie abschätzen, ob der Markt sich verändert hat und wie und auch ob und wie die Firma auf den veränderten Markt reagiert.

Durch Stimmungen ausgelöste panikartige Verkäufe sind immer unangebracht, denn das Bewusstsein der Bevölkerung ändert sich rasend schnell. Was heute die Welt bewegt, ist morgen schon kalter Kaffee. Im Gegenteil, schlaue Investoren hätten (und haben) in den immer wiederkehrenden Kursdellen nachgekauft und sich so einen ziemlich guten Kurs gesichert. Setzen Sie dabei aber kein Limit, sondern versuchen Sie abzuschätzen, ob ein bestimmter Kurs für Sie der richtige ist. Den niedrigsten Kurs werden Sie sowieso nicht erwischen und wenn doch, dann nur mit viel Glück.

In jedem Frühjahr wird eine andere Epidemie durchs Dorf getrieben; einmal ist es die Vogelgrippe, dann die Schweinegrippe, dann die Hühnerpest, dann ist es EHEC. Was es nächstes Jahr sein wird, weiß ich natürlich auch nicht, aber die Medien werden sich sicher etwas einfallen lassen, auf das dann die Politik panikartig reagieren kann. Die Herren Minister werden dann den Kauf teurer Impfmittel veranlassen, die sie dann, wenn wieder Ruhe eingekehrt ist, reumütig an den Hersteller zurückgeben möchten. Und die gesamte Bevölkerung ist empört, wenn die Firma sich weigert, die Ausgaben zu erstatten.

Anstatt in den Chor des Protests mit einzustimmen, sollten Sie die Aktie des Herstellers der Impfpräparate kaufen, denn diese verdient an der Kopflosigkeit der Herren prächtig. Sie sollten also stets ruhig bleiben. Wenn das Modell Ihrer Anlage stimmt, dann haben Sie die richtigen Titel, und über die Jahre wird sich Ihre Investition ganz sicher auszahlen.

Wenn bei einer Epidemie im fernen China, Bangladesch oder sonst wo sechzehn oder auch dreißig Menschen sterben, dann ist das natürlich tragisch und sehr bedauerlich, aber warum dann weltweit die Kurse einzelner Firmen ins Taumeln geraten, ist nicht einzusehen. Wenn man bedenkt, dass im hoch entwickelten Deutschland jedes Jahr Zehntausende an einer Krankenhausinfektion sterben, dann müssten sich eigentlich weltweit alle Aktien in einem Jahrzehnte andauernden Dauertief befinden.

3.2 Sind das alles allgemeingültige Regeln?

Nein, natürlich sind sie das nicht!

*Aber diese Regeln tragen **Ihrem** Kenntnisstand Rechnung, können von **Ihnen** befolgt werden, ohne dass Sie die Kontrolle über Ihr Vermögen aus der Hand geben müssen, ohne dass Sie darauf vertrauen müssen, dass es andere schon recht machen werden. Und zudem gewährleisten diese Regeln, dass Sie nur in Unternehmen investieren, die sich über viele Jahrzehnte als sehr erfolgreich erwiesen haben.*

Natürlich könnte es sein, dass Sie an einen Investmentberater geraten, der mehr Glück hat als andere, der die Situation an den Börsen besser durchschaut als der Rest seiner Kollegen. Es mag sogar sein, dass Sie mit einem solchen Berater und *seinem* Anlageprofi besser fahren als mit den von mir beschriebenen Regeln. Das Problem liegt in der Verwendung des Konjunktivs!

So unsicher Ihnen die Aktienauswahl an den Börsen erscheinen mag, so unsicher wären Sie bei der Wahl Ihres Anlageberaters. Wenn Sie Glück haben, könnte es funktionieren, was aber, wenn nicht?

Sie haben nur die eine Wahl bei Ihrer Geldanlage:

- Lasse ich andere meine Finanzen planen und verwalten, verlasse ich mich auf den Staat und seine Versorgungsinstrumente,

- oder kümmere ich mich selbst darum.

Die meisten Menschen haben sich daran gewöhnt, dass der Staat sich um ihre Sicherheit und Belange kümmert. Das Rentensystem funktionierte in der Vergangenheit ganz brauchbar, bereitet nun aber Probleme, weil die Demografie sich anders entwickelt hat als erwartet. Zudem haben sich die Erwartungen der Menschen an ein Leben im Alter verändert.

Bis vor wenigen Jahrzehnten noch waren die Rollen in einer ruralen Gesellschaft klar verteilt: Wer am Arbeitsprozess nicht mehr teilnehmen konnte, wurde auf's Altenteil geschickt, und dort herrschten rabiate Zustände.

Kein bayrischer Austragsbauer wäre je auf die Idee gekommen, einfach nach Kanada auszuwandern, um dort von seinen Ersparnissen zu leben, er hätte die Mittel nicht dazu gehabt.

Diesem System der Ausbeutung wollte der moderne und soziale Staat entgegenwirken und hat das auch sehr erfolgreich getan, denn selbst dem ärmsten Rentner geht es heute besser als einem ehemaligen Großbauern um 1900, der von seinem Sohn auf's Altenteil geschickt worden ist.

Allerdings sollte jedem klar sein, dass der Staat nur eine einfache Grundversorgung gewährleisten kann. Wenn Sie im Alter etwas mehr haben wollen, dann müssen Sie schon etwas dafür tun. Es ist die Entscheidung eines jeden einzelnen, wie er mit seinem erarbeiteten Geld umgeht. Zu glauben, dass das andere besser können als man selbst, ist ein gefährlicher Trugschluss. In Grenzen stimmt es, der Staat sind wir alle, aber wenn es um die Finanzen geht, dann werden Sie sehr schnell feststellen, dass es allen nur darum geht, wie man das Vermögen *anderer* gerecht verteilt. Und wenn Sie sich darauf verlassen, was *andere* unter einer gerechten Verteilung verstehen, dann könnte es im Alter einmal recht knapp für Sie werden.

Mehrheitsentscheidungen können manchmal sehr entlarvend sein. Bei einer Umfrage, ob die Steuern angehoben werden sollen, antworteten mehr als 70% der befragten mit „*Ja*", als man jedoch wenig später die Frage stellte, ob man glaube, von einer solchen Steuer selbst betroffen zu sein, dann war das Ergebnis fast identisch. Mehr als 70% der Befragten antworteten mit „*Nein, natürlich nicht.*" Die Mehrheit ist schnell dabei zu entscheiden, das *andere* mehr zahlen sollen. Und das sollte Ihnen zu denken geben.

Gemeinschaft und Solidarität ist etwas sehr Lobenswertes, man muss jedoch nicht sogleich zum Schaf in einer Schafherde werden, um diese hohen Ziele zu verfolgen.

Bedenken Sie, all meine Regeln gelten nur für den normalen Anleger, der nur über wenige und ungenaue Informationen verfügt. Für institutionelle Anleger mögen viele dieser Tipps vielleicht nicht zutreffen, aber die haben andere Möglichkeiten, andere Informationen, über die wir Anleger eben nicht verfügen. Sie haben jedoch etwas, über das die Investment-Manager nicht verfügen, und das ist

Zeit!

Weshalb das gerade für den kleineren Anleger von Vorteil ist, können Sie im Absatz 9.2 *„Kaufen und liegen lassen funktioniert nicht mehr?"* nachlesen.

Es mag ja jemanden geben, der mit Expertenwissen reich geworden ist. Die allermeisten Anlageberater werden jedoch reich, weil es Menschen gibt, die die Verantwortung für das eigene Geld unbedingt an andere delegieren wollen. Doch alle Berater wollen nur daran verdienen, wenn sie Ihnen ihre schlauen Tipps verkaufen. Haben Sie sich schon mal gefragt, warum die vielen Herausgeber von Börsenbriefen ihre Millionentipps für sehr viel, manchmal auch für wenig Geld so bereitwillig veröffentlichen? Die Antwort brauche ich Ihnen wohl nicht zu geben.

3.3 Informationen für den Kleinanleger

Für Anleger sind Informationen, die man im Netz, im Fernsehen oder der Presse erhält, wenig hilfreich, denn wenn sie bei Ihnen angekommen sind, sind sie längst nicht mehr aktuell. Diese wunderbaren Tipps sind dann nicht nur Ihnen, sondern auch Millionen anderen Anlegern bereits bekannt. Es ist einfach blauäugig zu glauben, man könne aus diesen Informationen Honig saugen. Zudem widersprechen sich häufig die Meinungen der Analysten ganz erheblich. Auf welche Sie da hören sollen, ist kaum zu auszumachen.

Irgendwann landen viele Anleger bei einer besonderen Form des Glücksspiels; beim Day-Trading. Damit hat man zwar den Vorzug, ganz allein für seine Entscheidungen verantwortlich zu sein, wenn man nur wüsste, wofür man sich entscheiden soll?

Wer glaubt, damit das schnelle Geld machen zu können, muss zwingend annehmen, dass er schlauer ist als der Rest des Marktes, sonst könnte er schließlich nichts verdienen. Beim täglichen Handel muss es Käufer und Verkäufer geben, sonst würde der Markt nicht funktionieren. Dabei hofft der Verkäufer, dass der Kurs des Titels in Zukunft sinken wird, weil er später den Titel vielleicht billiger zurückkaufen kann. Der Käufer erhofft sich stattdessen genau das Gegenteil, nämlich dass der Kurs in Zukunft steigen wird, sodass er die Aktie in Zukunft teurer verkaufen kann. Aber nur eine der beiden Hoffnungen kann sich erfüllen, nimmt man den Fall einmal aus, dass der Kurs über die nächste Zeit unverändert bleibt.

Worin unterscheidet sich der Anleger von seinem Kollegen, dem Großanleger?

Ganz einfach: Sie unterscheiden sich durch die Art, wie sie mit dem Risiko umgehen können.

Wenn ein Anleger mit einem Depotvolumen von sagen wir 500 Millionen Euro eine riskante Investition von 10 Millionen Euro tätigt, die ihm eventuell 50% Gewinn einbringen kann, oder aber den Totalverlust, dann ist das kein Problem, wenn er die eingesetzte Summe verliert, denn ihm würden im Falle des Misserfolges eben noch 490 Millionen Euro bleiben. Und mit dieser „Restsumme" lässt sich gewiss noch ein auskömmliches Leben gestalten. Wenn ein Anleger mit einem Depotwert von 50.000€ auch nur 2% seines Kapitals riskieren will, also nur 1.000€, dann gibt's da nicht viel zu riskieren, denn mit einer solch geringen Summe wird sich keine vernünftige Investition finden. Und selbst wenn, für einen Gewinn von 500€ das Risiko eines Totalverlustes von 1.000€ in Kauf zu nehmen, dann lohnt sich das eben nicht. Und mehr Geld einsetzen kann er nicht, denn dann geht's sehr schnell an die Substanz.

Wenn Sie sich nicht auf den volatilen Rat der Finanzexperten verlassen wollen, dann *können* Sie zwangsläufig nur in den Markt investieren und dürfen eben nicht in die Kurse Ihr Geld stecken.

Als Anleger bleibt Ihnen nichts anderes übrig, als in sichere Titel zu investieren.

1. Sie sollten stets wissen, in welche Firma, welches Konzept und welche Vertriebsstrukturen Sie investieren.

2. Sie sollten wissen, wie sich Ihre Anlage in der Vergangenheit entwickelt hat. Und unter Vergangenheit verstehe ich 50, 70, 100 und mehr Jahre. Sehen Sie sich die Entwicklung der Kurse über einen sehr langen Zeitraum an. Versuchen Sie in diesem Diagramm die Effekte von vergangenen Krisen und Kriegen zu finden.

3. Rechnen Sie mit einem Zeitraum von mindestens 15 Jahren für Ihre Investition, denn das haben Sie dem Finanzberater voraus: Sie haben Zeit, Sie stehen nicht unter dem Erfolgsdruck, innerhalb weniger Monate Erfolge vorweisen zu müssen.

4. Je länger Ihr Zeithorizont ist, desto geringer wird das Risiko, Ihr Geld zu verlieren.

5. Lassen Sie sich nicht von den Gewinnen anderer beeindrucken.

3.4 Welche Aktien sollte man also kaufen?

Ich habe es bereits beschrieben. Sehen Sie sich an, welche Produkte von Hausfrauen und auch von Ihnen selbst ständig gekauft werden, und dann investieren Sie in diese Werte. Schauen Sie dabei nicht auf den Kurs, den können Sie nicht vorhersagen, genauso wenig wie die „*Experten*". Gute Aktien bekommt man nicht billig, dafür sorgt schon der Markt.

Dennoch sollten Sie sich im Internet etwas über die Firma informieren, dabei werden Sie feststellen, dass angloamerikanische Firmen freizügiger mit Bilanzdaten umgehen, im Gegensatz zu europäischen Titeln. Das liegt einerseits an den schärferen Gesetzen, die dort gelten, andererseits liegt es aber auch an der positiven Aktienkultur dieser Länder. Dort ist es eben keine Schande, mit leistungslosem Gewinn Geld zu verdienen.

Jede Aktiengesellschaft bietet Ihnen die Möglichkeit, Informationen abzufragen, die Dividendenhistorie einzusehen und die kompletten Bilanzen zu lesen. Diese Daten sind sehr verlässlich, denn zum einen regeln dies sehr strenge Gesetze, zum anderen kann es sich keine Unternehmung leisten, geschönte oder gar falsche Daten abzuliefern, denn Zuverlässigkeit und Vertrauenswürdigkeit den Investoren gegenüber ist ebenso wichtig wie der Erfolg der Unternehmung selbst. Selbst große Unternehmungen, die gegen diese Regeln verstoßen haben, bekamen nach Aufdeckung solcher Vorfälle den Fuß nicht mehr auf den Boden.

Sie können sich von den Unternehmungen Nachrichten via RSS zusenden lassen. Aber alles dies wird Ihnen auch nicht verraten, ob der Kurs am nächsten Tag höher steht als heute und wo die Aktie in einem Monat, einem Jahr oder in zehn Jahren notieren wird. Sie als Anleger können eine Firma nur beurteilen, nach den Produkten, die sie herstellt und vertreibt, Sie können die Erträge nur nach den Ergebnissen der Vergangenheit einschätzen, und Sie können den Erfolg der Firma nur daran messen, wie lange sie bereits am Markt ist und welche Stellung sie dort hat.

Doch das mit dem Reichwerden wird nicht so schnell gehen. Schnell geht's meist nur mit dem Armwerden, aber Sie werden sehen, wie Ihr Vermögen wächst, stetig und gemächlich, wenn Sie sich an diese einfachen Regeln halten, dann immer schneller wird sich Ihr kleiner Geldbetrag zu einem prächtigen Kapitalstock entwickeln, der Ihnen im Alter eine schöne Rendite abwirft.

Mein Depot, welches streng nach diesen Regeln aufgebaut ist, hat in den letzten fünf Jahren pro Jahr eine Rendite von mehr als 7% erwirtschaftet, und zählt man die Dividenden hinzu, dann sind es sogar über 10%. Wie kann das sein, wenn die Rendite der Titel selbst doch nur durchschnittlich 3,6% beträgt?

An einem einfachen Beispiel will ich das erläutern:

Vor ca. 5 Jahren kaufte ich *Altria* für 14€. Sie erinnern sich, das ist die Aktie mit den Zigaretten! Damals zahlte die Firma 5% Dividende, das waren 0,70€ pro Stück. Heute (20.01.2015) steht die Aktie bei 46,34€, und heute zahlt sie immer noch 5%. Heute bekomme ich jedoch 3,27€ pro Aktie im Jahr. Gemessen an der Anlagesumme sind das aber 23,3% Ertrag und das jedes Jahr und das zahlt Ihnen kein Staat, keine Versicherung und keine Bank. Im kommenden Jahr wird der Ertrag bei 25% liegen, weil fast alle Unternehmungen seit Jahren schon die Dividenden um durchschnittlich knapp 10% anheben.

Sie werden sich fragen, warum ich stets dieselben Unternehmungen erwähne? Ganz einfach! Weil es weltweit nur wenige Aktiengesellschaften gibt, welche meine strengen Anforderungen erfüllen können, die jedoch auch Sie anlegen müssen, damit sich Ihre Investition sicher und ertragreich entwickelt. Versuchen Sie doch einmal, auf dem deutschen, französischen oder italienischen Markt solche Titel zu finden. Im vergangenen Jahrhundert gab es in Europa einfach zu viele Kriege, Krisen, politische Umstürze und Revolutionen, und das hat nicht gerade dazu beigetragen, dass sich solide Firmen entwickeln konnten.

Gerade in Deutschland werden Sie viele Unternehmungen finden, die Weltmarktführer auf ihrem Gebiet sind, dabei handelt es sich jedoch fast nur um Technologiefirmen, und in die sollten Sie nicht investieren. Es ist nur schwer abzusehen, wie sich diese Firmen in Zukunft entwickeln werden. Betrachten wir die Solarbranche. Vor weniger als 5 Jahren waren deutsche Firmen führend auf dem Markt des Sonnenstroms, bis China sich entschloss, den Markt mit Dumpingpreisen zu unterlaufen. Was geschehen ist, haben Sie sicher in der Presse verfolgen können.

Einen Big Mac kann man leicht kopieren, allerdings nicht das Konzept wie er verkauft und vertrieben wird. Babywindeln, Taschentücher, Wischmops, Reinigungsmittel, Zahnpasta und Seife sind auch nicht schwer zu produzieren. Es ist aber viel schwerer, ein Marketingkonzept, eine Vertriebsstruktur, eine bekannte Marke vom Markt zu verdrängen als ein Hightech-Produkt wie eine PV-Anlage, ein iPhone oder einen Fotoapparat.

3.5 Wie sollte das Depot strukturiert sein?

Das ist eine Frage, die nicht leicht zu beantworten ist. Allerdings sollten Sie alle Ratschläge der Experten in den Wind schlagen, die Ihnen suggerieren, dass Sie eine Länderstreuung, eine Diversifizierung in verschiedene Assets oder gar Produktstreuung vorschlagen. Das ist alles wenig hilfreich und dient nur dazu, Sie an die diversen Anlageberater zu binden. Mit all den schönen Strategien investieren Sie immer in Werte, die Sie nicht kennen. Eine gute Aufteilung wäre: Konsumwerte, Großindustrie, Putz- und Reinigungsmittel, Energie. Nehmen Sie hier die größten Vertreter ihrer Branche ins Depot, die sind alle weltweit vertreten, deshalb ist eine Streuung in Länder völlig unnötig. Aber lesen Sie hierzu vielleicht auch noch mal Kapitel 3.8 *Produktstreuung* auf Seite 94.

3.6 Länderstreuung

Wenn Sie eine effiziente Länderstreuung in Ihrem Depot abbilden wollen, müssten Sie die wirtschaftlichen und politischen Randbedingungen in Brasilien, China, Japan, den USA oder sonst irgendeinem Land kennen, aber die kennen Sie nicht. Und der Aufwand, sich entsprechendes Wissen anzueignen, ist viel zu aufwendig und kompliziert. Und wenn Sie in einen Markt investieren, den Sie nicht kennen, dann können Sie ebenso gut Lotto spielen. Der Titel *Experte* wird gerade in Deutschland sehr inflationär verwendet, deshalb können Sie sich auch nicht darauf verlassen, einen Experten zu finden, der sich mit dieser Materie wirklich auskennt.

Sie können und sollten eine Länderstreuung in Ihrem Depot abbilden, aber dazu müssen Sie nicht in die Aktien der verschiedenen Länder investieren. Es reicht, wenn Sie in Unternehmen investieren, die weltweit vertreten sind. Das hat den Vorteil, dass Sie die

Unternehmen kennen, in die Sie investieren, von denen Sie überzeugt sind und über die Sie Informationen und Daten erhalten.

3.7 Asset-Streuung

Dasselbe gilt für die Streuung in verschiedene Klassen von Assets. Kennen Sie sich aus im Rohstoffmarkt, im Anleihemarkt, im Bond und Markt der Zertifikate? Vermutlich nicht! Also sollten Sie auch nicht darin investiert sein. Aber da gibt's ja noch die Experten, die kennen sich sicher aus! Wirklich? Woher wollen Sie wissen, wie gut sich Ihr Anlageberater in diesen Bereichen auskennt? Meinen Sie wirklich, es macht einen Unterschied, ob Sie sich für eine Assetklasse entscheiden, von der sie keine Ahnung haben, oder ob Sie sich für einen Finanzberater entscheiden, von dem Sie auch nicht wissen, ob er eine Ahnung hat?

Entscheiden Sie sich gegen Rohstoffe, Bonds und Zertifikate und kaufen Sie stattdessen Aktien von Firmen, die Waren des täglichen Bedarfs herstellen. Das entspricht Ihrem Kenntnisstand, und das verstehen Sie. Sehen Sie sich die langfristigen Kurse dieser Firmen an, die Dividendenrendite und die Jahre, die diese Firmen bereits Dividenden zahlen. Als Entscheidungskriterium reicht das völlig, und Sie brauchen keinen inkompetenten und teuren Berater zu bezahlen.

Wenn Sie investieren wollen, braucht es keine Eile, deshalb machen Sie den Test, lassen Sie sich Zeit, testen Sie den Markt. Und fragen Sie den Bankberater, was er Ihnen empfiehlt, kaufen jedoch nicht, sondern legen Sie ein Musterdepot an und verfolgen die Entwicklung der Empfehlungen. Sie werden erstaunt sein, wie viel Geld Sie in kurzer Zeit verlieren können. Die Berater wissen das natürlich auch, denn auch sie kennen die Zukunft nicht, daher argumentieren sie stets auf die gleiche Weise:

„Eine solche Anlage ist nur über einen großen Zeithorizont zu betrachten, erst dann kann man die Entwicklung der Anlage beurteilen."

Das ist Unsinn und die Frage muss erlaubt sein, warum man von demselben Anlageberater fast täglich gedrängt wird, sein Depot umzuschichten. Das Argument dient nur dazu, die Verantwortung des Ratgebers für seinen Rat in die weite Zukunft zu verschieben. Und Aktien mit einer Volatilität wie der einer *Allianz*, *BMW*, *RWE* oder *EON* sollten Sie nicht in Ihrem Depot haben. Mag sein, dass diese Werte in einem gewissen, mittelfristigen Zeitraum ganz gute Ergebnisse haben werden, aber Ihr Zeithorizont sollte länger sein, mindestens fünfzehn bis zwanzig Jahre.

Sie meinen, ich hielte die gerade zitierten Aktien für schlecht? Keineswegs, das sind alles solide Werte, aber wenn Sie mit diesen Werten Geld verdienen wollen, dann kann es schon mal sein, dass Sie bei 400€ einsteigen und dreißig oder mehr Jahre darauf warten müssen, Ihren Einstandskurs zurückzuerhalten. Auch wenn in der Folge der Wert auf 800€ steigen sollte, machen Sie immer noch ein Verlustgeschäft, denn eine vernünftige Anlage mit nur 5% Wachstum pro Jahr wird ihren Wert in 30 Jahren vervierfachen.

Überlegen Sie mal: Vor welcher Situation soll denn eine Streuung in verschiedene Anlageklassen schützen?

Wenn die Wirtschaft sich in einem dauerhaften Niedergang befindet und wenn alle Aktien im Keller sind, wären dann ausgerechnet Geldmarktpapiere noch werthaltig? Es sind die Unternehmungen und der Konsum dieser Welt, die den Verlauf der Wirtschaft bestimmen. Geldmarktpapiere sind nur Versprechen und meist sind es nur Versprechen ohne Inhalt.

Wenn die Kunden plötzlich keine Autos mehr kaufen würden, dann käme die Autobranche weltweit in eine Krise. Gäbe es dann immer noch die Rohstoffbranche, auf die man sich verlassen könnte? Schwierig, denn Autos werden immer noch mit Stahl produziert. Wenn in Amerika die Börse auf Talfahrt ginge, würde sich dann der Bovespa, also die Brasilianische Börse, erfolgreich gegen den Trend stemmen und die ganze Weltwirtschaft retten?

Das können doch die „Experten" nicht wirklich glauben.

Wenn wir eine weltweite Krise bekommen, dann gilt das für alle Bereiche, dann wird Sie eine Streuung der Assets auch nicht retten. Es hängt doch alles zusammen. Wenn keine Autos mehr verkauft werden, dann merkt das sofort die Stahlbranche, und wenn es die merkt, dann sind davon sofort die Rohstoffproduzenten betroffen, und wenn die Leute entlassen müssen, weil keine Arbeit mehr da ist, dann merken wir es alle.

Eine weltweite Krise wäre eben genau das, eine weltweite Krise! Da würde es keine Insel der Seligen geben. Allerdings bin ich so weit Optimist, dass ich glaube, dass eine solche Krise nicht eintreffen wird. Auch die Lehman-Pleite hat die Welt nicht in den Abgrund gestürzt. Die Welt wird sich solche Krisen einfach nicht leisten können.

Die einzige wirksame und dauerhafte Strategie ist: Setzen Sie auf die Produzenten von Konsumartikeln, denn die werden auch in einer Krise ihr Geschäft machen. Und: Nehmen Sie sich Zeit!

3.8 Produktstreuung

Wenn Sie in einen Weltmarktführer investieren, der ganz gewöhnliche Produkte des täglichen Bedarfs herstellt, dann werden Sie seine Produkte überall auf der Welt finden, und diese Firma ist dermaßen stark diversifiziert, dass Sie keine weitere Produktstreuung brauchen.

Überhaupt dient die Streuung ganz allgemein der Absicherung vor eventuellen Verlusten. Dass dies aber gleichbedeutend ist mit dem Minimieren der Gewinne, wird meist verschwiegen. Wenn eine Firma mehr als 100 Jahre erfolgreich existiert und Dinge des täglichen Bedarfs herstellt, wenn die Firma über ein weltweites Vertriebsnetz verfügt, dann ist das Verlustrisiko relativ gering. Was natürlich nicht bedeuten soll, dass Sie nur einen Titel in Ihrem Depot liegen haben sollen.

3.9 Verteilung

Über die Art Ihrer Anlage brauche ich hier kein Wort mehr zu verlieren, bedenken Sie: Sie haben keine Wahl! Jede andere Form der Geldanlage ist gleichbedeutend mit dem Verlust derselben. Bleibt nur noch zu klären, wie das Geld verteilt sein soll. 10% pro Titel ist eine gute Wahl. Allerdings, wenn Ihr Depot noch klein ist, also unterhalb von 10.000€, dann reichen auch drei bis vier Titel. Aber zu viele sollten es nicht sein, sonst verlieren Sie den Überblick.

3.10 Kaufen Sie Platzhalter

Wenn Sie vier Titel halten und Sie möchten gerne einen Titel hinzufügen, haben jedoch das Geld nicht dafür, kaufen Sie dennoch zwei, drei Aktien von diesem Titel. Auch wenn die Courtage 20% von Ihrem Einkauf ausmachen sollte, Sie werden sehen, nach einer Weile wird Sie der kleine Wert dermaßen ärgern, dass Sie von ganz allein weitere Aktien hinzukaufen. In meinem Depot habe ich viele Titel, die auf diese Weise zu echten Werten herangewachsen sind.

3.11 Sehen Sie nicht auf den Preis

Gute Aktien werden Sie nie billig bekommen können. Vor etwa zwei Jahren wollte ich *McDonalds*-Aktien kaufen. An dem Tag, an dem ich zur Tat schreiten wollte, stand der Kurs bei 52€. Ich überlegte noch, ob die Aktie nicht doch zu teuer sei, und als ich endlich so weit war, stand die Aktie bei 58€. Mir war das zu teuer, aber meine Frau sagte:

„Nun kauf die Dinger endlich."

Und das tat ich dann auch, zu einem Preis von 58€. Heute, nach drei Jahren, steht der Kurs bei 78€. Und ich würde sie wieder zu jedem Preis kaufen, der an der Tafel steht. Man sollte eben doch auf die Ehefrau hören.

Abbildung 3: Oft empfohlen, dennoch ein Verlierer

Die Allianz-Aktie (ADR)

Entwicklung von 2000-2014

Es ist eben ein Unterschied, ob die Entwicklung einer Aktie wie in Abbildung 3 oder in Abbildung 4 aussieht.

Sehen Sie den kleinen Haken in Abbildung 4: der *McDonalds*-Aktie im Jahre 2003? Das war die BSE-Krise. Und ich hoffe, Sie sehen auch, wie schnell sich die Aktie von dieser Hysterie erholt hat.

Sie werden sicherlich bemerkt haben, dass die beiden Charts aus Abbildung 3 und 4 nicht vergleichbar sind. Die Zeiträume für einen fairen Vergleich unterscheiden sich doch sehr stark, aber das ist ein weiteres Indiz dafür, dass viele europäische Aktien einfach noch nicht lange genug börsennotiert existieren, um wirkliche Vergleiche zu gestatten.

Natürlich hätte ich die Kursentwicklung der *McDonalds*-Aktie auf den Bereich der Aktie der *Allianz* einschränken können, aber das wäre wiederum der eindrucksvollen und langfristigen Kursentwicklung der *McDonalds*-Aktie nicht gerecht geworden. Sie sollen ja sehen können, wie sich eine Anlage entwickelt, wenn man vier-

zig oder mehr Jahre betrachtet, denn darauf basiert ja die dividen-
denorientierte Strategie, die ich Ihnen hier vorstelle.

Abbildung 4: Sie müssen die Big Macs nicht essen

Die McDonalds-Aktie

Entwicklung von 1970-2014

4 Mythen und andere Mysterien

4.1 Spargeld ist sicher

Spar-, Giroeinlagen und Festgeld sind ziemlich sicher! Jedenfalls ist es dies, was dem Sparer und Anleger ständig suggeriert wird. Aber es waren genau diese Einlagen, die in der Geschichte der Menschheit noch nie sicher waren, und sie werden es auch nie sein.

Warum?

Weil der Staat Zugriff auf dieses Geld hat:

Entweder er entledigt sich seiner Schulden, indem er das Geld – Ihr Geld – durch Inflation entwertet, oder er nimmt es Ihnen gleich ganz weg, wenn er wieder einmal einen Krieg verloren hat oder pleitegegangen ist. Wer es nicht glaubt, kann das leicht aus der Geschichte der nur letzten hundert Jahre herauslesen. Ob Feudalherrschaft, Diktatur, Demokratie oder sonst einer Staatsform, wenn der Staat meint, das Geld seiner Bürger zu brauchen, dann nimmt er es sich, und das sollten Sie stets bedenken, wenn Sie Ihr Geld bei ihm anlegen wollen.

Aber der Staat sind doch wir alle, werden Sie sagen.

Zumindest in einer Demokratie sind es tatsächlich wir alle. Es ergibt daher keinen Sinn, die Schuld für irgendeine Entwicklung bei bestimmten Leuten zu suchen, die im Augenblick gerade an der Spitze stehen, denn es ist schon die Mehrheit, die bestimmt, was in einem Staat geschieht oder eben nicht geschieht. Die Schwierigkeit hierbei ist: Die Gemeinschaftsinteressen stehen fast immer dem Eigeninteresse diametral entgegen.

Auch wenn's Spaß macht, kann man eben nicht auf der Autobahn mit 300 Sachen entlangbrettern, weil man andere damit gefährdet. Man kann auch nicht bei einer Party die Musik bis zum Anschlag aufdrehen, bloß weil man's gerne laut mag. Und bloß weil's billig ist, kann man nicht aus dem Supermarkt mit Waren herausrennen, die man nicht bezahlt hat. Es ist völlig klar, dass in vielen Bereichen eines funktionierenden Gemeinwesens die Interessen der Gemeinschaft Vorrang vor den Einzelinteressen haben müssen. Das kann jedoch nicht bedeuten, dass das eigene Interesse stets hinter dem Gemeinschaftsinteresse zurückzutreten hat.

Bei der Vermögensanlage sollten Sie sich besser nicht an dem orientieren, was allgemein so vorgeschlagen und propagiert wird, denn die Interessen der Ratgeber werden sich nur selten mit den Ihren decken. Und denken Sie daran: Man wird dort, wo alle Schafe grasen, kaum mehr frisches Gras finden.

An einem Beispiel möchte ich Ihnen demonstrieren, dass man auch mit wenig Kapital ein kleines Vermögen aufbauen kann, aber da ich nicht in die Zukunft sehen kann, muss ich mich auf Daten der Vergangenheit stützen.

Die folgenden Berechnungen sind nur exemplarisch zu verstehen und sollen demonstrieren, was man alles über die Jahre mit einer kleinen, aber regelmäßigen Investition hätte erreichen können, wenn man konsequent geblieben wäre.

Das Beispiel soll deshalb auch keineswegs als Modell dienen, wie man seine Anlagen strukturieren sollte, denn die gesamten Mittel nur auf einen einzigen Wert zu setzen, ist natürlich *nicht* die richtige Anlagestrategie.

Ein Beispiel

Gehen wir von einem Geringverdiener mit einer nur kleinen monatlichen Sparsumme aus. Weil sich der Aktienkauf mit sehr kleinen Summen nicht lohnt, investiert er die akkumulierte Summe erst am Ende des Jahres in eine einzige Aktie. Und dies macht er 25 Jahre lang, ohne die Erträge regelmäßig wieder anzulegen.

Ich gestalte damit das Beispiel schlechter, als es eigentlich sein müsste, denn eine Wiederanlage der Erträge hätte das Ergebnis stark verbessert.

Der Einfachheit halber stütze ich mich nur auf die Entwicklung einer einzigen Aktie, und zwar *Procter & Gamble*, aber Sie könnten die Berechnungen genauso gut mit Werten wie *General Mills, Johnson & Johnson, Reckitt Benckiser, McDonalds, Altria, Coca Cola, Colgate, Nestlé* oder einem Mix aus all diesen Werten machen, am Ergebnis würde sich nur marginal etwas ändern.

Nehmen wir also *Procter & Gamble*. Sie erinnern sich? Die Firma besteht seit 183 Jahren und bestimmt haben Sie in den Windeln dieser Firma auch schon gelegen.

Hier also nur die Ergebnisse. Mit etwas Kenntnis in Tabellenkalkulation könnten Sie das sicher selbst alles berechnen. Ich beziehe mich dabei auf die Kursentwicklung dieser Aktie im Verlauf der letzten 25 Jahre, denn dafür habe ich die Daten.

Nehmen wir also an, ein Geringverdiener hätte vor fünfundzwanzig Jahren jeden Monat 50€ beiseitegelegt und am Ende des Jahres davon die mögliche Anzahl von P&G-Aktien gekauft, die er bekommen konnte. Das hätte er ohne Änderung 25 Jahre lang bis heute gemacht. Zu Beginn der Periode bekam er 155 Stücke für seine 600€, am Ende nur noch 8 Stück, denn der Kurs hat sich in der Zeit vervielfacht.

Natürlich bekäme er anfänglich keine 155 Stücke, sondern weit weniger, Sie müssen allerdings berücksichtigen, dass die tatsächlich gekaufte Anzahl durch diverse Splits über die Jahre zu 155 Stücken angewachsen wäre.

Bei einem Split wird die Aktie optisch verbilligt, das heißt, bei einem 2-für-1-Split würde sich der Wert der Aktie halbieren, dafür bekäme unser Anleger aber die doppelte Menge an Aktien in sein Depot gebucht.

Unser exemplarischer Geringverdiener sieht sich innerhalb der gesamten 25 Jahre nicht ein einziges Mal den Kurs seiner Aktie an, holt keine Informationen ein, kurz: Er kümmert sich keinen Deut um die Entwicklung seiner Anlage. Jeweils am Jahresende kauft er, ohne auch nur hinzusehen, die Anzahl Aktien, die er für 600€ eben bekommt.

Zu Beginn konnte er nur einen mageren Ertrag von 18€ Dividende im Jahr verbuchen. Das ist natürlich sehr entmutigend, aber was will man für 600€ Sparsumme im Jahr schon groß verlangen? Allerdings, nach zehn Jahren wären es bereits 384€. Nach weiteren zehn Jahren wären es bereits 1.638€ und am Ende der Laufzeit bekäme er 2.855€ an Dividenden, und zwar netto, nach Abzug aller Steuern und Nebenkosten. Sein Kapital wäre auf den stolzen Betrag von 95.195€ angewachsen, was schließlich auch nicht zu verachten ist, unser Geringverdiener bekäme jeden Monat ein Zuzahlung von 237€.

Bedenkt man, dass die gegenwärtig gezahlte Durchschnittsrente bei 800-900€ liegt, dann könnte er seine Bezüge um stolze 28% pro Monat aufbessern. Dabei habe ich nicht einmal berücksichtigt, dass er die Dividenden hätte angelegen können, in diesem Fall bekäme er nämlich einen Betrag von weit über 600€ pro Monat und das lebenslang, mit der verlässlichen Tendenz der Steigerung.

Abbildung 5: Procter & Gamble

Dividende von Procter & Gamble

Entwicklung von 1969-2014

So, und nun rechnen Sie mal gegen, was Sie mit 50€ Riester bekommen würden, wie viel Ihnen der Rentensparplan einer Versicherung oder Bank einbringen würde oder welche Rendite Sie mit der Anlage von 50€ pro Monat bei der staatlichen Riester-Förderung erzielen könnten. Das nämlich sind die famosen Rentenanlagen, die von der Mehrheit der Gesellschaft praktiziert werden.

In Abbildung 5 sehen Sie die Entwicklung der Dividende der Aktie von *Procter & Gamble*. Das ist eine Ertragsentwicklung, auf die Sie sich verlassen können. Von $0,05 im Jahre 1985, erfuhr die Dividende eine Steigerung bis auf $0,60 im Jahre 2013. Das ist ein Zuwachs um das Zwölffache. Und dennoch sind es „nur" 3%, die *Procter & Gamble* jedes Jahr auszahlt. Allerdings! Legt man die angelegte Summe zugrunde, dann ergibt das eine Rendite von mehr als 36% jedes Jahr.

4.2 Eine Aktienanlage, das ist doch sicher riskant?

Sie meinen, der Kauf von Aktien ist extrem risikoreich und kann auch den Totalverlust bedeuten?

Das stimmt natürlich, aber es kommt eben darauf an, in welche Branchen Sie investieren, denn obwohl alle Geldanlagen ein gewisses Risiko beinhalten, ist gerade die direkte Anlage in Aktien die sicherste von allen. Lesen Sie im Absatz 9.2 *„Kaufen und liegen lassen funktioniert nicht mehr?"*, warum das so ist.

Sie sind täglich mit Risiken konfrontiert und bereit, dies auch zu akzeptieren. Ob die bestellte Ware das ist, was Sie haben wollten, ob der Handwerker, der Ihren Kühlschrank korrekt repariert hat, auch wirklich die Teile eingebaut hat, die er Ihnen berechnet. Das sind alles Risiken des täglichen Lebens, nur bei der Geldanlage, da soll plötzlich jedes Risiko ausgeschaltet werden können? Das kann Ihnen Ihr „Berater" nicht garantieren, keine Bank und auch nicht der Staat mit seiner Rentenpolitik.

Beim Geldanlegen geht es auch nicht darum, das Risiko auszuschalten, sondern nur darum, es so klein wie möglich zu halten, und das können Sie am besten, wenn Sie auch die Verantwortung für Ihr Geld übernehmen. Und wenn Sie die Wahl hätten, in eine Anlage zu investieren, die Sie an der Produktion von täglichen Gebrauchsgütern beteiligt, einer Anlage, die bereits seit mehr als hundert Jahren existiert, die weltweit tätig ist, deren Produkte Ihnen jeden Tag beim Einkaufen begegnen, die Sie stetig über den Erfolg oder Misserfolg der Unternehmung informiert, die seit über 50 Jahren eine respektable Dividendenrendite erwirtschaftet, oder in eine Anlage, von der Sie nicht wissen, was Sie da eigentlich gekauft haben (Geldmarktfonds und Zinsfonds), die von „Experten" administriert wird, die selbst erst wenige Jahre im Geschäft sind: Welche Anlage, glauben Sie, bietet mehr Sicherheit?

Der Kauf von Aktien wird von der Fachwelt nur deshalb als risikoreich verteufelt, weil die Fondsmanager beim direkten Aktienkauf kein Geld verdienen können. Das Oxymoron „*kostengünstige Geldanlage*" ist als Begriff, der zwar allgemein akzeptiert wird, aber dennoch schlicht aberwitzig ist. Wieso sollte eine Anlage, die ja eigentlich dem Zweck dienen soll Geld zu verdienen, wieso sollte die Kosten verursachen? Ist das nicht ein Widerspruch?

Im Beispiel aus Absatz 4.1 „*Spargeld ist sicher*" auf Seite 99 zeigte ich, wie sich bei regelmäßiger Neuanlage mit Geduld und Disziplin ein ziemlich großer Kapitalstock aufbauen lässt. Und wenn unser Geringverdiener über die Zeit in zehn oder gar fünfzehn Titel investiert hätte, dann würde sich das Risiko eines Totalverlusts selbstverständlich noch einmal reduzieren. Besonders dann, wenn sich unser Geringverdiener bei der Auswahl der Aktien nur auf seinen Kenntnisstand verlassen und Firmenanteile von den bereits erwähnten Unternehmungen gekauft hätte, also Waschmittel, Kosmetik und Babybedarf und keine Zinsfonds, Geldmarktfonds oder sonstigen undurchsichtigen Quatsch. Die Geschichte hat doch gezeigt, dass selbst Staatsanleihen nicht die Sicherheit bieten können wie die Direktanlage in solide Aktien. Oder kennen Sie jemanden, der heute noch Zinsen einer Staatsanleihe aus der Zeit Bismarcks bekommt?

Die Firma *Procter & Gamble,* auf die ich mich beziehe, existiert bereits seit 183 Jahren, also wesentlich länger als die Weimarer Republik, das unselige Dritte Reich, die DDR und die Bundesrepublik zusammengenommen; sie zahlt seit mehr als 100 Jahren Dividende, im Schnitt jedes Jahr 3%, mit einer Steigerungsrate von 7%, ebenfalls pro Jahr. Wie viel Sicherheit wollen Sie noch?

Aber das kann doch nicht für alle funktionieren!

Nein, das kann es natürlich nicht!

Für alle kann es tatsächlich nicht funktionieren. Wenn nämlich die Rendite aller Unternehmungen auf alle Mitglieder der Gemeinschaft verteilt würde, bliebe für den Einzelnen kaum Nennenswertes übrig.

Und wieso funktioniert es dann doch?

Es funktioniert in etwa nach ähnlichen Kriterien wie der Straßenverkehr oder alle Kindergärten dieser Republik. Wenn alle Verkehrsteilnehmer zur selben Zeit mit Ihren Fahrzeugen auf der Straße wären, käme keiner mehr voran, und wenn alle Eltern ihre Kinder zur selben Zeit in die Kindertagesstätte schickten, gäbe es dort sicher keinen Platz mehr für das einzelne Kind. Aber es sind eben nicht alle Menschen mit ihren Autos zur gleichen Zeit auf der Straße, und es schicken eben nicht alle Eltern ihre Kinder zur selben Zeit in den Kindergarten. Und genau deshalb funktioniert der Straßenverkehr, und auch die Kindergärten sind nicht täglich übervoll mit Kindern.

Die Strategie funktioniert, weil unser Geringverdiener etwas anders gemacht hat als der Rest der Gesellschaft. Und das ist völlig legitim, jedenfalls in einer Gesellschaft, in der ich leben möchte. Denn das nennt man eigenverantwortliche Finanzplanung. Und die muss jeder so ausgestalten, dass es für ihn passt. Ob es dann für jeden reicht, ist eine andere Frage, aber die ist nicht Gegenstand dieses Buches. Hier geht's nur darum, *Ihnen* zu zeigen, wie's funktioniert.

Es ist nicht die Gleichheit aller, die eine Gesellschaft lebenswert macht, es ist das Erlauben der Ungleichheit ungleicher Menschen. Wenn in einer Gesellschaft die Solidargemeinschaft stets und immer über dem Einzelinteresse steht, dann hat das mit einer demokratischen Gesellschaft nichts mehr zu tun, denn dann wird der

Einzelne zu einem Schaf in einer Schafherde degradiert ohne eigenen Willen und ohne eigene Gestaltungsmöglichkeiten. Doch dies ist eine Erkenntnis, die gerade bei den sozialistisch angehauchten Politikern völlig verdrängt wird.

Wer möchte schon in einem Land leben, in dem alle gleich sind? Individuelle Leistungen und Risikobereitschaft sofort mit ständig steigenden Steuern und Abgaben bestraft werden. Dessen einzige Zielrichtung es ist, das Ergebnis von Risiko und Leistung abzuschöpfen und auf die Masse zu verteilen. Wirklich sozial wäre es, die Bildungssysteme so zu verändern, dass der einzelne Bürger seine Chancen auch erkennen und nutzen kann. Stattdessen wird ihm suggeriert, der Staat wird schon für ihn sorgen.

Nach diesem Exkurs in die Politik wenden wir uns wieder dem eigentlichen Thema zu.

4.3 Die Experten wissen es besser!?

Zitat aus dem Internet-Fokus vom 07.05.2013:

> *„... Privatanleger sollten dennoch nicht in Euphorie verfallen. „Die Börse ist keine Einbahnstraße", warnt Ralf Götz, Chefökonom bei der Deutschen Vermögensberatung. Soll heißen: Die Kurse können auch wieder fallen. Hinzu kommt die Schwierigkeit, die passenden Aktien auszuwählen. „Für Privatanleger ist es schwer, gute Einzeltitel zu erkennen", sagt Götz. „Ich rate eher zu Fonds. Dort wählen Profis die Aktien aus."*

Dieser Satz aus dem Munde eines Experten sagt eigentlich alles. Dass die Börse keine Einbahnstraße ist, ist keine Börsen-, sondern eine allgemeine Lebensweisheit, mal geht's nach oben, mal nach unten. Dass es schwierig ist, die passenden Aktien auszuwählen, ist eine Aussage, die auch nach mehrmaliger Wiederholung nicht richtiger wird, denn eigentlich ist es sogar ganz einfach, solche Werte zu finden.

Abbildung 6: Braunes Zuckerwasser

Die Coca-Cola Aktie

Entwicklung von 1960-2014

Wenn der Chart einer Aktie so wie in Abbildung 6 oder so ähnlich aussieht, dann kaufen Sie die Aktie, was brauchen Sie dafür einen Experten? Das hat Warren Buffett so gemacht, und das können Sie auch.

Ich habe ganz absichtlich an diese Stelle die *Coca-Cola*-Aktie gesetzt, zum einen, damit Sie nicht glauben, ich würde mir nur spezielle Kandidaten aussuchen, und zum anderen will ich damit demonstrieren, dass *Zeit* wirklich der Faktor ist, den Sie und alle Kleinanleger den honorigen „*Experten*" voraushaben. Kein Anlageberater kann es sich leisten, eine Aktie im Depot eines Kunden zu halten, die dreizehn Jahre stets nur seitwärts läuft. Leider ist es gerade der Vorteil *Zeit*, den Kleinanleger nicht für sich nutzen, obwohl es der einzige ist, den sie haben.

Auch wenn die *Coca-Cola*-Aktie dreizehn Jahre von 1998 bis 2011 eher schlecht gelaufen ist, so ist bei genauerem Hinsehen gut zu erkennen, warum diese Aktie dennoch eine gute Investition war und immer gewesen ist. Während dieser Zeit schwankte *Coca Cola* zwischen $30 und $15 hin und her, und wenn man auf kurzfristigen Börsengewinn gesetzt hätte, dann wäre dieser Wert spätestens nach drei Monaten aus dem Depot geflogen. Aber sehen Sie sich Abbildung 16 an, dort ist unter dem Chart von *Coca Cola* der Verlauf der Dividendenzahlungen zu sehen, und die hat sich eben in genau diesen dreizehn Jahren ganz locker verdreifacht.

Auch wenn alle „*Experten*" Ihnen das Gegenteil suggerieren wollen, so ist es sehr leicht, gute Aktien zu finden.

Der Versuch, einen kompetenten Profi zu finden, ist ziemlich schwer. Denn wie erfolgreich sie in der Vergangenheit waren, das wird Ihnen jeder erzählen, mit den Prognosen für den zukünftigen Erfolg wird's allerdings wohl etwas hapern. Und wenn die Profis tatsächlich bei der Aktienanlage ein so viel besseres Händchen hätten als Sie und ich, müsste sich dann die Finanzwelt nicht in genau zwei Teile zerlegen lassen, in den riesigen Teil der nicht Erfolgreichen und in den kleinen, winzigen Teil der Profis, stetigen Gewinner und Millionäre?

Nun, man kann die Finanzwelt tatsächlich in zwei solche Teile zerlegen, allerdings ist es doch erstaunlich, dass auf der Seite der weniger Erfolgreichen so viele dieser vermeintlich erfolgreichen Finanzmanager und Anlageberater anzutreffen sind. Gleich neben mir wohnt einer, der gerade mit seiner Familie in eine kleinere Wohnung umziehen musste, weil das Geld für das Haus nicht reichte, das er gemietet hatte. Denn viele dieser Berater sind auch nur abhängig angestellt, so wie Sie und viele andere Menschen. Viele sitzen auch nur hinter einem Schreibtisch und müssen jeden Monat ihr Geld verdienen und haben einen Boss, dem sie Rechenschaft schuldig sind. Wie sollte ein solcher Mensch in der Lage sein, ausgerechnet Sie reich zu machen, warum sollten Sie gerade *ihm* Ihr Geld anvertrauen?

4.4 Der Crash kommt!

Das war der Titel eines sehr erfolgreichen Buches über die Börse der letzten Jahre.

Wäre man dem Rat des Autors gefolgt und hätte früh genug den Ausstieg geschafft, dann hätte man den Crash von 2008 wohl wesentlich besser überstehen, vielleicht sogar ganz vermeiden können. Das Problem mit dem Ein- bzw. Aussteigen ist jedoch: Wie Sie's machen, ist's verkehrt. Steigen Sie zu früh aus, dann ärgern Sie sich über entgangene Gewinne, steigen Sie zu spät aus, dann ärgern Sie sich über die Verluste. Doch wenn Sie exakt zum richtigen Zeitpunkt aus- und wieder einsteigen wollen, dann müssten Sie in die Zukunft sehen können, und da hapert's bekanntlich bei den meisten von uns.

Ich hätte übrigens den Titel des oben genannten Buches etwas anders gewählt, nämlich:

4.5 Der Crash kommt immer wieder

Allerdings, der nächste Börsenaufschwung eben auch. Anstatt sich nämlich für den nächsten Crash zu präparieren, von dem Sie nicht wissen können, wann er kommt, sollten Sie Ihr Geld besser so investieren, dass Ihnen ein Crash einfach nichts anhaben kann. Dann können Sie sich zurücklehnen, und der nächste Crash kann kommen.

Geht nicht, meinen Sie?

Doch das geht!

Sehen Sie sich die Kursentwicklung der letzten 90 Jahre einiger solider Firmen an, dann werden Sie erkennen, dass diesen Firmen sogar die zwei Weltkriege nichts ausgemacht haben. Die Kurse sind langfristig gestiegen und auch im schlimmsten Krisenjahr sind stets die Dividenden gezahlt worden. So hat der Lehman-Crash von 2008 im Kursverlauf von *General Mills* zwar eine Delle im langfristigen Kursverlauf hinterlassen, aber eben nur eine Delle. Nach nur einem halben Jahr war die wieder ausgebügelt, und der Kurs erklomm neue Höhen.

4.6 Der Stein der Weisen!

Was macht mich so sicher, dass ich den Stein der Weisen gefunden habe?

Nun, den Stein der Weisen habe ich natürlich nicht gefunden, aber eine ziemlich sichere Methode, Geld an der Börse gewinnbringend anzulegen. Mit dieser Strategie investieren Sie in den Konsum ganz gewöhnlicher Dinge, die jeder Mensch im Alltag braucht. Die Menschheit wächst, und damit wächst auch der Kundenstamm dieser Produkte.

Warum bin ich mir da so sicher, dass das auch weiterhin funktionieren wird?

Weil es in den letzten hundert Jahren genau mit dieser Methode immer funktioniert hat.

Ob das im kommenden Jahrhundert so bleibt, kann ich natürlich auch nicht sagen, aber eine hundertprozentige Sicherheit kann Ihnen niemand geben. Mit einer solchen Forderung wären Sie an der Börse sowieso am falschen Platz. Alle staatlichen Vorsorge- und Versorgungspläne haben sich in der Vergangenheit als wenig verlässlich gezeigt. Das Investieren in den Konsum der Menschen hat seit je her immer gut funktioniert.

Den meisten der Regeln im Kapitel 3, *„Erfolgreich investieren"*, werden Sie sofort widersprechen, weil sie der allgemeingültigen Meinungen entgegenstehen. Aber machen Sie sich nichts daraus, das ist völlig normal, schließlich waren Sie lange genug der Gehirnwäsche der Analysten, Bankberater und Nachrichtensprecher ausgesetzt, da wäre es ein Wunder, wenn Sie nicht so reagierten.

Wenn Sie sich nicht sicher sind, legen Sie getrost einige Musterdepots an und verfolgen Sie, wie sich Ihre potenziellen Investitionen über ein, zwei Jahre verhalten hätten, denn im Gegensatz zu all den anderen Beratern und Experten, die Sie ständig drängen, doch jetzt gleich die Police, den Vertrag, den Auftrag zu unterschreiben, kann ich Ihnen versichern, dass keine Eile besteht. Sie müssen nicht heute investieren, weil es morgen zu spät sein könnte, weil morgen die Chance verpasst ist und weil der Schiffs-, Immobilien- oder sonst ein Fonds eigentlich bereits überzeichnet ist. Morgen, in zehn oder hundert Tagen ist ein ebenso guter Tag, um mit dem Investieren zu beginnen, wie heute oder übermorgen. Zu alt, um damit zu beginnen, ist man erst dann, wenn man sich nicht mehr um die Bezahlung der nächsten Stromrechnung kümmern muss.

4.7 There is no such thing as a free lunch!

Sie kennen doch gewiss einschlägige Radioreklamen, die Ihnen suggerieren, wen Sie für die Administration Ihres Vermögens konsultieren und wie Sie Ihr Geld anlegen sollen. Sie werben mit Veranstaltungen, die meist in sehr teuren und illustren Hotels stattfinden und die Sie absolut eintrittsfrei besuchen können. Glauben Sie's nicht, denn der Veranstalter wird eine solch teure Veranstaltung nur dann organisieren, wenn er damit Geld verdienen kann. Und Sie dürfen drei Mal raten, wer derjenige ist, der am Ende bezahlt.

Denken Sie immer daran: Sie bekommen nichts auf dieser Welt, ohne auf die eine oder andere Weise dafür zahlen zu müssen. Aber wenn Sie schon zahlen müssen, dann sollten Sie wenigstens Sorge tragen, auch etwas für Ihr Geld zu bekommen. Und wenn Sie schon einem Ratschlag folgen wollen, dann geben Sie wenigstens nicht die Kontrolle über Ihr Vermögen aus der Hand.

Lassen Sie es doch ruhig angehen, Sie haben Zeit. Legen Sie – virtuell natürlich – eine bestimmte Summe in einem Musterdepot an, nehmen Sie zehn solide Aktien, meinetwegen auch die hier zitierten und verfolgen Sie, wie sich die Kurse dieser Aktien in einem gewissen Zeitraum entwickeln. Das machen Sie für ein, zwei Jahre. Wenn Sie dann überzeugt sind, können Sie mit dem Geldanlegen beginnen. Und wenn Sie dann immer noch zweifeln, dann können Sie meinetwegen einen Berater konsultieren.

Ich unterhalte mehrere virtuelle Depots, einfach nur um zu sehen, wie sich andere Anlagen entwickeln. Solche Musterdepots können auch dazu dienen, gewisse Schaumschläger zu enttarnen, die Ihnen die tollsten Anlagen unterbreiten. Machen Sie den Test und legen Sie ein Musterdepot mit Werten an, die Ihnen von den „Experten" empfohlen werden. Sie werden aus dem Staunen nicht herauskommen. Ein reales Beispiel habe ich Ihnen im Kapitel 6.2 auf Seite 144 wiedergegeben.

Es gibt keine besondere Zeit, in der Sie beginnen müssen zu investieren, es gibt auch kein Alter, nach dem es sich nicht mehr rentiert, Aktien zu kaufen, es gibt auch keine Faustregel, die Ihnen suggeriert, wie viel Anteil an Aktien, gemessen an Ihrem Lebensalter, Sie halten sollen. Das ist alles nur dummes Gerede. Wenn Sie irgendwann einmal ein staatlich unabhängiges Einkommen generieren wollen, dann ist es immer der richtige Zeitpunkt dafür. Und es ist stets der richtige Zeitpunkt in gute Aktien zu investieren.

Im April 2012 habe ich für einen meiner zahlreichen italienischen Verwandten ein Musterdepot mit zehn ausgewählten Konsumaktien angelegt. Das Depot hatte einen virtuellen Wert von 100.000€ und hat sich innerhalb eines Jahres zu stattlichen 114.964€ entwickelt, hat also 14,96% zugelegt. Auch Cousin Roberto war in Fonds investiert, hatte einige Staatsanleihen in seinem Depot, zahlte Depotgebühren, Abschlussgebühren und Courtagen. Gewinne bekam er nur auf dem Papier, auf seinem Konto tauchten sie nie auf. Daraufhin wechselte er seine Strategie, verkaufte alle Botti (so heißen italienische Staatsanleihen) und dann legte er ein echtes Depot an, mit nur 4 Werten: *Procter & Gamble, Johnson & Johnson, McDonalds und Black & Decker.* Wie das Depot heute steht, ist ohne Belang, nach einem Jahr kann man daraus keine Schlüsse ziehen. Aber er schreibt mir fast täglich eine E-Mail, in der er mir mitteilt, dass er heute wieder etwas reicher geworden ist.

Machen Sie es ebenso! Vergewissern Sie sich, ob das System funktioniert, und erst dann investieren Sie richtiges Geld. Es besteht keine Eile. Das System funktionierte, funktioniert und wird funktionieren, weil Sie damit in echte Produkte und Waren investieren. Es wird nicht immer so schnell und gut funktionieren, aber über einen langen Zeitraum hinweg werden Sie einen schönen, ertragreichen Kapitalstock aufbauen können. Das Musterdepot hätte ihm übrigens einen Ertrag von gut 3.000€ an Dividenden eingebracht. Überlegen Sie mal, wie viel an Rendite Sie mit einem dieser Fonds erwirtschaftet hätten.

4.8 Das Warten auf den Rücksetzer

Es ist immer wieder erstaunlich, wie hartnäckig sich die Meinung hält, man könne mit irgendeiner Regel den Markt überlisten. Wenn man Finanzforen durchforstet, so liest man immer wieder den Satz: *„Ich warte noch, bis der Markt einen Rücksetzer macht, erst dann kaufe ich die Aktie XYZ zu einem verbilligten Preis."*

Hört sich gut an, kann funktionieren, kann aber auch nicht funktionieren.

Nehmen wir an, eine Aktie hat heute einen Kurswert von sagen wir 100€. Ihrem Freund ist die Aktie zu teuer, und er entschließt sich zu warten: *„Bis der Kurs wieder etwas heruntergekommen ist"*, sagt er.

Sie finden die Aktie auch etwas zu teuer, entschließen sich jedoch, dennoch zu kaufen für 100€! In den folgenden Wochen steigt der Kurs auf 110€. Sie freuen sich. Ihrem Freund ist die Aktie jetzt natürlich erst recht zu teuer und er entscheidet, weiter zu warten.

In den folgenden Wochen steigt der Wert weiter. Sie bekommen sogar einmal eine schöne Dividende, doch Ihr Freund sitzt da und lächelt. Er weiß, dass die Börse korrigieren wird, und wartet auf seine Chance. Sie wissen das auch, aber da Sie die Aktie bereits im Depot haben, interessiert Sie das nicht, denn dieser Titel stellt für Sie ein Basisinvestment dar, das Sie sowieso nicht verkaufen würden, egal wie der Kurs gerade steht.

Nun tritt ein, was Ihr Freund sehnsüchtig erwartet hat: Die Börse fällt. Die Aktie hatte in der Spitze einen Kurswert von 130€ und fällt nun auf 120€. Ihr Freund wird nervös, denn ein Kursabschlag von 7,6% ist natürlich ganz erheblich, aber er zögert noch.

„Die wird noch viel tiefer fallen", sagt er selbstsicher, aber Sie merken, dass er bereits nervös wird. Die Aktie fällt und fällt, erreicht einen Kurs von 105€. Und nun entschließt sich Ihr Freund, endlich einzusteigen:

„Sagte ich doch", brüstet er sich selbstsicher und zieht den Taschenrechner heraus. *„Jetzt bekomme ich die Aktie um ganze 19,2% billiger, verglichen mit dem Höchstpreis. "*

Stimmt!

$$(130-105)/130 = 0,1923$$

Er eilt zu seinem Rechner und gibt die Order auf. Er kauft zu einem Preis von 105€.

Sie sind etwas verschnupft, denn vom Höchstpreis aus gerechnet, hat Ihre Aktie nun 19,23% weniger Wert, und Sie hatten sich doch so gefreut.

Ihr Freund ist glücklich, den Titel endlich im Depot zu haben, und noch dazu zu einem verbilligten Preis.

Sie liegen nachts wach und teilen Ihr Missgeschick Ihrer Frau mit. An einer bestimmten Stelle Ihrer Leidensgeschichte lacht Ihre Frau und fragte nach: *„Wie viel hast du eigentlich damals für die Aktie bezahlt? "*

Und plötzlich geht Ihnen ein Licht auf. Sie haben ja damals nur 100€ bezahlt, und die Dividende ist zwischenzeitlich zwei Mal gekommen, also so ein schlechtes Geschäft haben Sie doch gar nicht gemacht.

„Natürlich", werden Sie sagen, *„wenn man die Geschichte so erzählt, aber es hätte ja auch ganz anders kommen können. "*

Klar hätte es anders kommen können, aber darin steckt ja gerade die Erkenntnis, dass auch die *Warten-auf-einen-Rücksetzer*-Methode nur auf den Kurs von morgen setzt. Und von dem wissen wir doch, dass den niemand kennt.

Alle todsicheren Methoden, Geld an der Börse zu investieren, münden immer in die Erkenntnis der Zufälligkeit. Man kann sie noch so schön verpacken, noch so plausibel begründen und mit immensem theoretischem Unterbau unterfüttern, sie bleiben immer, was sie tatsächlich sind: ein Blick in die ungewisse Zukunft, die niemand kennt.

Jede Prognose hat etwas von Kaffeesatzleserei. Wie könnte es auch anders sein. Stellen Sie sich vor, es gäbe tatsächlich eine Methode, die sicher vorhersagen könnte, wie sich die Börse morgen entwickeln wird, dann wäre das doch *die* Methode zum Gelddrucken.

Ob Sie auf einen Rücksetzer warten oder ob Sie sagen: *„Ich kaufe morgen, weil morgen der Kurs besser sein wird"*, es ist stets dasselbe. Sie versuchen, einen Blick in die Zukunft zu tun, und das hat leider noch niemals funktioniert, weder im Leben noch an der Börse (wobei die Börse schließlich auch ein Stückchen Leben ist).

Natürlich hätte es auch völlig anders kommen können. Der Kurs Ihrer schönen Aktie hätte sich verdoppeln, verdreifachen oder vervierfachen können, und dann hätte Ihr Freund tatsächlich ziemlich dumm ausgesehen mit 100€ auf dem Konto und einer Aktie, die in unerreichbare Höhen entschwunden wäre.

Die Erkenntnis, die Sie aus diesem Beispiel lernen sollten:
Investieren Sie nicht in die Kurse, denn die können steigen oder fallen, investieren Sie in die Märkte, die Unternehmen, die hinter den Produkten stehen, die Geschichte und die Kompetenz dieser Unternehmen. Und ..., nehmen Sie sich Zeit, investieren Sie langfristig.

Wenn Sie sich daran halten, kann Ihnen die Kursentwicklung an der Börse völlig egal sein.

5 Alternative Investitionen

5.1 Andere Anlageformen

Und jetzt sehen wir uns die Anlageformen an, die allgemein am häufigsten angepriesen und empfohlen werden, leider jedoch fast immer die größten Geldvernichter sind.

Wenn Sie heute die Angebote der Banken, diverser Finanzdienstleister, staatlicher und halb staatlicher Beratungsstellen durchblättern, werden Ihnen einige Begriffe auffallen, die ständig wiederkehren. Es heißt, diese oder jene Anlageform sei „kostengünstig", die Verwaltungskosten seien gering und die Abschlussgebühren seien akzeptabel. Aber, egal wie kostengünstig eine Investition auch sein mag, bis zu einer gewissen Vermögensgröße ist selbst kostengünstig zu teuer.

Natürlich kostet jede Anlage etwas. Selbst wenn Sie die Aktien direkt bei Ihrer Bank kaufen, müssen Sie eine Courtage und eventuell wohl bald auch eine Kapitalumsatzsteuer zahlen. Dennoch muss man unterscheiden zwischen einmaligen Gebühren und stetig wiederkehrenden Kosten. Stetig wiederkehrende Kosten, also Verwaltungskosten, sollten Sie immer vermeiden. Derartige Kosten schmälern Ihren Gewinn oder fressen ihn sogar vollständig auf.

Das können Sie sozusagen live erleben, wenn Sie die Diskussionen über die gerade in Deutschland so beliebten Kapitallebensversicherungen verfolgen. Sehen Sie sich als Beispiel die kurze Analyse aus Kapitel 6.7 „*Kapitallebensversicherungen*" ab Seite 155 an, die ich anstellte, nachdem ich das Angebot für eine solche Versicherung erhalten hatte.

Und doch erfreuen sich gerade diese Anlageformen besonderer Beliebtheit.

Warum?

Vermutlich, weil das Wort „*Versicherung*" darin vorkommt. Dabei geht es bei dieser Anlage primär nicht um Ihren Ertrag, sondern um den Ertrag der Finanzdienstleister. Der Staat spielt dabei ebenfalls eine unrühmliche Rolle, denn auch er hat kein Interesse an der finanziellen Unabhängigkeit seiner Bürger. Je mehr Gebühren und Boni von Ihren Spareinlagen bezahlt werden, desto höher ist die Steuer, die der Staat darauf einnimmt.

Die Frage, die sich wohl jeder Mensch in unserer Gesellschaft irgendwann einmal stellen sollte, ist:

Wenn ich einmal nicht mehr arbeiten kann, reicht dann meine staatliche Rente?

Schauen Sie sich um. Es gibt eine riesige Anzahl von Versicherungen, die man für diesen Fall abschließen kann. Doch alle haben eines gemeinsam. In der Summe müssen alle Versicherungsnehmer mehr einzahlen, als sie erhalten können. Ausnahmslos jedes Versicherungsunternehmen funktioniert gewinnorientiert, hat natürlich auch Nebenkosten, und die müssen aus den Beiträgen gezahlt werden. Zudem haben Versicherer gesetzliche Auflagen zu erfüllen, die der Gewinnmaximierung stark im Wege stehen. So dürfen sie die akkumulierten Beiträge nur in bestimmten Anlageklassen anlegen, und die verzinsen sich nur spärlich. Daraus folgt: Auch die Erträge der akkumulierten Beiträge können kaum Gewinne generieren. Und aus diesen Gewinnen werden die Leistungen an die Versicherten ausgeschüttet.

Nun, werden Sie sagen, eine Versicherung funktioniert nach dem Solidaritätsprinzip, also wenn's bei mir nicht reichen wird, zahlen die anderen. Sie sollten jedoch eines bedenken: So denken alle Versicherungsnehmer, nur kann es eben nicht für alle funktionieren. Wenn Sie natürlich so altruistisch denken und gern stets immer nur für die Solidargemeinschaft zahlen wollen, dann ist eine solche Versicherung vielleicht doch etwas für Sie.

Alles reduziert sich auf die einfache Erkenntnis; wenn es irgend geht, verlassen Sie sich nicht auf den Staat, Versicherungen und andere schlaue Finanzberater, versuchen Sie lieber selbst, Vorsorge zu treffen, da können Sie die Bedin-

gungen selbst bestimmen und im Eventualfall auch abän-
dern.

Aus der langjährigen Entwicklung der aus Umlagen finanzierten Rente können Sie es ablesen: Wenn die wirtschaftlichen und demografischen Daten eine bestimmte Auszahlungsquote nicht mehr zulassen, wird die Rente auf die eine oder andere Art gekürzt. Und es ist schon sehr amüsant, zu beobachten, wie die staatlichen Stellen den Bürgern stets zu vermitteln versuchen, dass eine Rente von weniger als 1.000€ im Alter locker zum Überleben reichen wird. Führen Sie doch mal für die nächsten Monate eine Statistik über alle Ausgaben, die Sie haben. Alle, wirklich alle! Sie werden sich wundern, wie viel Sie ausgeben müssen. Und die staatlich induzierte Inflation wird ein Übriges dazu tun, dass diese Ausgaben stetig steigen.

Aber …, Sie können sich mit dem Gedanken trösten; ein alter Mensch braucht ja nicht mehr so viel!

Wirklich?

Ich kann Ihnen versichern, im Regelfall wird Ihre Rente nicht reichen! Auch wenn Ihnen alle staatlichen Beratungsstellen etwas anderes erzählen wollen, glauben Sie's nicht, es wird nicht reichen. Es sei denn, Sie geben sich mit dem Existenzminimum zufrieden, das gerade so reicht, um das Überleben zu sichern. Entgegen aller Beteuerungen von staatlicher Seite sind alle staatlichen Versorgungsinstrumente nicht in der Lage, jedem Bürger eine vernünftige Altersversorgung zu sichern. Das ist schon rein rechnerisch nicht möglich. Und eigentlich habe ich mich stets gewundert, warum ein solches Versprechen überhaupt abgegeben wurde. Wie der Staat dieses „*Versprechen*" einlöst, können Sie an der Auszahlungsquote des durchschnittlichen Nettolohns ablesen.

Doch das wirklich Schlimme an diesem Versprechen ist:

Durch die hohen Zwangsbeiträge, die Sie in Ihrem ganzen Arbeitsleben leisten müssen, verhindert der Staat, dass Ihnen vom Gehalt etwas übrig bleibt, womit Sie einen eigenen Kapitalstock aufbauen könnten. Und wenn Sie es dennoch schaffen würden, dann wird er versuchen, Ihnen den Ertrag so stark zu besteuern, dass auch dann für Sie nichts mehr übrig bleibt.

Warum tut er das?

Weil jeder Staat eigentlich nur ein grundlegendes Interesse hat, nämlich seine Schäfchen beisammen zu halten. Die DDR hat's mit der Mauer versucht, die weniger diktatorischen Staaten versuchen's mit Zuckerbrot und Peitsche. Zuerst kommt die Förderung und dann kommen die Bedingungen, die Sie erfüllen müssen.

Das Merkwürdige an der ganzen Rentenproblematik ist: Dass Ihnen einerseits versichert wird, die Rente werde reichen, andererseits können Sie an den in steter Regelmäßigkeit erscheinenden Zahlen und Verlautbarungen des Staates ablesen, dass dem eben nicht so sein wird.

So stand am 28.04.2009 auf *www.grenzecho.net* der folgende, vielsagende Text:

Die Rentenquote der gesetzlichen Pension gibt das Verhältnis zwischen den Bezügen im ersten Jahr nach Pensionsantritt und dem letzten Arbeitsentgelt.

Die gesetzliche Pension beläuft sich im Schnitt auf 1.119€ brutto im Monat. Es handelt sich um einen Mittelwert, ungeachtet des Geschlechts, der Berufslaufbahn, der Pensionsregelung usw. Ein Selbstständiger bezieht im Schnitt eine Brutto-Pension von 640€, ein Lohnempfänger kommt auf 925€, ein Beamter 2.062€ monatlich. Zum Vergleich: Die europäische Armutsschwelle liegt bei 860€/Monat für einen Alleinstehenden und 1.290€ für ein Paar; ein Altenheim kostet monatlich 1.285€.

Das sind die offiziellen Zahlen des Statistischen Bundesamtes von 2012! Die Zahlen sagen Ihnen ganz deutlich: Die Rente, die Sie einmal bekommen werden, wird zum Leben nicht reichen, und wenn der Pflegefall eintritt, wird Ihre Rente einfach eingezogen, um die Kosten zu bestreiten. Wenn das jemand für eine Perspektive hält? Bitte! Jeder soll nach seiner Fasson glücklich werden. Wenn Sie allerdings zweifeln und sich Ihren Lebensabend doch etwas anders vorstellen, dann sollten Sie handeln.

Selbst die Rente eines Beamten von durchschnittlich 2.062€ kann man nicht gerade als üppig bezeichnen. Wenn man zum Beispiel noch Miete zahlen muss, ein Auto unterhalten will, Kinder hat oder nicht gerade nur einmal im Jahr mit einer Pauschalreise in den Urlaub fahren möchte, dann wird's schon eng mit dem bisschen Geld. Aber die 925€ eines normalen Lohnempfängers, die sind nun wirklich ein Hohn.

Doch das ist ja alles nicht so schlimm, denn wenn's nicht reicht, stockt der Staat die magere Rente eben auf. Allerdings müssen Sie sich dafür finanziell bis auf's Hemd ausziehen, jedes bisschen Vermögen nachweisen, das zu Geld gemacht werden kann. Sie müssen sich jeder Freiheit entäußern. Sie müssten im Winter viele Formulare und Anträge ausfüllen, wenn's für Strom und Gas nicht mehr reichen sollte, Sie müssten auf den Gängen der Kommunen Ihre Zeit verbringen und darauf hoffen, einen mitfühlenden Sachbearbeiter zu finden. Andererseits könnten Sie nicht wegziehen, in ein anderes Land, wo's wärmer ist, denn dann würden Sie sich schließlich wegbewegen von den staatlichen Futtertrögen, und das können Sie sich nicht leisten. Ist es das, was Sie sich vorstellen vom Leben im Alter?

Nun ergibt es wenig Sinn, auf Strukturen und Mechanismen zu schimpfen, die man nicht ändern kann. Zudem muss man aus Gründen der Fairness auch erkennen, dass der Staat kaum eine andere Möglichkeit hat. Wenn die arbeitende Bevölkerung stetig abnimmt und wenn im gleichen Zuge die Rentner immer älter werden, dann kann er nichts anderes tun, als die Renten zu beschneiden und die Beiträge zu erhöhen. Doch Sie, Sie sollten lieber überlegen, was Sie stattdessen machen können.

Wie Sie bestimmt bereits gemerkt haben, verstoßen sämtliche meine Ratschläge und Tipps gegen die gängigen und akzeptierten Regeln und Vorschläge, die Sie von staatlichen Stellen, Finanzberatern oder Stiftung Warentest erhalten. Nur habe ich oft den Eindruck, dass es genau diese Regeln sind, die Ihnen eine ertragreiche und vernünftige Finanzplanung unmöglich machen.

Als Kontrast zu den Regeln des Kapitels 3 „*Erfolgreich inves-tieren*" ab Seite 45 will ich Ihnen aufführen, was Sie nach Meinung der Finanzberater und Experten alles tun oder auch nicht tun soll-ten:

5.2 Aktienquote = 100 – eigenes Alter

Das ist absoluter Unsinn. Wie sollten Sie denn Ihr Geld sonst anle-gen? In unsichere und wenig ertragsstarke Staatsanleihen viel-leicht? In Immobilien, die Sie nur viel kosten, aber nichts einbrin-gen? Oder sollten Sie gar eine Kapitallebensversicherung abschlie-ßen?

Wenn Sie es geschickt anstellen, dann könnten Sie von den Er-trägen Ihres Kapitals leben, und wenn's denn unbedingt sein muss, hätten Ihre Erben auch etwas davon. Die Frage übrigens, was das eigene Alter mit dem Typ der Anlage zu tun haben soll, kann ich auch nicht beantworten, mir erschließt sich der Sinn jedenfalls nicht.

5.3 Für normale Anleger sind nur Fonds geeignet!

Auch das ist nur dummes Zeug. Worin soll denn der Sinn liegen, einem Fondsmanager Ihr Vermögen, Ihr Geld anzuvertrauen, der dann genau das damit tut, wovon er Ihnen zuvor abrät? Stattdessen sollten Sie lieber Ihr Investitionsverhalten an Ihren Kenntnisstand anpassen, als umgekehrt einen fremden Kenntnisstand einzukau-fen, von dem Sie auch nicht wissen, ob der so berauschend ist. In ausnahmslos allen Fonds werden Sie stets Anlagen finden, die Sie nicht verstehen und die Sie nicht haben wollen. Wollen Sie wirk-lich einen *Porsche* mit dem Motor eines *Trabants* kaufen?

Einen Finanzverwalter können Sie beschäftigen, wenn Ihr eige-nes Vermögen mal 20 Millionen überstiegen hat. Der spart Ihnen eine Menge Arbeit, und das wäre dann die Nebenkosten wert. Je-doch bei Erträgen von einigen Tausend Euro im Jahr werden Sie keinen wirklich kompetenten Fachmann finden, der sich mit Ihrem Vermögen beschäftigen wird. Und die, welche sie finden, sollten Sie besser nicht kontaktieren.

5.4 In verschiedene Anlageklassen streuen

Um das Geld richtig anzulegen, sollte man in verschiedene Asset-klassen investieren. Man nennt das auch *„Nicht alle Eier in einen Korb legen"*.

Betrachten wir diese Strategie doch etwas genauer.

Wenn Sie 1.000€, 10.000€, 100.000€ ja sogar eine Million Euro anlegen und den Ratschlägen der Anlageberater folgen wollen, dann sollten Sie auf eine diversifizierte Länderstreuung achten. Zugleich auf eine breite Streuung in verschiedene Wirtschaftsbereiche und dann auch noch in die unterschiedlichsten Assetklassen.

In Werte aus dem Kongo oder Eritrea werden Sie wohl nicht investieren wollen, aber Werte aus den USA, Großbritannien, Frankreich, natürlich Deutschland, die Schweiz, Italien, nicht zu vergessen China, Brasilien und eventuell Indien sollten dann schon in Ihrem Depot vertreten sein. Natürlich sollte Ihr Engagement auch in Konsumartikeln, Rohstoffen, Technologiewerten, dem Bankensektor und Internetwerten gleichmäßig verteilt sein, damit die Pleite eines Wirtschaftssektors Ihr Vermögen nicht in die Tiefe reißt. Und um die Diversifizierung komplett zu machen, sollten Sie selbstverständlich nicht nur in Aktien, sondern auch in Bundes- und Firmenanleihen, Schatzbriefen und einigen Optionsscheinen investiert sein. Natürlich auch nur, um Ihre Anlage abzusichern, wie der Berater Ihnen sagt.

Sicherlich erkennen Sie das Dilemma!

Wenn Sie dies alles in die Tat umsetzen wollten, dann brauchen Sie Kenntnis über all die aufgezählten Märkte und Wirtschaftsgruppen, Sie müssten sich über die Firmen informieren, die Anleihen emittieren, Sie müssten wissen, was Standard-, Nullcoupon-, Tilgungs- und Wandelanleihen sind, an welcher Stelle Sie stehen im Falle einer Insolvenz, wie und mit welchen Werten die Besicherung gestaltet ist und viele, viele andere Dinge mehr. Außerdem könnten Sie, selbst bei einem großen Vermögen, kaum mehr als 500€ in jeden Titel der unterschiedlichen Assetklassen investieren, was äußerst kostenintensiv wäre, weil Sie bei jedem einzelnen Kauf Courtagen und Gebühren bezahlen müssten. Wenn Sie also nichts dabei verdienen, sollten Sie sich stets fragen, wer dann? Und diese Frage ist sehr leicht zu beantworten:

An dieser Anlagestrategie verdient nur einer, Ihr Broker oder Ihre Bank, die all diese schönen Order abwickeln darf. Wenn Sie zudem noch ein Finanzinstitut mit der Verwaltung Ihres Depots beauftragt haben, dann können Sie sich auf ein stetig wiederkehrendes Feuerwerk von Kauf und Verkauf einrichten. Selbst wenn Sie ein Vermögen von einer Million auf diese Weise zersplittern, werden die fälligen Gebühren Ihre Gewinne mehr als auffressen. Mir hat ein wirklich namhaftes Finanzhaus vorgeschlagen, ein kleines Vermögen von 1.000.000€ in 240 verschiedene Titel und Anlagen aufzuteilen, das wäre gerade einmal 4.166€ pro Anlagewert gewesen. Und wenn man auch nur 15€ als Spesen pro Transaktion annimmt, dann hätte mich das jedes Mal 3.300€ gekostet. Und da ja jeder Verkauf einen Kauf nach sich ziehen muss, wären das 6.600€ pro Transaktion. Wenn das im Jahr nur zehn Mal geschieht – und glauben Sie mir, es geschieht öfter –, dann würde das 6,6% an Rendite kosten. Rechnet man die Spesen des Finanzhauses mit ein, dann müssten die jedes Jahr eine Rendite von mehr als 12% erwirtschaften, damit überhaupt etwas für Sie übrig bleibt. Glauben Sie wirklich, dass die das können?

Ab einem Vermögen von einigen Hundert Millionen mag ja was dran sein an der Strategie der Diversifizierung, für kleine Vermögen taugt sie nichts.

Wer die Verantwortung für sein Geld in andere Hände legt, darf sich nicht wundern, wenn genau diese Hände an dem eigenen Vermögen verdienen. Nur werden es leider nicht Ihre Hände sein.

Für die eigene Geldanlage brauchen Sie keinen Experten, erst als ich aufhörte, nach Ratgebern zu suchen, begann mein Vermögen zu wachsen.

5.5 Achten Sie auf eine gesunde Länderstreuung

Wer sich diesen Satz ausgedacht hat, will, dass Sie sich ein blutiges Steak auf den Rücken binden. In meinen Regeln habe ich Ihnen erläutert, warum das nach meiner Meinung absoluter Unsinn ist.

Wenn die Produkte, die eine Firma herstellt, auf der ganzen Welt verbreitet sind, auf welche Länder wollen Sie da Ihre Anlagen noch streuen? Diese Regel dient nur dazu, Ihren Anlageberater reich zu machen, denn je höher die Streuung Ihres Vermögens ist, desto öfter kann der Finanzdienstleister Ihr Depot umschichten und daran verdient er prächtig.

5.6 Aktienkauf bedeutet stets erhöhtes Risiko!

Auch das ist barer Unsinn. Wenn Sie Anlagen nicht verstehen, dann kaufen Sie doch eine, die Sie begreifen. Wenn Sie nicht verstehen, welche Produkte eine Firma wie SAP entwickelt, herstellt und vertreibt, dann lassen Sie doch die Finger davon, kaufen Sie *Coca Cola, Colgate* und *McDonalds*, die Geschäftsmodelle versteht jeder. Lesen Sie Absatz 9.2 *„Kaufen und liegen lassen funktioniert nicht mehr?"*, dann wissen Sie, dass gerade die Aktie das geringste Risiko von allen anderen Anlageklassen darstellt, wenn Sie nur genügend Zeit mitbringen.

Allerdings: Für den Finanzberater haben Aktien einen großen Nachteil: Als Anleger braucht man ihn nicht, denn wenn Sie Ihre Aktien direkt an der Börse kaufen, verdient er damit kein Geld. Gut, der Mann will auch leben, muss also Geld verdienen. Aber …, muss es unbedingt Ihr Geld sein?

5.7 Investieren in staatliche Förderung?

Die einzige Erfahrung, die ich mit staatlichen Förderungen gemacht habe, ist: Ich hätte mich besser davon ferngehalten. Allesamt, auch die Förderung meiner Fotovoltaik-Anlage, waren im Endeffekt schlechte Geschäfte.

Glauben Sie nicht? Dann werde ich Ihnen das mal vorrechnen.

Ich werde also 20 Jahre lang eine geförderte Anlage auf dem Dach haben, von der staatlichen Förderbank bekam ich ein Darlehen, das mit nur einem Prozent verzinst wurde, der örtliche Stromversorger zahlt mir 20 Jahre jeden Monat 95€, und dennoch: Hätte ich das Geld im Jahre 1995 in, sagen wir, *Procter-&-Gamble*-Aktien angelegt, dann hätte ich nach den 20 Jahren den Anlagewert versiebenfachen können, die monatliche Dividende betrüge 210€ und ich hätte mir sämtliche Zinszahlungen an die staatliche Bank sparen können. Das angelegte Geld hätte bereits heute einen Wert von 84.000€. Stattdessen habe ich nach 10 Jahren eine veraltete Anlage auf dem Dach, die am Ende der Laufzeit keinen Restwert haben wird.

Sie werden sagen, die Kursentwicklung von *Procter & Gamble* hätte man nicht vorhersehen können? Bestimmt nicht! Aber sehen Sie sich die Kursentwicklung dieser Firma über die letzten 183 Jahre an, dann hätte man vielleicht doch eine Ahnung haben können. Meine „Anlageberater" haben mir damals mit deutschen Titeln, Schiffsfonds und anderem Unsinn meinen Blick derart verstellt, dass ich damals nichts von dieser Firma wusste, außer dass sie Babywindeln und Dinge des täglichen Bedarfs herstellt.

5.8 Gegenrechnung der famosen Förderung

Ein absolut seriöser Geschäftsmann schlägt Ihnen die folgende Geldanlage vor:

> *„Geben Sie mir eine Summe von 20.000€, und ich verzinse Ihnen das Geld mit 7% pro Jahr für genau 20 Jahre. Allerdings*

sage ich Ihnen gleich, ich werde Ihnen das Geld am Ende der Laufzeit nicht zurückzahlen"

Würden Sie das Geschäft machen?

Aus dem Gefühl heraus wohl eher nicht. Aber wenn man die Frage etwas anders stellt, dann reagieren die Menschen meist ganz anders.

Also stellen wir doch die Frage etwas anders.

„Wenn Sie sich für den Preis von 20.000€ eine Solaranlage auf's Dach bauen lassen, bekommen Sie für den produzierten Strom jeden Monat 7% vergütet und das 20 Jahre lang."

Seien Sie ehrlich, Sie würden zuschlagen, stimmts?

Welcher Geschäftsmann macht Ihnen ein solches Angebot? Leicht zu erraten, es ist der Staat. Er wird Ihnen natürlich nicht sagen, dass die Anlage in 20 Jahren keinen Restwert mehr haben wird, aber das könnten Sie sich schließlich auch selbst denken. Und er wird Ihnen von den 116€ Vergütung 25% plus 2,5% an Steuern und Solidarbeitrag abziehen. Aber das täte er auch mit den Zinsen, die Sie von dem Geschäftsmann bekommen würden.

Also dann rechnen wir doch mal:

Um die Sache nicht unnötig kompliziert zu machen, wollen wir Steuern und Abgaben nicht berücksichtigen, schon allein deshalb, weil alle anderen Anlagemöglichkeiten diesem Aderlass ebenfalls unterworfen sind.

$$20.000 * (0,07) * 20 = 28.000€$$

Sie sehen, auch wenn man die angelegte Summe am Ende nicht zurückerhält, bekommt man über die Jahre 8.000€ mehr zurück, als man eingezahlt hat.

Anscheinend ein gutes Geschäft.

Aber sehen wir uns die Sache doch etwas genauer an: Da wir das angelegte Geld am Ende der Laufzeit nicht zurückerhalten, ziehen wir die angelegte Summe einfach ab. Bleiben 8.000€. Wenn man nun die Verzinsung berechnet, dann sieht die Sache immer noch ziemlich freundlich aus:

$$8.000/20.000 = 0,4$$

Das sind stolze 40%! Bei näherer Betrachtung allerdings ist die Anlage eher ein schlechtes Geschäft, ein sehr schlechtes sogar, wie Sie gleich sehen werden.

Sie müssen nämlich die Rendite über die zwanzig Jahre verteilen, also

$$0,4/20 = 0,02$$

und dann bleiben eben nur magere 2% übrig. Also haben Sie am Ende der Laufzeit eine Verzinsung von gerade einmal 2%. Und das sieht doch wesentlich weniger freundlich aus als die 7%, die man Ihnen versprochen hat. Wenn die Anlage zudem noch kostenpflichtig entsorgt werden muss, weil sie nach 20 Jahren keinen Restwert mehr haben wird, dann allerdings könnte es leicht geschehen, dass Ihre Verzinsung nahe null Prozent liegt. Hätten Sie das Geld in ertragsstarke Aktien angelegt, dann hätten Sie eine wesentlich höhere Verzinsung gehabt und Ihr angelegtes Vermögen wäre auch noch vorhanden, wahrscheinlich sogar angewachsen. Ein genaues Beispiel dazu habe ich an anderer Stelle in diesem Buch bereits vorgerechnet.

Aber nehmen wir doch die einfachste Art aller Anlagen, die in Festgeld beispielsweise. Selbst eine derart schlechte Anlageform schlägt die staatliche Förderung um Längen!

Eine einmalige Anlage bei einer konstanten Verzinsung von nur 3,6% verdoppelt sich in knapp 20 Jahren, daran gemessen sieht die staatliche Förderung eher wie ein äußerst schlechtes Geschäft aus. Sie hätten im Vergleich zu dem vorgeschlagenen Ausgangsgeschäft nach dreiundzwanzig Jahren eine Summe von gut 40.000€ zur Verfügung, keine veraltete Anlage auf dem Dach und den Strom der folgenden Jahre könnten Sie leicht mit den Ertrag der 40.000€ bezahlen.

Sie können jede staatliche Förderung durchrechnen, keine davon wird einen messbaren Gewinn abwerfen. Allerdings wird Sie jede Förderung weiter in die Abhängigkeit von staatlicher Administration bringen.

Wenn Sie nämlich ins Ausland umziehen, weil Ihnen in Deutschland die Besteuerung Ihrer Kapitalerträge nicht gefällt oder weil es in Kanada oder Australien schöner ist als in Deutschland, dann bleiben Sie dank der Anlage auf Ihrem Dach bis zum Laufzeitende des Vertrags steuerpflichtig in Deutschland. Sie müssen also jedes Jahr eine Steuererklärung abgeben, auch wenn Sie auf den Malediven wohnen. Wenn Sie jetzt dafür einen Steuerberater beauftragen, dann werden sogar die errechneten 2% im Orkus staatlicher Begehrlichkeit verschwinden und die Anlage wird Sie jedes Jahr Geld kosten und keines einbringen.

Deshalb: Lassen Sie es sein! Füllen Sie keine staatlich geförderten Anträge aus! Nehmen Sie keine verbilligten Kredite auf! Kurz: Sagen Sie „Nein danke", wenn man Ihnen Förderungen anbietet, sie sind stets ein Danaergeschenk! Der Staat braucht Sie als stetige Einnahmequelle, und die fließt nur, wenn er Sie unter Kontrolle hat.

Wen der Staat fördern will, dem gibt er kein Geld. Im günstigsten Fall erlässt er dem Bürger etwas von seiner Steuerlast, also von den Ansprüchen, die er an den Steuerzahler hat. Und das ist keinesfalls dasselbe! Es führt nämlich dazu, dass eine hohe Steuerlast zu einer hohen Entlastung führt und eine niedrige zu einer geringeren. Und das ist eigentlich das Gegenteil von einer gerechten Steuerverteilung. Ein Ehepaar mit zwei Gehältern kann die Kosten für ein Kind als Pauschale von der Steuerlast abziehen, eine geringverdienende Mutter zahlt in der Regel keine Steuern und kann daher auch keine Pauschale geltend machen. Die Kosten für das Kind muss sie dennoch tragen. Das ist zwar nicht gerecht, aber der Staat sichert sich auf diese Weise die Kontrolle über die Gutverdienenden, denn Geltendmachen bedeutet: Formulare ausfüllen. Die Kontrolle über die weniger Gutverdienenden bekommt er über andere Formulare, Verordnungen und Vorschriften. Auf diese Weise bleiben die Schäfchen schön beisammen und laufen nicht weg in andere Länder, wo der Staat weniger begehrlich ist.

Ich möchte nicht die Sozialpolitik der Regierungen kritisieren, dazu fehlt mir das Hintergrundwissen. Aber die Frage muss schon gestattet sein, ob der Staat tatsächlich weit mehr als 60% des gesamten Volkseinkommens braucht, um eine erfolgreiche Administration gewährleisten zu können.

5.9 Immobilien sind immer eine gute Geldanlage?

Das ist leider völlig falsch!

Immobilien sind der beste Weg, Geld auf Dauer zu vernichten. Sie sind zu teuer, werfen keine Rendite ab, bereiten nur Sorgen, und wenn Sie einmal im Ruhestand sind, verhindern sie, dass Sie den Fängen des Staates entkommen können.

Wenn es eine Anlage gibt, die stets mehr kostet, als sie einbringt, dann ist es die eigene Immobilie.

Sollten Sie selbst darin wohnen, dann ist eine solche Investition zwar kein Geschäft, unter einer gewissen Voraussetzung erspart Ihnen eine eigene Immobilie jedoch die monatlichen Mietzahlungen. Scheinbar! Denn stets werden die kalkulatorischen Kosten des festgelegten Geldes vergessen. Leider erfüllen die wenigsten Häuslebauer gerade diese Voraussetzung, Sie müssten nämlich in der Lage sein, die Immobilie bar und in einem Stück zu bezahlen, und wer kann das schon?

Wenn Sie die Immobilie allerdings vermieten, dann wird's richtig teuer. Als gewinnbringende Geldanlage ist eine Immobilie nicht nur nicht geeignet, sie ist eine wahre Geldvernichtungsmaschine.

Mit Immobilien Geld verdienen, können nur Immobilienfonds, weil sie Wohnungen en gros einkaufen, zu einem Einzelpreis, den Sie niemals bekommen können.

Immobilien sind ein Luxus, den man sich leistet, so wie ein Sportwagen, von dem man auch nicht erwartet, eine Rendite zu bekommen. Wie eine teure Uhr, ein Diamantring, der beim Verkauf meist nur noch den Materialwert erzielt. Als Geldanlage sind Immobilien völlig ungeeignet. Wie bereits erwähnt, kann eine Immobilie allenfalls dazu dienen, sich die Miete zu ersparen, aber auch nur dann, wenn man das Geld für die Immobilie bar auf den Tisch legen kann. Ansonsten zahlt man die Miete eben an die Bank. Bank oder Vermieter? Ich sehe da keinen großen Unterschied. Und wenn Sie meinen, Sie könnten mit einem vermieteten Objekt ein regelmäßiges Einkommen erzielen, dann sollten Sie das schnell wieder vergessen.

Mietfreies Wohnen ist eine Legende, das funktioniert nur, wenn Sie sich im Wald eine Hütte bauen oder unter der Brücke einer deutschen Stadt Ihr Domizil aufschlagen.

Mietfreies Wohnen hat es noch nie gegeben und das wird es auch in Zukunft nicht geben. Selbst wenn Sie die komplette Kaufsumme Ihrer Immobilie auf den Tisch der Bank legen können, dann wohnen Sie nicht mietfrei in Ihrer Wohnung, in Ihrem Haus. Sie müssen nämlich die kalkulatorischen Kosten berücksichtigen. Das sind die entgangenen Zinsgewinne des Kapitals, das durch Ihre Immobilie gebunden ist. Wenn Sie bar zahlen können, sind die Kosten vielleicht etwas weniger hoch, doch wenn Sie einen Kredit aufnehmen müssen, dann wird's so richtig teuer.

Was sind kalkulatorische Kosten?

Wenn Ihre Immobilie 200.000€ kostet, dann müssen Sie 220.000€ aufwenden, um sie zu besitzen (Makler, Notar, Grundsteuer). Bei einer durchschnittlichen Verzinsung von 3%, verzichten Sie auf monatlich 550€ an Zinseinnahmen, und das sind die kalkulatorischen Kosten. Das können Sie alles leicht selbst nachrechnen. Und ob Sie auf Zinseinnahmen verzichten, oder ob Sie Miete bezahlen, ist für Ihren Geldbeutel völlig unerheblich, das Geld ist entweder nicht da, oder eben weg, fehlen wird es Ihnen in jedem Fall. Das Thema Immobilie wird uns etwas später noch genauer interessieren.

Doch sehen wir uns einige andere Strategien an.

5.10 Dog of the DOW

Die *Dog-of-the-DOW*-Strategie funktioniert sehr einfach, braucht keine Marktkenntnisse, nur minimale Pflege, und sie ist anscheinend auch relativ erfolgreich.

Sie suchen sich einen beliebigen Index: DOW, DAX, S&P500 oder MDAX, ordnen alle Werte nach der Dividendenhöhe, die pro Jahr ausgezahlt wird. Das ist nicht schwierig, manche Börsendienste bieten das kostenfrei an (www.onvista.de).

Sie unterteilen Ihr Kapital in 3, 5 oder auch 10 gleiche Teile. Wie viele Teile hängt von Ihrem Kapitalstock ab. Ein Kapital von 2.000€ in zehn gleiche Teile zu teilen und dann 10 Aktienanteile zu kaufen, ist teuer und wenig sinnvoll, da sollten es eher nur 3 Titel sein. Dann kaufen Sie mit den Anteilen die 3, 5 oder 10 Titel, welche die höchste Dividende zahlen.

Fertig.

Am Ende eines jeden Jahres wiederholen Sie das Prozedere und werfen die Aktien hinaus, welche das Kriterium nicht mehr erfüllen, und kaufen die entsprechenden Werte hinzu.

Der Vorteil dieser Methode ist: Sie ist sehr einfach, Sie brauchen kein Vorwissen, der Index garantiert eine gewisse Sicherheit, weil in einen solchen Index nur potente Werte aufgenommen werden, Sie haben kaum Bedarf, Ihren Aktienbestand zu pflegen. Die Dividendenrendite ist hoch und die Strategie funktioniert automatisch.

Die Nachteile dieser Methode sollten Sie allerdings auch kennen: Wenn Sie zwangsweise am Jahresende Aktien verkaufen müssen, dann verkaufen Sie zu jedem Preis, denn es handelt sich um ein automatisches System. Wenn eine Aktie gerade zu Jahresende schlecht läuft, dann kann es Ihnen passieren, dass Sie beim Verkauf Verluste realisieren müssen, und das kann den schönen Dividendenvorteil leicht wieder auffressen. Zudem haben Sie keine Ahnung von den Unternehmen, die Sie gekauft haben.

Seit dem 15.09.2012 führe ich ein solches Musterdepot, und es hat sich bis heute mit 7,54% an Wertzuwachs erstaunlich gut entwickelt. Allerdings ist die Entwicklung über diesen kurzen Zeitraum natürlich wenig aussagekräftig.

Dennoch, solchen automatischen Methoden gegenüber bin ich immer sehr skeptisch.

Sie sollten stets wissen, wem Sie Ihr Geld geben, und Sie sollten wissen, was die Unternehmung damit macht. Außerdem hätten Sie mit einer Titelauswahl der bereits mehrfach genannten Konsumaktien mehr als 38% an Wertzuwachs in nur einem Jahr gehabt. Dieser Wert ist natürlich nur exemplarisch zu verstehen, er fußt auf dem Ergebnis meines eigenen Depots und ist natürlich kein Wert, der immer zu erreichen ist.

Und bedenken Sie; vor wenigen Jahren noch wären auch Technologieaktien wie *Kodak* in Ihrem *Dog-of-the-Dow*-Depot aufgetaucht, und diese Aktie hätten Sie in meinem Depot niemals gefunden.

Wie ich Ihnen gezeigt habe, kommt man mit wesentlich weniger Wissen aus, als man meinen möchte. Zu Beginn Ihrer Karriere als Investor geht es nämlich nur darum, keine Fehler zu machen, und nicht darum, strategisch besonders klug zu handeln. Die Strategie entwickelt sich mit der Zeit dann ganz von selbst.

5.11 Die Undervalue-Methode

Obwohl diese Methode ganz einfach beschrieben werden kann, ist sie sehr viel komplexer und auch schwieriger in die Tat umzusetzen.

Simpel ausgedrückt: Sie suchen sich in einem beliebigen Index die Werte aus, deren Börsenwert unter dem Realwert ist, kaufen sie und lassen sie liegen. Die Strategie geht davon aus, dass unterbewertete Aktien irgendwann einmal ihren wahren Börsenwert erreichen werden.

Der Börsenwert ist leicht zu ermitteln. Sie multiplizieren den Kurs der Aktie einfach mit der Anzahl der Aktien auf dem Markt. Die Anzahl der Aktien können Sie auf den entsprechenden Internetseiten der Unternehmungen sehr leicht ermitteln. Den realen Wert der Unternehmungen herauszufinden, ist weitaus schwieriger, und daran werden Sie wohl häufig scheitern. Es gibt allerdings ein kleines Büchlein, das Ihnen dafür eine Anleitung gibt:

„The Little Book That Beats The Market" von *Alan Greenblatt.*

Der Autor unterhält auch eine Internetseite, auf der er die entsprechenden Werte auflistet. Die Unternehmungen, auf die er sich bezieht, werden in Kategorien der Kapitalisierung eingeteilt. Ich habe vier Musterdepots eingerichtet, die diese Strategie widerspiegeln.

Vor zwei Jahren, als ich die Depots anlegte, rutschten sämtliche vier Kategorien sofort in den Keller und das ziemlich stark. Heute sind alle vier leicht bis gut im Plus.

- $50 Mill. Kapitalisierung: 0,83% (das sind alle Werte mit einem Marktkapital von 50 Millionen und größer),

- $5 Milliarden Kapitalisierung: 11,39%,

- $50 Milliarden Kapitalisierung: 2,89%,

- $250 Milliarden Kapitalisierung: 13,94%.

Der Markt ist dagegen in dieser Zeit um fast dreißig Prozent in die Höhe geschossen.

Das Konzept ist logisch und funktioniert. Es verlangt auch Marktwissen, das Sie allerdings nicht haben müssen, das liefert Ihnen der Autor kostenlos.

Dennoch rate ich von einer derartigen Investition ab, denn die gesamte Dividendenrendite liegt bei allen vier Depots weit unter einem Prozent, und die Entwicklung während der letzten zwei Jahre hinkt dem Markt ebenfalls weit hinterher. Dennoch ist diese Anlageform nach meiner Ansicht zusammen mit der *Dog-of-the-Dow*-Methode immer noch besser als die wohlgemeinten Ratschläge der diversen Finanzexperten und Bankberater. Wenn Sie sich also absolut nicht mit Ihrem Depot beschäftigen wollen, dann können Sie's damit ja mal versuchen. Verluste werden Sie über die Zeit wohl keine machen, aber an der Performance wird's wohl etwas hapern.

Ähnlich wie bei der Anlage in Fonds kaufen Sie Werte ein, die Sie nicht kennen und eigentlich auch nicht wollen. So hätten Sie dieses Jahr DOW-Werte im Depot wie: *AT&T, Verizon, Merck, Intel, General Electric, Pfizer, Dupont, McDonalds, Chevron, J. P. Morgan* und *Procter & Gamble*. Da sind natürlich einige Werte dabei, die Sie unbedingt in Ihrem Depot haben sollten, und das spricht für die Strategie, aber da sind eben auch ein Technologiewert, eine Bank und ein Erdölunternehmen dabei. Und ob Sie die unbedingt in Ihrem Depot haben sollten, ist fraglich.

Aber der eigentliche Nachteil aller automatischer Methoden ist: Sie verlieren die Kontrolle über Ihre Investitionen, und das ist ein Kardinalfehler, den Sie immer vermeiden sollten.

Natürlich können Sie Ihr Geld einem anerkannten Finanzhaus anvertrauen, das erspart Ärger und Mühe. Nur akzeptieren diese Häuser meist einen Kunden erst ab einem bestimmten Geldvolumen. Wenn Sie weniger als 250.000€ Ihr Eigen nennen, dann sollten Sie dort gar nicht erst anfragen. Und selbst dann sind Sie nicht davor gefeit, dass Sie am Ende des Engagements weniger Vermögen besitzen als zuvor.

Bedenken Sie: Auch gute Finanzdienstleister haben zuerst einmal ihren eigenen Erfolg im Blick, und an schlechte Finanzdienstleister sollten Sie sich gar nicht erst wenden. Ich möchte nicht falsch verstanden werden, das gesunde Eigeninteresse eines Finanzhauses ist etwas sehr Positives, auch für Sie als Anleger, aber es schmälert eben auch Ihren Gewinn, und das sollten Sie bedenken.

Um eine für beide Seiten auskömmliche Rendite zu erwirtschaften, muss ein Finanzdienstleister über Jahre hinaus den Markt schlagen. Und zwar deutlich. Nun gibt es aber eine Unzahl von Anlageberatern, Finanzdienstleistern und Banken auf dieser Welt, die alle dasselbe Anliegen haben. Und sie alle tummeln sich auf dem Markt der weltweiten Börsen.

Meinen Sie wirklich, dass ausgerechnet Ihre Bank, Ihr Bankberater, Ihr Finanzdienstleister genau dies schaffen kann?

Wenn alles gut läuft, dann wird er über die Jahre nur den Durchschnitt schaffen, allerdings müssten Sie dann dieses durchschnittliche Ergebnis mit ihm teilen. Wo da der Sinn versteckt ist, bleibt mir unerfindlich.

Natürlich können auch Sie oder ich die Märkte nicht langfristig schlagen, aber wie ich Ihnen bereits erklärt habe, müssen Sie das auch nicht. Der Markt und seine kurz- und mittelfristige Entwicklung sollte Sie überhaupt nicht interessieren. Wenn Sie auf einen Zeitraum von wenigstens 15 Jahren setzen, gewinnen Sie immer, was könnte Sie denn dann der Kurs von morgen kümmern?

Wenn die *McDonalds*-Aktie in einem Jahr, wie geschehen im Jahre 2011, um mehr als 38% steigt und im nächsten um 15% fällt, so ist das völlig uninteressant. Wichtig ist nur, dass die Unternehmung stetig die Dividenden auszahlt und regelmäßig erhöht. Der Kurs einer soliden Aktie erholt sich ganz von selbst. Orientieren Sie sich einfach nur an der Entwicklung der Produkte und an dem Absatz, den Sie täglich beobachten können.

5.12 Den Index schlagen

Weshalb sollte man den Index überhaupt schlagen? Es genügt doch, mit dem Strom der Entwicklung zu schwimmen. Sie müssen nur in die richtigen Produkte investieren. Sehen Sie sich den DOW in Abbildung 7 an, die Weltkriege sind kaum zu erkennen. Und wenn Sie denken: „Aber irgendwann muss doch mal Schluss sein!", dann täuschen Sie sich, denn die Entwicklung neuer Produkte und Nachfragen wird ständig so weitergehen, solange die Menschheit existiert, das ist es ja, was den Menschen ausmacht.

Der DOW-Jones

Entwicklung von 1920-2010

Sie werden mit meinen Regeln, wenn überhaupt, eher nur selten die Indizes schlagen, aber dafür werden Ihre Investitionen auch nicht ins Bodenlose fallen, wenn die nächste Krise zuschlägt – und die wird zuschlagen, das ist so sicher wie das Amen in der Kirche! Das ist überhaupt nicht pessimistisch gemeint, aber eine Volkswirtschaft funktioniert eben auch nicht anders als der normale Haushalt von Herrn oder Frau Mustermann. Wenn Geld im Haus ist, wird's ausgegeben, wenn keines da ist, wird gespart.

Und wenn, wie beim Staat, kein Geld im Haus ist und dennoch nicht gespart wird, dann gibt's eben eine Insolvenz. Die bezahlen jedoch nur die Anleihebesitzer, Steuerzahler und Sparer. Und aus dieser Erkenntnis sollten Sie lernen, nur in Werte zu investieren, die auch tatsächlich existieren. Schon meine Großmutter sagte immer: „*Gegessen und geputzt wird immer.*" Recht hatte sie, nur leider hat sie keine Konsequenzen aus ihrer weisen Erkenntnis gezogen und ist arm gestorben.

Es ist ein ewiges Auf und Ab. Denken Sie an den Ausspruch des Herrn André Kostolany. Halten Sie sich an den Herrn, der Hund ist kein guter Ratgeber.

6 Dubiose Geldanlagen

Geld und Geldanlagen sind in der deutschen Gesellschaft ein unge-liebtes Thema. Die Ursachen sind wohl in der Vergangenheit zu suchen. Wer zwei Mal durch staatliche Währungsreformen sein Geld verloren hat, vom IOS (*Investor Overseas Services*) und ei-nem Herrn Bernie Cornfeld um seine Ersparnisse gebracht worden ist, wer beim Platzen der Dotcom-Blase auf die Nase gefallen ist, wer sich, so wie meine Mutter und viele andere, vor 13 Jahren bei Ron Sommers Telekom engagiert hatte und dann bei dem ins Bo-denlose fallenden Kurs zusehen musste, wie das eigene Geld in den Taschen anderer verschwand. Wer 2008 während der eruptiv ausbrechenden Lehman-Krise um sein Geld bangen musste, der hat die Nase voll, der will sich mit dem Thema Geld und Geldanlage nicht mehr beschäftigen.

Und wenn man dann doch zu etwas Geld kommt, so weiß man nicht, was zu tun ist, geht zur Bank, lässt sich beraten und inves-tiert das Geld in vermeintlich sichere Anlagen. Nur sicher soll es sein. Nur ja kein Risiko eingehen. Und auch wenn der Anlagebera-ter nicht mehr als die Rückzahlung des angelegten Geldes garan-tiert, so willigt man erleichtert ein. Alles, alles wird akzeptiert, so-lange das eingesetzte Geld nur irgendwann einmal zurückbezahlt wird. An Zinsen und Ertrag denkt kaum noch jemand.

Aber das ist die falsche Strategie, denn irgendwann wird die Falle zuschnappen. Sobald Sie das Alter erreicht haben, ab dem Sie von den Erträgen Ihres Kapitals leben müssen, dann wird es sich zeigen, ob die Anlagen, die andere für Sie getätigt haben, auch das halten, was Ihnen einmal versprochen wurde, doch dann ist es fast immer zu spät gegenzusteuern.

Es gibt niemanden, auf den Sie sich in Gelddingen verlassen können, es gibt niemanden, dem Sie die Verantwortung für Ihr Geld aufbürden können, es gibt niemanden, der Sie von der Ver-antwortung für Ihr eigenes Geld entbinden kann. Kein Bankbera-ter, kein Finanzguru und erst recht nicht der Staat! Sie, nur Sie allein müssen sich darum kümmern. Sie sind dafür verantwortlich, Sie müssen die Folgen tragen. Und wenn Sie meinen, dass Ihr Wissen nicht ausreicht, dann gibt es eben nur zwei Möglichkeiten, investieren Sie in Werte, für die Ihr Wissensstand ausreichend ist, oder erweitern Sie Ihren Wissensstand. Anders funktioniert es eben nicht.

Doch sehen wir uns einige *„Möglichkeiten der Geldanlage"* an, die Sie besser *nicht* berücksichtigen sollten.

6.1 Pennystocks

Pennystocks gibt es schon, solange die Börse existiert, und genauso lange werden leichtgläubige Anleger damit hereingelegt. Das System ähnelt dem der Hütchenspieler auf der *Autostrada del Sole* oder dem Poker an einem Tisch in der finstersten Gegend der Stadt. Zuerst lässt man Sie etwas gewinnen, dann riskieren Sie viel und dann ist das Geld weg.

Als *Pennystocks* bezeichnet man Aktien, die für weniger als einen Dollar respektive einen Euro gehandelt werden. Und mit diesen Aktien kann man ungeheuer viel Geld verdienen. Das Problem dabei ist: Sie sind es leider nicht, der damit Geld verdient, im Gegenteil, wenn Sie in solche *Pennystocks* investieren, dann sollen Sie den Gewinn der anderen finanzieren.

Es ist schon viel darüber geschrieben worden, und jeder Anlageberater warnt davor, und dennoch fallen immer wieder Anleger auf diese Dinger herein.

Wie verdient man mit diesen wertlosen Wertpapieren richtig Geld?

Auf Ihrem Rechner taucht eines Tages die Nachricht eines Investmenthauses auf, in der Ihnen Aktien einer völlig unbekannten Unternehmung angeboten werden. Verziert mit Erfolgsgeschichten und verschiedenen Charts, deren Kurse alle nur in eine Richtung weisen, wird Ihnen der Mund nach eben dieser Aktie wässrig gemacht. Man habe ja bereits mehrfach gute Tipps gegeben und nun habe man wieder einen, der Sie auf einen Schlag reich machen könne. Es handele sich um eine Aktie mit enormem Kurspotenzial.

Und wenn Sie jetzt sofort Mitglied würden, für einen geringen Betrag von nur 19.99€ wöchentlich, dann werde man Ihnen sofort und umgehend den Namen der Aktie mitteilen. Es seien noch mindestens 1.000% bis 1.500% Gewinn drin, vielleicht sogar mehr, aber Sie müssten sich schnell entscheiden. Man würde Ihnen ja gerne diese Wunderaktie auch kostenfrei nennen, aber leider könne man das nicht tun mit Rücksicht auf all die Mitglieder, die ihren Beitrag bereits gezahlt hätten. Sie müssten eben sofort reagieren und diesen Wert kaufen. Morgen sei es bereits zu spät.

Spätestens jetzt sollten Sie nachdenken und rechnen, denn rund 20€ wöchentlich ergibt 1.040€ Mitgliedsbeitrag pro Jahr, und das ist keinesfalls gering.

Sie aber denken an die tausend Prozent, kaufen die Aktie und zahlen die geforderten Mitgliedsbeiträge. Und tatsächlich, die Aktie steigt. Sie steigt um gute zehn Prozent. Aber da Sie nur tausend Euro eingesetzt haben, finden Sie, das rentiere sich nicht. Hundert Euro Gewinn, das ist Ihnen zu wenig! Fünftausend wären doch viel schöner. Also investieren Sie weitere 1.000€. Das Geld ist eigentlich für die anstehende Inspektion des Wagens reserviert, aber das, so finden Sie, könne man doch leicht bezahlen, wenn die Gewinne endlich auf dem Konto eintrudeln.

Die Aktie steigt weiter, und Sie denken an Verkaufen, warten aber dann doch noch. In Gedanken haben sich ihre 2.000€ bereits verdoppelt, und die Aktie steigt noch etwas. Doch dann, die Aktie fällt. Nicht viel, aber doch 20%. Nun ja, denken Sie, gemessen an den 10%, die das Ding gestiegen ist, sind zwanzig Prozent noch zu ertragen, also warten Sie. Doch dann geht's richtig abwärts, und die Aktie fällt um mehr als 80%. Jetzt werden Sie nervös, und Sie stellen Ihre Aktien zum Verkauf.

Aber was ist das?

Als Sie die Aktie kauften, da hätten Sie jede beliebige Menge ordern und erhalten können. Doch nun? Für Ihre schönen Aktien findet sich kein Käufer. Sie denken an Ihre Frau, was die dazu sagen wird. An Gewinne denken Sie schon gar nicht mehr. Jetzt wären Sie froh, wenn Sie nur die eingesetzten 2.000€ zurückerhielten. Alle zehn Minuten sehen Sie sich den Verkaufsauftrag Ihres Depots an, aber da sitzen sie, da sitzen Ihre Aktien und warten auf einen Käufer. Nicht möglich, denken Sie, der notierte Wert liegt doch immer noch über dem von Ihnen gewünschten Verkaufspreis, doch verkauft wird der Titel einfach nicht, es fehlen die Käufer. Sie reduzieren das Limit, damit die verdammten Dinger endlich weggehen, aber die Aktien liegen in Ihrem Depot wie tote Enten.

Plötzlich steht Ihre Frau hinter Ihnen und fragt: *„Was machst du da?"* Sie bekommen einen roten Kopf und schalten den Schirm schnell weg. Sie soll nicht mitbekommen, was Sie da angestellt haben.

Sie setzen das Limit noch etwas tiefer. Wenn die Dinger jetzt endlich weggingen, wäre bereits der halbe Einsatz verloren.

Die fehlenden tausend Euro könnten Sie noch aus Ihrem Budget abzweigen, aber die Aktien finden einfach keinen Käufer. Dann endlich löschen Sie das Limit und kreuzen an *„billigst"*. Sieh da, jetzt geht die Aktie weg, und Sie wischen sich erleichtert den Schweiß von der Stirn. Aber zu welchem Preis? Sie rechnen nach. Neunzig Prozent Verlust in nur drei Tagen. Von Ihren 2.000€ tauchen nur noch 200€ auf Ihrem Konto auf. Wie sollen Sie das nur Ihrer Frau beibringen, der Wagen muss doch zur Inspektion, und Sie haben das Geld dafür verzockt!

Nun erst denken Sie an den Beratervertrag, den Sie mit einem Mausklick leichtfertigerweise abgeschlossen haben. Sie lesen die Vertragsbedingungen nach, die man Ihnen freundlicherweise geschickt hat, und stellen fest, dass Sie zwei Jahre daran gebunden sind. Sie versuchen, schnell noch zu kündigen, aber die Frist für den Widerruf ist abgelaufen, es wird Sie also weitere 2.000€ kosten. Verteilt auf zwei Jahre wird Ihre Frau nichts merken. Und nun dämmert es Ihnen und Sie begreifen, wer hier wie und womit wirklich Geld verdient hat.

Doch dies ist nur die eine Hälfte der Geschichte, denn hinter den Kulissen ist etwas ganz anderes abgelaufen.

Bevor das Investmenthaus Ihnen die Nachricht schickte, haben die Leute dort einen großen Anteil der Aktien aufgekauft, die sie den Anlegern später andienen wollen. Zu billigen Preisen, weil die Firmen, die hinter solchen Werten stehen, meist völlig überschuldet sind und nahe an der Insolvenz manövrieren. Dann wird die Nachricht an Tausende von gutgläubigen Anlegern geschickt. Wenn von diesen nur 10% auf das Angebot reagieren, dann wird sich der Einsatz lohnen. In Erwartung eines schnellen Gewinns kaufen Tausende Anleger diesen Wert und treiben damit den Kurs in die Höhe. Doch die Anzahl Aktien, welche die gierigen Anleger kaufen, sind genau die Menge, die von dem smarten Investmenthaus verkauft werden. Schön langsam, damit man den Braten nicht riecht, und mit Gewinn natürlich, denn Sie und Ihre Leidensgenossen sind ja gerade dabei, den Kurs in die Höhe zu treiben.

Wenn alle Aktien mit Gewinn verkauft sind, zieht sich das Investmenthaus vornehm und leise aus dem Geschäft zurück und sucht sich neue Kandidaten.

Sie bleiben leider auf Ihren Verlusten sitzen.

Das Spiel ist illegal, uralt und profitabel, doch gibt es anscheinend immer wieder Neulinge, die darauf hereinfallen. Und meist steht gar kein Investmenthaus dahinter, sondern nur ein dubioser Anlageberater in einem kleinen Büro irgendwo in Spanien, England, Polen, China oder sonst wo. Natürlich könnten Sie klagen, aber erstens war es doch Ihre eigene Dummheit und Gier, die Sie in die Falle tappen ließ, und zweitens werden Sie enorme Schwierigkeiten haben, die dubiosen Anlageberater überhaupt zu finden. Wenn Sie es tatsächlich versuchten, würden Sie nur gutes Geld schlechtem hinterherwerfen.

Wenn Ihnen Tipps dieser Art in Ihre Mailbox flattern, reagieren Sie nicht. „Gute Ratschläge", die auf diese Weise zu Ihnen gelangen, sind keinen Cent wert.

Aber es gibt auch genügend seriöse Finanzdienstleister. Sie alle wollen in erster Linie Geld verdienen. Ihr Geld natürlich. Aber sie alle können leider auch nicht in die Zukunft sehen, deshalb sind ihre Dienste auch meist nicht sehr profitabel. Sie müssen stets bedenken, dass ein Finanzdienstleister nicht nur für Sie Gewinne erwirtschaften will, sondern zuallererst für sich selbst.

Für die Recherche zu diesem Buch habe ich deshalb einige Börsengurus getestet. Nicht mit echtem Geld, das wäre mir zu gefährlich gewesen, aber eine Kleinigkeit musste ich dennoch investieren.

6.2 Die automatisch-technische Analyse

Vor circa 2 Jahren rief mich ein wirklich sehr sympathischer Herr an, Betriebswirtschaftler seines Zeichens. Er teilte mir mit, er habe nach langer Recherche und intensivem Nachdenken eine Methode gefunden und daraus ein Computerprogramm entwickelt, das vollständig automatisch ablaufe. Aus den verfügbaren Daten der verschiedenen Firmen ermittele das Programm eine Strategie, die nur Firmen und Anlagen mit zukünftig steigenden Kursen ausspucken würde. Einer der unschätzbaren Vorteile dieser Strategie sei die Unabhängigkeit von menschlichen Emotionen.

Darin stimmte ich ihm sofort zu, denn der Misserfolg an der Börse ist fast immer auf menschliche Emotionen zurückzuführen.

Ich solle doch, so sagte der Herr am Telefon, seine Strategie einmal testen. 50.000€ solle ich ihm überlassen, die würde er mir in einem Jahr mindestens verdoppeln, garantieren könne er das zwar nicht, aber er habe einige Beispielkunden, bei denen das anstandslos funktioniert habe. Als Entgelt würde er nur 5% des eingesetzten Kapitals verlangen. Im Erfolgsfall müsste ich nur 20% von den Gewinnen an ihn abführen. Nach einer Verdoppelung wären das 12.500€, die er von mir bekäme, aber dafür blieben mir schließlich 37.500€ vom Ertrag übrig. Hiervon hätte ich zwar 10.312€ an Kapitalertragssteuer abzuziehen, es blieben als Reingewinn aber immer noch 27.187€ auf meinem Konto. Bei einem Einsatz von 50.000€ blieben mir bei einem Kursgewinn von 100% also 54% an Ertrag übrig.

Toll! Wenn's denn 100% Ertrag wären!

Doch hier greift ein psychologischer Trick, dem man leicht aufsitzen kann. Denn der Anbieter suggeriert hier, dass diese 100% Ertrag bereits realisiert sind und man sich nur noch über die Verteilung des Geldsegens einigen müsste. Jedoch wenn die Gewinne ausbleiben, dann bekommt der Finanzberater seine 2.500€ Courtage, während man selbst auf den Verlusten sitzen bleibt.

Auch nach längeren Überzeugungsversuchen ließ ich mich natürlich nicht darauf ein. Etwas enttäuscht bot er mir daraufhin eine andere Option an, die er wohl für skeptische Kunden wie mich bereithielt: Für 39,99€, sagte er, würde ich probeweise zehn Anlagetipps erhalten und nach sechsmonatiger Frist würde er mich wieder anrufen. Wenn dann sein System die Funktionsfähigkeit bewiesen hätte, sollte ich ihm die 50.000€ überlassen.

Das Angebot klang überzeugend, also nahm ich an. 40€ kann man verschmerzen, auch wenn ich lieber davon einmal mit meiner Frau zum Essen gegangen wäre. Also überwies ich das Geld, und die Tipps kamen.

Doch was da kam, irritierte mich etwas, denn es war kaum ein Titel darunter, den ich selbst gekauft hätte. Ganz im Gegenteil, darunter waren Werte, die nach meiner Überzeugung absolute Pleitekandidaten waren. *Mediaset* eines Herrn Berlusconi, *Agfa*, ein erfolgloser Hersteller von Farbfilmen, *Nokia*, ein ehemals erfolgreicher Mobilphone-Hersteller, *AP-Moeller*, ein dänischer Möbelproduzent. Keinen dieser Titel hätte ich auch nur angesehen, geschweige denn wirklich gekauft.

Aber was soll's, ich eröffnete ein Musterdepot, tippte die Titel brav ein und investierte damit virtuell 130.000€. Das war im Juni 2011. Schon nach kurzer Zeit begann sich das Musterdepot in Richtung Südosten zu entwickeln. Das Ergebnis nach einem Jahr war niederschmetternd. Kaum einer der Titel hatte es ins Plus geschafft, dafür waren die allermeisten drastisch ins Minus gerutscht. *Mediaset -40%, Agfa -60%, Nokia -30%, AP-Moeller -20%.*

Sechs Monate später rief mich der Herr tatsächlich wieder an und versuchte zu erklären: Das sei jetzt etwas dumm gelaufen, sagte er, ich solle ihm vielleicht doch die 50.000€ anvertrauen, die würde er nur innerhalb eines Jahres mindestens verdoppeln. Er habe Klienten, deren Kontenauszüge könne er mir zuschicken, natürlich seien sämtliche personenbezogene Daten geschwärzt, aber an denen könne ich deutlich erkennen, wie perfekt sein System arbeite.

Jeder Mensch verdient eine zweite Chance, aber anstatt ihm die 50.000€ zu überlassen, kaufte ich noch mal den 40-€-Tipp, 10 Aktien für 39,99€. Der Preis amüsierte mich etwas, klang er doch wie das Angebot für ein Kilo Fleischwurst an der Theke des örtlichen Metzgers.

Ergebnis des zweiten Versuchs am 28.12.2011: Investiertes Kapital (virtuell natürlich): 50.000€. Wieder bekam ich Titel genannt, die ich nicht mit der Feuerzange angefasst hätte. *Centrotherm* Photovoltaik, *SMA-Solar,* ebenfalls Fotovoltaik, *Telefonica*, ein überschuldeter Netzanbieter, *Blackberry*, ein Mobilphone-Hersteller, der den Zug verpasst hat.

Im Februar 2013 standen die Titel bei einem Gesamtwert von 43.200€, also ein Verlust von 13,51%. *Centrotherm -88,7%, SMA-Solar -50%, Telefonica -26%, Blackberry -4%. Blackberry* hat wohl noch eine Chance, aber da ich in Technologietitel grundsätzlich nicht investiere, hätte ich keine dieser Aktien gekauft.

Der freundliche Herr hat bis heute nicht mehr angerufen.

Oh, ich würde ihn nicht als Betrüger bezeichnen, denn vermutlich glaubt er an sein System, vielleicht hat er die Titelauswahl innerhalb der Frist verändert, vielleicht hat er ja wirklich einmal Gewinne damit gemacht. Ich führe beide Depots immer noch, sozusagen *just for fun*, und im Februar 2013 hätte ich insgesamt gute 44.000€ Verlust verkraften müssen, während mein Zahnpasta-,

Hautcreme- und Scheuermittel-Depot mit gut 25% im Gewinn liegt.

6.3 Es funktioniert nicht!

Alle Methoden, so fundiert sie auch sein mögen, haben einen gemeinsamen Nenner. Sie alle versuchen, die zukünftige Kursentwicklung vorherzusagen. Und das funktioniert nicht! Was man allerdings vorhersagen kann, ist: Langfristig wird die Weltwirtschaft wachsen. Sie wird wachsen, weil es immer mehr Menschen auf der Erde geben wird, weil es noch viel Entwicklungspotenzial in den Schwellenländern gibt und weil sich die Lebensumstände der Menschen ständig verändern. Wie die Menschen in der Zukunft leben werden, das kann niemand vorhersagen, wie die Technologie aussehen und welche Firma sie herstellen wird, das weiß niemand. Was Sie allerdings wissen: Die Menschen werden auch in hundert Jahren noch trinken und essen, sie werden ihre Wäsche waschen, sie werden Medikamente brauchen und sie werden ihre Wohnungen putzen. Und in Unternehmen, die diese Produkte herstellen und vertreiben, sollten Sie investieren.

Nun will ich nicht behaupten, dass gerade die Analysen und Erkenntnisse der Wissenschaften der Betriebs- und Volkswirtschaft völlig überflüssig sind, aber für eine gesunde und erfolgreiche und vor allem wirksame Anlagestrategie taugen sie nicht, sind auch nicht dafür gedacht. Ein seriöser Wissenschaftler würde das auch nicht behaupten, der beschäftigt sich mit Marktstrukturen, aber nicht mit den Aktienkursen von morgen.

Doch lassen wir die marktschreierischen Methoden einmal beiseite und wenden uns den möglichen Geldanlagen zu.

Wenn Sie jemanden beschäftigen, der sich um Ihr Geld kümmern soll, und wenn der durchschnittliche Zinssatz bei 2-3% liegt, dann kann für Sie eigentlich nichts mehr übrig bleiben. Außer der Anlageberater wäre wirklich in der Lage, den Markt dauerhaft mit einer höheren Rendite zu schlagen. Aber glauben Sie wirklich die Mär, dass diese Experten es besser könnten als der Markt? Dass die wüssten, wo's lang geht? Dass sie stets und ständig den Markt schlagen können und deshalb in der Lage sind, Ihnen eine hohe Rendite auszuschütten? Wenn sie das wirklich könnten, dann wäre das wirklich eine Lizenz zum Gelddrucken.

Glauben Sie wirklich, dass ein Bankberater, der es ja offensichtlich selbst nicht zu großem Reichtum gebracht hat, dass dieser Herr weiß, wie man Ihr Geld gewinnbringend anlegen soll? Und wenn er es tatsächlich sicher wüsste, meinen Sie nicht auch, dass er das dann zuerst mit seinem eigenen Geld versuchen würde? Warum will er es ausgerechnet mit Ihrem schwer verdienten Geld machen?

Ganz einfach.

Ihr Geld bedeutet für ihn kein Risiko. Wenn es gut geht, ist er der große Finanzexperte, wenn's schiefgeht, haben Sie den Schwarzen Peter, den Verlust. Er zuckt dann nur mit den Schultern. Dann war es eben der Markt, der hat sich leider nicht so entwickelt wie erwartet. Verdienen tut er in beiden Fällen.

All die Finanzgurus, die man stets im Fernsehen beobachten kann: Glauben Sie wirklich, dass ausgerechnet die wüssten, wie man gerade Ihr Geld anlegen soll? Wenn sie systemkonform sind, werden sie Ihnen Sicherheit verkaufen, aber keinen Gewinn. Wenn sie's nicht sind, dann werden sie Panik verbreiten, um an Ihr Geld zu kommen. Und das funktioniert fast immer.

Ich kenne einen Anlageberater, und wenn Sie den einschlägigen Sendungen folgen, dann kennen Sie ihn gewiss auch! Er ist ständig auf allen Finanzkanälen präsent und hat für den 8. August 2010 den Zusammenbruch aller Geldsysteme prophezeit. Das hat er für den 16. Juni 2011 vorhergesagt, für die Jahre 2012, 2013, 2014, und er wird es vermutlich in den kommenden Jahren wieder tun. Ich nenne ihn spaßhaft, den Zeugen Jehovas der Finanzwelt.

Das Amüsante an der Sache ist: Sollten die monetären Systeme wirklich einmal zusammenbrechen, dann hätte er sogar im Nachhinein recht gehabt. Aber ich habe ebenso recht, wenn ich behaupte, irgendwann im Herbst des Jahres 2022 wird es in Deutschland irgendwo einmal regnen. Stets wiederkehrende Ereignisse kann jeder vorhersagen, das ist keine große Kunst.

6.4 Der Staat und seine Beratungsstellen

Das sind gerade die richtigen Kandidaten, um Ihr Geld zu vermehren. Jedes Jahr mehr Einnahmen, jedes Jahr mehr Steuern und Abgaben, aber wachsende Schulden wie ein Haus, und ausgerechnet die Beratungsstellen des Staates wollen Ihnen sagen, wie man Geld anlegen soll?

Glauben Sie wirklich, der Staat hätte die Finanzhoheit in Deutschland? Wenn das so wäre, dann gäbe es keine Staatsverschuldung, denn dann hätte er ja die Kontrolle über das eigene Geld und damit über die Schulden. Haben Sie sich schon einmal gefragt, wem der Staat die exorbitanten Zinsen eigentlich zahlt, derentwegen Ihre Steuerlast so hoch ist? Die Staatsverschuldung liegt bei gut 2 Billionen Euro. Bei wem hat der Staat diese Schulden eigentlich? Sie sind es hoffentlich nicht, denn um Staatsanleihen und Eurobonds sollten Sie besser einen großen Bogen machen.

Es sind die Großbanken der Welt, und die sind es auch, welche die Kontrolle über das monetäre System haben.

Der Staat nimmt von den großen Banken und Investoren der Welt Geld auf, und er muss dafür Zinsen zahlen. Und dafür muss er genau das machen und beschließen, was diese Geldgeber wollen. Sie könnten nun in den Untergrund gehen, um das System zu bekämpfen, aber das wäre keine gute Idee, denn ändern werden Sie das System nicht, das gibt es bereits, seitdem die Höhlenmaler in der Grotte von Chauvet ihre Bilder produzierten. Sie können allerdings das System in Ihrem Sinne benutzen, und das funktioniert nur, indem Sie sich völlig schuldenfrei machen, also kein Überziehungskredit, keine Hypothek, kein Kredit für ein Auto oder sonst ein Artikel und indem Sie in den Konsum des täglichen Bedarfs investieren.

Der Staat hat nur ein Interesse an Ihnen, er muss Sie als Steuerzahler behalten, damit er den Großbanken die Zinsen für das geliehene Geld zahlen kann. Sie spielen dabei nur eine passive Rolle. Wenn man's zynisch überspitzt ausdrücken will: Der Staat schröpft seine eigenen Bürger, um mit deren Steuergeldern die Großanleger zufriedenzustellen. Welche Partei gerade die Regierungsbank drückt, das ist absolut nebensächlich.

Aber daran können Sie erkennen, wie loyal der Staat Ihnen gegenüber ist, und Sie können sehen, wem der Staat *wirklich* verpflichtet ist – und das sind leider nicht Sie oder irgendein anderer Steuerzahler. Und deshalb hat der Staat kein Interesse an Ihrer finanziellen Unabhängigkeit, die würde nämlich seinen Zwecken diametral entgegenstehen, und deshalb bietet der Staat keine kapitalbildenden Möglichkeiten an, die Ihnen diese Unabhängigkeit geben könnte. Einem solchen Ratgeber können Sie nicht vertrauen.

Der Staat mit seinen Beihilfen verhält sich wie ein Parkbesucher, der den Schwänen Brotkrumen zuwirft. Auch der hat eigentlich kein Interesse an den Schwänen, er möchte nur, dass die Schwäne jeden Tag dorthin kommen, wo er sie füttert. Er will sie ansehen, weil sie schön sind, weil sie seinem momentanen Fürsorgetrieb entgegenkommen. Die Bedürfnisse der Schwäne interessieren dabei eher weniger. Genauso wirft der Staat seinen Bürgern Bröckchen hin. Nicht weil er wirklich an dem Wohl der Bürger interessiert ist, sondern nur, weil er Abhängigkeiten schaffen will und damit Ruhe.

Wenn Sie ein Haus kaufen wollen, dann hilft er Ihnen mit einer steuerlichen Abschreibungsmöglichkeit, wenn Sie für Ihr Alter eine eigene Rente aufbauen wollen, so hilft er Ihnen mit Steuervorteilen, wenn Sie eine Solaranlage auf Ihr Dach bauen wollen so verhilft er Ihnen zu einem günstigen Kredit, wenn Sie eine Lebensversicherung abschließen, so gewährt er Ihnen steuerliche Erleichterungen. Aber alle diese Hilfen werden Sie nicht unabhängig machen, im Gegenteil, jede dieser Hilfen treibt Sie weiter in die Abhängigkeit staatlicher Obhut.

Nun werden Sie sagen: *„Aber der Staat sind doch wir alle, keine übergeordnete Macht, kein Despot, kein König, wie kann ich mich da gegen den Staat und seine Berater entscheiden?"*

Ob das wirklich stimmt, will ich hier nicht diskutieren, aber wenn Sie Ihr Geld mit Gewinn anlegen wollen, verstoßen Sie immer gegen eine ungeschriebene moralische Regel, und diese Regeln sind äußerst wandlungsfähig.

Nun werden Sie denken: *„Wie kann man nur dermaßen unsolidarische Gedanken hegen?"* Seien Sie Realist: In jeder Gesellschaft wird es stets diejenigen geben, die über Geld verfügen, und diejenigen, die mit wenig auskommen müssen. Und Sie müssen entscheiden, zu welcher Gruppe Sie gehören wollen. Wenn Sie in Rente sind und nichts mehr verdienen können, dann nützt Ihnen das salbungsvolle Gerede von Solidarität nichts mehr, dann ist es zu spät.

In jeder Gesellschaft gibt es Ungleichheiten und Ungerechtigkeiten, auf viele haben Sie keinerlei Einfluss, doch wenn es an Ihnen liegt, Ungleichheiten, die Sie selbst betreffen, auszugleichen, dann sollten Sie das tun. Und im Bereich Finanzen funktioniert das nur, wenn Sie sich um Ihre Anlagen selbst kümmern.

Warren Buffett hat einmal gesagt:

„Wenn man heute um 12 Uhr mittags den Reichtum der Welt auf alle Bewohner der Erde gleich verteilen würde, dann gäbe es bereits um 13 Uhr wieder Arme und Reiche."

Es kommt eben nicht darauf an, nach sozialistischem Prinzip Wohlstand gleichmäßig auf alle Gesellschaftsmitglieder zu verteilen, sondern darauf, jedem die Möglichkeit zu geben, Wohlstand zu erwerben. Auch die Kommunisten und Sozialisten kennen Reichtum und Armut. Erich Honecker und seine Mannschaft haben gewiss nicht im 17. Stock einer Plattenbausiedlung in einem Arbeiterviertel Berlins gewohnt.

Die ganze Diskussion über die Verteilung von Reichtum ist falsch und verlogen, denn es wird immer Leute geben, die einen Millionengewinn im Lotto dazu verwenden, einen Ferrari zu kaufen, dessen Hunger an Kraftstoff sie am Ende nicht finanzieren können, und es wird andere geben, die das Geld lieber in dauerhafte Anlagewerte investieren. Wenn nach dem großen Verteilen das Ungleichgewicht wieder entsteht, was will man dann tun? Mit dem Verteilen erneut beginnen?

Das Verteilen von Reichtum, insbesondere über Steuern, macht ganz gewiss die Armen im Lande nicht reicher, es würde nur den Staatshaushalt weiter unnötig aufblähen.

Schon der Philosoph Friedrich Nietzsche wusste:

„Die Lehre von der Gleichheit ist das Ende der Gerechtigkeit. "

Das Streben nach einer gerechten Gesellschaft ist ein notwendiges Unterfangen, aber es darf nicht so weit gehen, dass jegliche Art von Eigeninitiative bei der Altersvorsorge steuerlich so lange konterkariert wird, bis es keinen Sinn mehr ergibt, selbst für sich zu sorgen. Nur Sie, Sie selbst sind für Ihre Finanzen verantwortlich, Sie und niemand sonst.

6.5 Unabhängige Finanzberater?

Wirklich wichtige Informationen zur Geldanlage bekommen Sie erst gar nicht. Und wenn diese dann mal öffentlich geworden sind, dann sind sie längst schon ausgelutscht, verwurstet und verbraten.

Ich weiß nicht, wie es Ihnen geht, aber in meiner Mailbox tauchen täglich Tipps von Anlageberatern auf, und immer ist es dasselbe Muster:

„Ich sage Ihnen den tollsten Börsentipp des Jahrhunderts, und Sie abonnieren meinen Börsenbrief für ein Jahr zum Preis von nur 19.99€ pro Woche. "

Die Methoden haben dann so illustre Namen wie: Trendfolge-, Value- oder Turnaround-System.

Ich frage mich stets, warum diese schlauen Herren ausgerechnet mir einen Tipp verkaufen wollen, der mich reich macht, obwohl sie doch selbst zu Reichtum kämen, würden sie ihre eigenen Ratschläge beherzigen.

Wer dabei wirklich verdient, zeigt eine kleine Rechnung: Wenn Sie ein solches Abonnement abschließen, dann zahlen Sie 19,99€ pro Woche. Ein solches Beispiel ist mir gerade heute auf den Schreibtisch geflattert. 19.99€ ist nicht viel, denken Sie, für einen Tipp, der mir Millionen einbringen kann. Nun ja, rechnen wir das doch mal hoch. Bei 52 Wochen im Jahr sind das 1.034€. Und wenn diese Herren auch nur 1.000 „Kunden" finden, dann hätten sie einen Bruttogewinn von ziemlich genau 1 Million Euro pro Jahr. Sehen Sie, *das* nenne ich ein Geschäft. Das Angebot war übrigens verziert mit einem riesigen

Pssst,

nicht weitersagen!! Machen Sie 1852% mit dieser deutschen Aktie!

Man muss sich ernstlich fragen: „Ja, halten einen diese Typen *wirklich* für so blöde?"

Ja, das tun sie! Denn diese Methode ist uralt, funktionierte wahrscheinlich bereits bei den Phöniziern und wird wohl auch noch in tausend Jahren funktionieren. Aber niemand, der es wirklich wüsste, wird ausgerechnet Ihnen verraten, wie man sicher zum Millionär wird, und jemanden, von dem Sie nicht wissen, ob er's weiß, auf den sollten Sie nicht hören.

Würden Sie jemandem für 19,99€ die richtigen Lottozahlen vom Wochenende abkaufen? Würden Sie diese Zahlen für 19,99€ verkaufen, wenn Sie die Kombination wüssten? Beim Lottospiel verhält man sich rational, warum dann nicht bei der Geldanlage?

Ein anderes Phänomen sind die unwissenden Zertifikate-Käufer. Sie kaufen Finanzprodukte, deren Titel sie nicht einmal lesen können, und beschweren sich dann, wenn das eingesetzte Geld futsch ist.

Wie die deutsche Medienlandschaft auf völlig irrationales Verhalten reagiert, ist auch ziemlich bezeichnend.

Da wird im staatlichen Fernsehen eine Frau vorgestellt, der hat ein Finanzberater eine Wohnung aufgeschwatzt. Sie könne dafür Miete verlangen und mit dieser Miete könne sie den Kauf finanzieren, das sei alles kein Problem, sagte man ihr. Die Dame ist dem Rat unbesehen gefolgt und hat die Wohnung gekauft. Ohne Eigenkapital, mit einer Finanzierung von 120%. Allerdings, Mieten kamen keine herein, weil die Wohnung niemand mieten wollte. Es stellte sich heraus, dass die Dame vor dem Kauf die Immobilie nicht ein einziges Mal besichtigt hat, denn sonst wäre ihr aufgefallen, dass sie eine renovierungsbedürftige Bruchbude gekauft hat. Die Reaktion des TV-Moderators erstaunte mich dann doch, denn er forderte, dass man sofort ein Gesetz gegen diese Abzocke erlassen sollte.

Man darf kein Gesetz gegen Dummheit erlassen, weil Gesetze eben für alle gelten und ich möchte nicht vom Gesetzgeber wie ein hirnloser Trottel behandelt werden, bloß weil er hirnlose Trottel beschützen will.

Wenn es um Geld geht, Ihr Geld, dann gibt es nur einen, der sich darum kümmern sollte, und das sind Sie selbst.

Sie werden sagen: *„Die Experten, das sind alles kluge Leute, die sich schon seit Jahren mit Finanzdingen beschäftigen, wie sollte ich denn besser wissen, wie das mit dem Anlegen funktioniert?"*

Richtig: Das sind in der Regel alles schlaue Leute, aber auch sie können keine Wunder vollbringen.

Den nun folgenden Beitrag fand ich auf Wikipedia unter dem Stichwort: *„Long Term Capital Management"*. Das war ein Fond, der 1994 von zwei honorigen Wissenschaftlern aufgelegt wurde, die beide den Nobelpreis für Wirtschaft erhalten haben. Er zeigt, dass auch Nobelpreisträger die Entwicklung des Marktes nicht vorhersagen können.

6.6 Schützt ein Nobelpreis vor der Pleite?

Nein, das tut er nicht!

Das mussten die US-Amerikaner Robert C. Merton (*1944) und Myron S. Scholes (*1941) erfahren, die 1997 gemeinsam den Nobelpreis erhielten.

Zusammen mit ihrem Landsmann Fisher Black hatten beide 1973 die sog. Black-Scholes-Formel entwickelt. Sie ermöglichte erstmals die Bestimmung des Wertes einer Option (das Recht, z. B. ein Wertpapier an einem zukünftigen Termin zu einem festgesetzten Preis zu kaufen bzw. zu verkaufen) und schuf somit eine wichtige Voraussetzung für die Entwicklung des Optionsmarktes.

Doch schon wenige Monate nach der Preisverleihung drohte der Absturz. Mertons Hedgefonds »Long Term Capital Management« (LTCM), an dem auch Scholes als Partner beteiligt war, stand nach anfänglichen Milliardengewinnen vor dem Aus. Um eine internationale Finanzkrise zu verhindern, stützten im September 1998 mehrere Banken den Fonds mit insgesamt 3,6 Milliarden US-Dollar. Merton stieg danach aus dem Hedgefonds-Geschäft aus.

Warum sind die beiden Nobelpreisträger mit ihrem Fonds eingegangen?

Weil niemand den Kurs von morgen kennt, auch die intelligenten Volkswirtschaftler kannten ihn nicht.

6.7 Kapitallebensversicherungen

Über Jahre wurde diese Anlageform von praktisch allen Finanzberatern propagiert, und dennoch: Zu keinem Zeitpunkt konnte der Anleger damit eine vernünftige Rendite erwirtschaften. Die ausgewiesenen Zinsen, also der gesetzlich verbriefte Garantiezins und die Überschussbeteiligung sind sehr niedrig, zudem fressen Gebühren und Honorare mehr als 25% des zukünftigen Anlagewertes auf. Und Sie müssten schon weit über 90 Jahre alt werden, damit Sie bei der geringen Verzinsung dieser „Produkte" auch nur Ihr Kapital zurückbekommen würden. Wenn ein heute 48-Jähriger eine solche Versicherung mit einem Beitrag von monatlich 500€ abschließt und vereinbart, dass die Summe an seinem 67. Geburtstag ausbezahlt werden soll, dann beträgt der garantierte Überschuss nach diesen 19 Jahren etwas mehr als 10.000€, und die Verzinsung beträgt gerade einmal 0,0085%. Also nicht einmal ein einziges kleines Prozentchen. Solche Angebote werden garniert mit steuerlichen Vorteilen, mit flexiblen Entnahmeprogrammen und anderem sinnlosen Schnickschnack. Aber all dies kann nicht darüber hinwegtäuschen, dass Sie einer Versicherung langfristig Geld leihen sollen, ohne dafür auch nur irgend einen Gegenwert zu erhalten. Versicherungen sind gewinnorientierte Unternehmungen, allenfalls sollte man deren Anteilscheine kaufen, aber nicht unbedingt deren Produkte.

Wie fürsorglich der Staat mit den Belangen seiner Bürger umgeht, können Sie in *§ 89 Versicherungsaufsichtsgesetz* nachlesen:

*(1) Ergibt sich bei der Prüfung der Geschäftsführung und der Vermögenslage eines Unternehmens, dass dieses für die Dauer nicht mehr imstande ist, seine Verpflichtungen zu erfüllen, die Vermeidung des Insolvenzverfahrens aber zum Besten der Versicherten geboten erscheint, so kann die Aufsichtsbehörde das hierzu Erforderliche anordnen, auch die Vertreter des Unternehmens auffordern, binnen bestimmter Frist eine Änderung der Geschäftsgrundlagen oder sonst die Beseitigung der Mängel herbeizuführen. **Alle Arten Zahlungen, besonders Versicherungsleistungen, Gewinnverteilungen und bei Lebensversicherungen der Rückkauf oder die Beleihung des Versicherungsscheins sowie Vorauszahlungen darauf können zeitweilig verboten werden.** Die Vorschriften der Insolvenzordnung zum Schutz von Zahlungs- sowie Wertpapierliefer- und -abrechnungssystemen sowie von dinglichen Sicherheiten der Zentralbanken und von Finanzsicherheiten finden entsprechend Anwendung.*

Lesen Sie genau, dann wird Ihnen auffallen, dass selbst der garantierte Mindestzins, ja, nicht einmal das eingezahlte Kapital sicher ist. Es ist schon zynisch, wenn der Staat per Gesetz bestimmt, dass es *zum Besten des Versicherten geboten erscheint*, dass der

Versicherer alle Arten von Leistungen neu festlegen und jede Art von Kapitalleistung einseitig einschränken und sogar komplett zeitweilig verweigern kann.

Und was im Sinne des Staates *zeitweilig* bedeutet, können Sie abschätzen, wenn Sie sich zeitweilige Steuern ansehen wie beispielsweise die Sektsteuer (erlassen 1904, zum Aufbau der kaiserlichen Kriegsmarine) und den Soli (erlassen 1991, er sollte eine Gültigkeit von 13 Monaten haben). Die Liste ließe sich fast beliebig verlängern. Alle diese Abgaben existieren auch heute noch, und sie werden auch noch weitere Jahrzehnte gelten.

6.8 Also doch Immobilien?

Am 26. Juli 2013 las ich in *„Focus Online"* folgende Überschrift:

Auch ohne Haus an Immobilien verdienen!

Der nun folgende Artikel suggerierte, der Erwerb eines Hauses sei ein lukratives Geschäft, an dem man nur verdienen könne.

Ich weiß nicht, warum jedermann zu glauben scheint, man könne als Endverbraucher mit einer Ware Geld verdienen. Das stimmt für ein Auto nicht, für Möbel nicht und stimmt für Immobilien eben auch nicht.

Immobilien sind eine wunderbare Sache, wenn man selbst darin wohnen möchte. Wenn man ungehindert seine gestalterischen Vorstellungen verwirklichen will, wenn man das Gefühl haben möchte, man besitzt etwas Substantielles, etwas, das einen stetigen Wert darstellt. Etwas Solides, Unzerstörbares eben.

Doch selbst der Mythos *Solide* und *Unzerstörbar* ist nur ein schönes Märchen. Dies demonstrieren eindrucksvoll die letzten beiden Kriege und die darauffolgende Nachkriegszeit. Aber auch jede Unwetterkatastrophe, sei es nun Sturm, Hagel, Wind oder Wasser, widerlegt diesen Mythos. Und wenn es die Banken und der Staat nicht bereits täten, so wird jede Reparatur an Ihrem schönen Haus Ihre Kalkulation über Jahrzehnte zunichtemachen. Einmal das Dach neu gedeckt, einmal einen Schaden am Abflusssystem repariert, einmal ein Stück Straße vor Ihrem Haus instand gesetzt, und schon ist jede Art von Rendite zum Fenster hinaus.

An unserem Haus ging die von der Kommune verordnete Katastrophe nur haarscharf vorbei, weil die nötige (oder auch nicht nötige, ich weiß es nicht) Straßenreparatur einen halben Meter vor unserer Einfahrt stoppte. Doch der weniger glückliche Nachbar bekam eine gesalzene Rechnung von mehr als 4.000€.

Wenn man eine solche Rechnung ins Haus geschickt bekommt, dann fragt man sich schon, wozu man eigentlich Abgaben an die Kommunen und Steuern an den Staat zahlen muss, wenn man für jede Reparatur an öffentlichen Einrichtungen gesondert zur Kasse gebeten wird?

Aber auch das mit dem stetigen Wert ist so eine Sache, denn ein Haus ist ein Produkt, das mit dem Gebrauch eben nicht wertvoller wird, mit der Zeit häufig sogar an Wert verliert. Als Investitionsmöglichkeit ist eine eigene Immobilie eine Katastrophe, man kann damit kein Geld verdienen, ja, nicht einmal den Werterhalt seines angelegten Kapitals sichern.

„Oh, doch", werden Sie sagen, „mein Nachbar hat zwei Immobilien, gut vermietet und der verdient einen Haufen Geld damit."

Die vermietete Immobilie ist eines der schlechtesten Geschäfte, die Sie auf dem Markt der Geldanlage überhaupt nur machen können. Während Sie bei Zertifikaten und Derivaten mit viel Glück vielleicht auch mal Geld verdienen können, so werden Sie mit einer vermieteten Immobilie, wenn überhaupt, nur wenig Geld verdienen. Egal wie gut die Lage ist, egal wie sich der Markt entwickelt.

Wenn Sie die Immobilie als Luxus sehen als etwas, das Sie unbedingt haben wollen, wie ein teures Auto, eine goldene Armbanduhr oder eine teure Halskette für Ihre Frau, dann ist das in Ordnung. Kaufen Sie sich eine Villa, ein Schloss, und werden Sie glücklich damit. Von der Halskette oder einem teuren Auto erwartet niemand ernsthaft, dass dies eine gute Kapitalanlage ist, und ebenso wenig ist es eine Immobilie.

Glauben Sie nicht?

Dann rechnen wir doch mal:

Was würden Sie denn ein gutes Geschäft nennen?

Also, ein gutes Geschäft stellt sich für mich folgendermaßen dar: Ich kaufe ein Objekt für einen bestimmten Preis ein und irgendwann verkaufe ich dieses Objekt wieder. Und wenn das ein gutes Geschäft gewesen sein soll, dann muss zwischen dem Ein- und Verkaufspreis ein Gewinn liegen, der zumindest etwas höher liegen sollte als die dabei entstandenen Nebenkosten.

Sehen wir uns zuerst der Kauf einer Immobilie an. Nichts Großes, keine Villa, eher eine durchschnittliche 3-Zimmer-Wohnung mit einem Preis von 230.000€:

Die wenigsten werden einen Kaufpreis von 230.000€ einfach so auf den Tisch legen können, also wird wohl finanziert werden müssen. Zurzeit sind es 3,5% Hypothekenzinsen, die man bekommen kann.

Nehmen wir an, Sie haben 53.000€ Eigenkapital und wollen 200.000€ finanzieren, bei einem Zinssatz von 3,5% und einer Tilgungsrate von 1%. Laufzeit 10 Jahre. Die 53.000€ habe ich gewählt, da Sie beim Kauf einer Immobilie mit 10% Kosten rechnen müssen, für den Makler, die Grunderwerbssteuer, den Notar und andere Kleinigkeiten. In Wahrheit haben Sie also nur 30.000€ eigenes Geld in die Immobilie gesteckt und 23.000€ in die Kosten des Erwerbs. Und Kosten sind stets auf der Verlustseite zu buchen.

Sie werden nach Ablauf der Frist genau 73.150€ Zinsen gezahlt haben. Aber da sind ja noch die 53.000€, die Sie als Anzahlung geleistet haben. Die hätten über die 10 Jahre einen Zins von ca. 21.761€ erwirtschaftet. Das heißt, Sie haben nach Ablauf der 10 Jahre insgesamt 94.911€ aufgewendet, nur um den Kredit für die Wohnung zu bedienen. Bei einem Kaufpreis von ehemals 230.000€ ist das ganz schön happig, wenn Sie bedenken, dass das Haus Sie nach Ablauf der Periode von zehn Jahren knapp 325.000€ gekostet haben wird.

Aber am Ende der Laufzeit werden Sie immer noch mit einer Restschuld von 180.000€ dastehen. Bei einem Verkauf der Immobilie müssten Sie also mindestens 325.000€ erzielen, um nur den Kapitaleinsatz zurückzuerhalten. Und ob dann die Konditionen auf dem Finanzmarkt noch so gut sind wie damals, das weiß der Himmel. Wenn dann auch nur der Zinssatz auf 5% angewachsen sein sollte, das entspricht dem langfristigen Durchschnitt, dann zahlen Sie weiterhin 733€ monatlich, um allein die nötigen Zinsen zu bedienen, die Restschuld werden sie damit allerdings nicht los. Wenn Sie dennoch den Kredit ganz loswerden wollen, sagen wir innerhalb der folgenden 10 Jahre, dann zeigt eine kleine Rechnung, dass Sie zusätzlich zu den Zinsen, den Kredit mit 7,7% im Jahr tilgen müssten, und das bedeutet, Sie hätten eine monatliche Belastung von 1.862€ zu bezahlen. Ob Sie das dann wirklich können?

Ich habe nur mal so zum Spaß berechnet, wie lange es dauern würde, bis Sie Ihre Wohnung auf diese Weise abbezahlt hätten. Es würde 105 Jahre dauern, und dann hätten Sie 353.500€ nur an Zinsen für die Wohnung bezahlt. Ihre Erben müssten dann eine 103 Jahre alte Wohnung für den Preis von 583.000€ verkaufen, um auch nur die Nebenkosten herauszubekommen. Und wenn man den durchschnittlichen Zinssatz für Hypotheken von 5% zugrunde legt, dann hätten Sie ganze 730.000€ für Ihre Wohnung bezahlt.

Auch wenn jeder Finanzberater, staatlich oder vonseiten der Banken und Versicherungen, Ihnen zurät; der Kauf einer Immobilie ist immer ein schlechtes Geschäft, er dient nur dazu, Sie in die Abhängigkeit von Banken und Staat zu bringen.

Aber nehmen wir an, Sie können einfach die Geldbörse aufmachen und die 230.000€ auf den Tisch legen. In diesem Fall leben Sie längst schon in einer eigenen Immobilie, also werden Sie vermieten.

Die Durchschnittsrendite einer gut vermieteten Immobilie beträgt knapp 4%.

Wunderbar!

Das ist doch mehr als die Rendite einer Staatsanleihe. Schon, aber Sie kaufen sich auch einige Schwierigkeiten damit ein, die sie mit anderen Anlageformen nicht hätten. Die Mietgesetze in Deutschland sind so stringent, dass Sie nur ein einziges Mal einen schlechten Zahler in Ihrer Wohnung haben müssen, und schon sind Ihre 4% beim Teufel, die Sie im Übrigen gar nicht ganz behalten dürfen, aber dazu komme ich später. Und das kann Ihre Ertragserwartung für Jahre reif für den Mülleimer machen. Und beten Sie zu welchem Gott auch immer, dass Sie keine teure Reparatur an der Wohnung, dem Haus oder der Villa haben, denn das wird Ihre Gewinnberechnungen ebenfalls für Jahre über den Haufen werfen.

Bei einer Immobilie, die ich besaß, musste die Duplexgarage renoviert werden, weil die Hydraulik und die Träger durchgerostet waren. Der Garagenplatz war für zwei Jahre nicht vermietbar, und die Renovierung kostete 4.500€. Außerdem musste ich mich jahrelang mit meiner Haftpflichtversicherung herumschlagen, weil der obere Teil des Garagenplatzes auf den unteren gekracht ist. Dumm war nur, dass dort eben der Wagen eines Mitbesitzers stand.

Die Garagenmiete betrug 45€ im Monat, die in dieser Zeit natürlich ausfielen. Sie können sich ausrechnen, wie lange es gedauert hätte, damit die Kosten von der Miete eingeholt worden wären.

Wasserinstallation, Stromleitungen, Dachreparaturen, alles das kann sich sehr, sehr negativ auf den erwarteten Gewinn auswirken, denn auch eine Immobilie ist ein von Menschenhand gefertigtes Objekt und unterliegt somit dem Verschleiß.

Ach übrigens: Meine Mieterin hatte nach diesem Vorfall einfach gekündigt, weil sie keine Garagennutzung mehr hatte.

Immobilien sollen in Notzeiten eine Rendite erwirtschaften, aber genau das tun sie in solchen Zeiten eben nicht. Überlegen Sie doch mal: Sollten wirklich Notzeiten kommen, dann werden die Menschen weniger verdienen, es wird Arbeitslosigkeit herrschen, wer soll dann Ihre Immobilie in München Bogenhausen oder Giesing noch mieten? Das Dumme ist nur: Sie werden auch dann noch die Hausverwaltung und Nebenkosten bezahlen müssen, wenn Sie *keinen* Mieter finden, der bereit ist, die hohe Miete zu bezahlen.

Natürlich, Sie können die Wohnung immer noch verkaufen. Aber bedenken Sie, Angebot und Nachfrage bestimmt den Preis und wer soll die halbe Million bezahlen, die Sie für Ihre Wohnung oder Ihr Haus doch sicher haben wollen, wenn die allgemeine Lage schlechter geworden ist? Sicher wird es auch dann noch Menschen geben, die das Geld hätten, Ihre Immobilie zu kaufen, aber das Angebot wird in Notzeiten eben sehr viel höher sein als die Nachfrage, und das drückt den Preis.

Aber selbst in guten Zeiten müssen Sie mit unerwarteten Kosten rechnen. Und wenn Sie gar die schöne Wohnung über einen Kredit finanzieren, dann müssen Sie jahrelang die schönen Mieteinnahmen an die Bank weiterleiten.

Sie meinen, Sie stehen steuerlich besser mit einer solchen Hypothek? Schon richtig, nur anstatt die eingesparte Steuer behalten zu dürfen, müssen Sie das Geld eben bei der Bank abliefern. Und das für Jahrzehnte! Erinnern Sie sich an das Beispiel aus Absatz 5.8 auf Seite 126: *„Gegenrechnung der famosen Förderung"*, dann wissen Sie, dass staatliche Förderung fast immer mit Nachteilen behaftet ist.

Wenn man sich eine Wohnung kauft, um sie zu vermieten, kann man nicht wissen, wie die Belastungen in Zukunft sein werden und was der Staat in Notzeiten mit Ihrer Immobilie macht. Immobil heißt so viel wie unbeweglich. Das weiß auch der Staat, und er kann deshalb den Immobilienbesitz belasten, wie es ihm gerade gefällt. Sie meinen, das sei Ihre Immobilie? Schon, aber besonders in Notzeiten interessiert das den Staat nur wenig, also in genau den Zeiten, für welche Sie die Immobilie angeschafft haben, dann wird Ihnen Ihre Immobilie nicht viel nützen. Wenn der Staat glaubt, Ihren Besitz zu brauchen, dann verfügt er darüber nach Gutsherrenart. Stöbern Sie ein wenig im Internet und dem Stichwort: *Zwangsbewirtschaftung der Immobilien von 1945 bis 1959.*

Und dann, Sie können so weit weg ziehen, wie Sie wollen, mit einer Immobilie in Ihrem Besitz sind Sie in Deutschland immer steuerpflichtig. Und die Steuer kann nach Gusto variieren. In Italien zum Beispiel hat sich in den letzten sieben Jahren allein die

Grundsteuer zwölf Mal geändert. Und nicht alle Änderungen waren stets zum Vorteil des Hausbesitzers. Ach …, Sie meinen, das könne Ihnen im korrekten Deutschland nicht passieren? Zwischen 1919 und 1930 geschah das ständig. Die Deutschen beneideten damals die Italiener, denn damals galt Italien als Hort der Stabilität.

6.9 Was uns zu den famosen Mieteinnahmen bringt

Sie bekommen also 4% Bruttorendite. Mehr werden es nicht sein. Davon will der Staat 25% Kapitalertragssteuer. Dann möchte er noch 2,5% Solidaritätsabschlag und dann wird seit 2005 die Miete als Regeleinnahme gewertet, das heißt, sie wird bei der Berechnung der Krankenkassenbeiträge berücksichtigt. Das sind also noch einmal 15,5% plus 2,5% Pflegeversicherung. Wir müssen also von den 4% 25% + 15,5% + 2,5% abziehen. Ach, Sie meinen, die KV-Beiträge müssten Sie nur zur Hälfte zahlen, die andere Hälfte zahle der Arbeitgeber oder die BfA, wenn Sie in Rente sind? Falsch gedacht! Für Kapitaleinkünfte – und das ist die Miete – zahlen Sie schön selbst.

Bleiben also noch 2,28% Rendite. Nicht mehr ganz so prickelnd, finden Sie nicht auch? Aber dabei bleibt es nicht, denn Sie sollten besser mindestens 1% von den verbliebenen 2,28% als Rücklage für Reparaturen einplanen, denn sonst könnten Sie irgendwann einmal unangenehm überrascht werden. Realistisch betrachtet, werden Sie über eine Rendite von weniger als 1,5% verfügen.

Wenn Sie nun denken, dass Sie einfach nur die Miete erhöhen müssten, um den Ertrag zu optimieren, sollten Sie eines bedenken: Selbst wenn Ihre Immobilie in einer bevorzugten Lage ist, München beispielsweise, dann gilt stets: Je höher die Miete, desto häufiger wechselt der Mieter. Warum? Weil er Ihre Wohnung nur als Übergang benutzt, um sich in Ruhe eine günstigere Bleibe zu suchen. Ich habe diese Fehler alle selbst gemacht, spreche also aus Erfahrung.

Und wenn Ihre vermietete Wohnung sich in einer weniger attraktiven Lage befindet, werden Sie häufig keine Mieter finden. Doch Leerstand reduziert die erwartete Rendite schnell und drastisch. Ein einziges Jahr Leerstand können Sie in den folgenden 20 Jahren guter Vermietung nicht mehr ausgleichen und das ist genau das, was ich unter einem hochriskanten Geschäft verstehe.

Mieterwechsel, werden Sie sagen, was kümmert mich ein Mieterwechsel. Solange jemand drin ist, der die Miete zahlt, ist mir das egal. Und in München findet man immer einen Nachmieter.

Schon richtig, nur …, ein Mieterwechsel kostet Sie in München jedes Mal wenigstens 1.000€ bis 2.000€. Sie müssen Anzeigen schalten, eventuell einen Makler bemühen. Sie können's auch ohne Makler versuchen, aber dann müssen Sie die Bonitätsprüfung des Mieters selbst übernehmen. Sie können natürlich auf die Bonitätsprüfung verzichten, aber dann sollten Sie vielleicht doch lieber Lotto spielen, das ist risikoloser.

Sie müssen sich mit einem Mieter herumschlagen, der die Wohnung zwar besenrein, aber mit schwarzem Graffiti an der Wand übergeben will. Sie müssen Auskünfte einholen, denn der neue Mieter wird Ihnen zwar versichern, dass er ein zuverlässiger Zahler ist, aber darauf sollten Sie sich besser nicht verlassen. Wenn Sie tatsächlich einen insolventen Mieter haben, es muss nicht einmal ein Mietnomade sein, dann wird es richtig teuer. Wenn Ihr Mieter sich gesetzeskonform und geschickt verhält, dann können Sie Monate, ja Jahre warten, bis Sie ihn wieder los sind. Und …, wenn Sie ihn dann endlich los sind, was nützt Ihnen dann der schönste gerichtliche Titel …? Geld werden Sie von einem säumigen Mieter auch nicht mehr sehen. Schulden sind bei den Menschen schneller vergessen als die Information, was sie heute Mittag gegessen haben.

Außerdem fand man selbst in München nicht immer so leicht einen Nachmieter, zwischen 1996 und 2004 war das sogar äußerst schwierig. Ich musste mehrere Male den Mietpreis reduzieren, als ich die Wohnung neu vermieten wollte.

Nein, eine Mietwohnung eignet sich nicht wirklich, um ein geregeltes Einkommen zu erwirtschaften. Bestenfalls für den Eigenbedarf, weil man darin ja im Alter mietfrei wohnen kann. Leider ist das Letztere auch eine fragwürdige Legende. In einem Eigenheim zahlt man zwar keine Miete, aber man wohnt natürlich nicht mietfrei, denn Sie müssen den Zinsausfall berücksichtigen, den Sie erleiden, weil Ihr Kapital in dem Haus gebunden ist. So etwas nennt man im Bilanzdeutsch *kalkulatorische Kosten*.

Selbst wenn Sie Ihr Haus einmal verkaufen wollen, weil Sie in wärmere Gefilde umziehen wollen, oder weil Ihnen Deutschland zu teuer geworden ist, dann werden Sie schnell feststellen, dass das mit der Wertsteigerung so eine Sache ist! So ein Haus wird nicht stabiler mit dem Alter, im Gegenteil, gerade in den kommenden Jahren könnte es geschehen, dass Ihr Haus schnell an Wert verliert, weil nicht mehr zeitgemäß isoliert, weil eine kostengünstige Pelletheizung fehlt, weil die dann vielleicht nötige Infrastruktur nicht vorhanden ist, weil keine Fotovoltaik-Anlage für Strom sorgt, weil die Sonne auf Ihrem Dach kein heißes Wasser produziert, weil das Haus Fremdenergie verbraucht und weil die Anforderung an die Zimmergrößen, das Bad und Grundstück sich mit der Zeit geändert haben. Ich kann mich noch gut an meine Kindheit erinnern, da hatten die Zimmer eine Normgröße von 3,5 x 4 Meter, aber wer würde heute noch so kleine Zimmer akzeptieren?

Es ist eine Mär, dass Immobilien stets an Wert gewinnen. Das stimmt nicht einmal für sehr gute Lagen. In den allermeisten Fällen zahlen Sie drauf.

Zudem müssen Sie die Inflation mit einrechnen. Wenn Sie Ihr Haus vor 20 Jahren für 150.000DM gekauft hätten und heute einen Preis von 200.000€ dafür erhalten, dann war das ein optisch gutes, jedoch kalkulatorisch sehr schlechtes Geschäft. Denn heute können Sie sich für 200.000€ vermutlich weniger kaufen als damals für 150.000DM, für die Sie insgesamt mindestens das Doppelte, also 300.000€ bezahlt haben, bis es endlich das Ihre war. Und wenn Sie das Ausgangskapital richtig angelegt hätten, dann könnten Sie heute leicht über den vier- bis fünffachen Betrag verfügen.

Nein, eine Immobilie ist besonders im Ruhestand keine gute Idee. Wenn's dumm kommt, und das geschieht leider allzu oft, kann Ihr Sohn oder Ihre Tochter auf die glorreiche Idee kommen, Sie für unmündig erklären zu lassen, und Sie finden sich urplötzlich im Altersheim wieder, und in Ihrem schönen Haus wohnt jetzt Sohn Rudolf oder Tochter Sabine samt Anhang.

Bedenken Sie Folgendes: Als 1948 die Reichsmark durch die D-Mark abgelöst wurde, gab es eine allgemeine Mietpreisbindung und man musste sich den Mietzins vom Amt genehmigen lassen. *Die* Bürger, die vor dem Krieg keine heruntergekommenen Immobilien besaßen, sondern über amerikanische Aktien verfügten, die bekamen ihre Dividenden nachgezahlt. In D-Mark! Und das war meist mehr als die popeligen 40 D-Mark, die mein Großvater bei der Währungsreform erhalten hat. Die Immobilienbesitzer mussten Zwangseinweisung wildfremder Menschen erdulden, von denen sie über Jahre nicht einmal Mietzins erhielten.

Aber auch ich habe mich auf dem Immobilienmarkt versucht. Doch vor zwei Jahren habe ich beide verbliebenen Immobilien verkauft und das Geld angelegt. Ergebnis nach zwei Jahren: Die erste Anlage hat bis heute einen Zuwachs von 72%, die zweite Immobilie einen von 40%. Beide Aktienanlagen erwirtschaften heute etwas mehr an Dividenden pro Monat, als ich damals Miete erhielt. Die Sorgen sind weggefallen, der Ertrag hat sich gesteigert.

Wer die erste und zweite Auflage meines Buches gelesen hat, der weiß, dass an dieser Stelle andere Zuwachsraten meines Kapitals aus dem Verkauf der Immobilien gestanden haben, nämlich 39% und 23% und auch der Ertrag beider Verkäufe übertrifft die Mieten, die ich ehemals eingenommen habe bei Weitem.

Es ist ein wunderbares Gefühl sich nicht zu jedem Monatsbeginn darum kümmern zu müssen, ob die Miete eingegangen ist, zu fürchten, ob wieder einmal eine Kündigung im Briefkasten liegt und dass man zu Jahresbeginn keine Nebenkostenabrechnung mehr erstellen muss, die ebenso regelmäßig vom Mieter angefochten wird.

6.10 Finanzprodukte und Derivate

Dazu gibt's nur eines zu sagen: Lassen Sie die Finger davon. Sie werden kaum den Titel verstehen können, der auf dem Hochglanzpapier abgedruckt ist, warum sollten Sie also so etwas kaufen? Insbesondere gilt: Wo *„Knock out"* drauf steht, ist meist auch *„Knock out"* drin. Das heißt, am Ende werden Sie Ihr Geld verlieren.

Neben mir liegt das Angebot einer großen, namhaften Investmentbank.

Überschrift:

Darf es etwas mehr sein?
Bonuszertifikat auf DAX, E.ON und Euro Stoxx50. 100% Partizipation an einem Anstieg des Basiswerts. Puffer bis zur Barriere bei Kursrückgängen des Basiswerts.
Szenarien:
Barriere wurde während der Laufzeit verletzt und der Basiswert notiert zwischen Barriere und Bonuslevel. Auszahlung des Bonusbetrags.
Der Basiswert notiert über dem Bonuslevel. Auszahlung in Höhe des Basiswertkurses, angepasst um das Bezugsverhältnis.
Barriere wurde während der Laufzeit berührt oder unterschritten. Das Bonus-Zertifikat wandelt sich in ein Partizipations-Zertifikat. Auszahlung in Höhe des Basiswertkurses, angepasst um das Bezugsverhältnis, d. h., der Anleger nimmt uneingeschränkt an eventuellen Verlusten im Basiswert teil.

Verstehen Sie das?

Ich glaube, die Bank, die dieses Zertifikat anbietet, versteht auch nur so viel davon, als dass sie wissen, dass am Ende der Emittent, also die Bank selbst, dabei gewinnt.

Dieses „Angebot" stammt wirklich und wahrhaftig von einer namhaften schottischen Bank, deren notierter Börsenwert in der Lehman-Krise um 98% gefallen ist. Es wird als ganz sicherer Tipp angepriesen, um schnell Geld zu verdienen.

Einen Nachsatz will ich noch zitieren:

Anleger tragen das Ausfallrisiko des Emittenten.

Es folgt der Name der Bank.

Übersetzt heißt das, wenn der Emittent ausfällt, also zahlungsunfähig wird, dann ist Ihr Geld futsch.

Mit solchen „*Produkten*" kann man kaum Geld verdienen. Nun ..., die Bank kann das schon, aber es wäre dann Ihr Geld, das sie verdient!

Mir freilich kommt das vor wie Mafia-Poker.

Ach, Mafia Poker ..., kennen Sie nicht?

Na gut dann, ich erklär's Ihnen!

Jeder von uns beiden denkt an eine Zahl.

O. k.?

O. k.!

Und nun sagen Sie mir Ihre Zahl!

5122

O. k.!

Dann sage ich Ihnen meine Zahl!

5123

O. k.?

Ach so, ich habe vergessen zu sagen, wer bei dem Spiel gewinnt. Natürlich derjenige, der sich die höhere Zahl ausgedacht hat. Sie können sich ausrechnen, wie oft Sie bei diesem Spiel gewinnen werden.

Wenn Banken Wetten anbieten und die Bank gleichzeitig diejenige ist, welche die Bedingungen der Wette festlegt, dann ist es nicht schwer zu begreifen, dass Sie selbst dabei kaum gewinnen können.

Solche Angebote sind Wetten und haben das ordentliche Börsengeschäft in Verruf gebracht. Wenn Sie unbedingt zocken wollen, kaufen Sie sich ein Los der Klassenlotterie, da sind die Einsätze nicht so hoch und die Gewinnchancen stehen besser.

Allerdings sollte man mit der Entrüstung etwas vorsichtig sein, denn wie für alle Waren und Warenangebote gilt: Für jeden Verkauf muss es auch einen Käufer geben. Wer als Kunde einer Bank glaubt, auf diese Weise schnell reich werden zu können, der darf sich nicht beklagen, wenn er am Ende ärmer ist als zuvor. Die Verantwortung für ein solches Verhalten trägt man stets selbst, das sollten Sie nie vergessen.

6.11 Vielleicht ja doch Versicherungen?

Nehmen wir an, Sie sind bereits in Rente und verfügen über ein kleines Vermögen von, sagen wir, 100.000€.

Haben Sie nicht?

Egal!

Ich möchte an dem nun folgenden Beispiel auch nur aufzeigen, welche *Produkte* von seriösen Versicherungen angeboten werden, und dass es tatsächlich Kunden gibt, die so etwas kaufen.

Ich habe einige Angebote getestet, aber im Grunde sind sie sich alle ziemlich ähnlich:

Sofortrente Ihr einmaliger Beitrag 100.000,00€
Sichern Sie Ihren Lebensstandard im Alter mit einer Rentenversicherung der X-Versicherung optimal ab.
Ihr geplanter Rentenbeginn: sofort
Ihre Rentengarantiezeit: 15 Jahre
Versicherungsbeginn März 2013
Zahlungsweise einmalig
Ihre monatliche flexible Rente 487,45€
Ihre monatliche dynamische Rente 402,44€
Ihre monatliche garantierte Rente 395,66€

Nun rechnen Sie mal nach. Fünfzehn Jahre sind 180 Monate. Sie bekommen also eine garantierte Rente von 395,66€ und das

180 Monate lang. Klingt gut? 395,66 x 180? Aber hoppla, das ergibt doch nur 71.218,80€?

6.12 Wo sind die restlichen 28.781,20 Euro geblieben?

Nun, ganz so einfach ist die Sache nicht, denn auch die Versicherungsunternehmen wissen, dass manche Menschen rechnen können. Also werden die Bedingungen etwas komplexer gestaltet, mit Leistungen für Hinterbliebene ausgestattet, mit Programmen für Kapitalentnahme geschönt und mit steuerlichen Vorteilen verziert. Und wenn Sie sich mit einem Versicherungsfachmann zusammensetzen, dann wird er Ihnen am Ende die Sache schon schmackhaft machen. Doch eins ist gewiss, auch die Versicherung hat Mitarbeiter, Büroräume und Aktionäre und die wollen alle bezahlt sein. Damit sich eine solche Kapitalanlage rentiert, müssen Sie schon sehr alt werden. Denn es ist wie bei allen Investitionen, bei der sich jemand anderes um das Vermögen kümmert; verdienen wird nur jemand anderes.

Am Ende bleibt die Tatsache: Wenn Sie andere mit der Verwaltung Ihres Vermögens beauftragen, dann wird für Sie nichts übrig bleiben.

Denn folgenden Faktoren werden bei einer solchen Rentenart meist unterschätzt:

- **Hohe Inflation**

Wenn Sie die 395€ monatlich erhalten, wissen Sie, wie viel das dann alles noch wert sein wird? Vielleicht können Sie sich dafür dann nur noch die morgendliche Frühstückssemmel leisten? Hat's alles schon gegeben.

- **Immer weiter steigende Sozialabgaben**

Sie werden natürlich für diese Einkünfte auch Sozialabgaben leisten müssen und die werden nicht weniger.

- **Insbesondere Krankenversicherungsausgaben**

Auch die Krankenkassen wollen ihren Anteil haben und das wird diesen mageren Rentenzusatz weiter reduzieren.

- **Steigende Lebenshaltungskosten**

Die Lebenshaltungskosten werden steigen. Sind sie immer und werden sie immer, das ist schon seit der Zeit der alten Römer so.

- **Pflegekostenversicherung**

Und wenn Sie dann zum Pflegefall werden, dann werden Sie von dem Geld nicht viel haben, dann bekommt das nämlich der Arbeitgeber des Betreuers, der Ihre Schnabeltasse hält.

6.13 Der Markt und die Produkte

Sie müssen in Wachstum investieren, nicht in schwankende Kurse. Wenn morgen alle Chinesen den gleichen Lebensstandard haben wie wir, dann werden die Anbieter der dafür nötigen Waren wachsen müssen. Und es werden die Unternehmen der Anbieter sein, die bereits erfolgreich am Markt sind.

Warum?

Weil die bereits können, was andere noch lernen müssen. Genau deshalb sollte man nicht in Unternehmen wie *Apple* oder *Microsoft* investieren. Diese Unternehmen stellen zwar auch Produkte her, die gebraucht werden, es gibt jedoch auf deren Gebiet genügend Anbieter, die auch können, was *Apple* oder *Microsoft* kann. Konkurrenz belebt das Geschäft, reduziert aber leider oft auch die Gewinnmargen.

Komplizierte Produkte wie Smartphones oder Computer erfordern einen hohen Entwicklungsaufwand. Besonders wenn man der Innovator ist, sind die Gewinnspannen anfänglich sehr hoch, aber das ändert sich schnell, wenn die Konkurrenz auf den Plan tritt und schnell ist's vorbei mit den hohen Margen. So hat *Apple,* der Erfinder der Smartphones, bereits heute mit der Konkurrenz aus Fernost zu kämpfen, und das drückt auf die Margen. Oder nehmen Sie

Loewe, der Erfinder des Flachbildschirms, nur profitieren heute ganz andere Firmen von dieser Technologie.

6.14 Kennen Sie S.W.T.P.C, Imsai, Digital Equipment, Atlas oder Altair?

Diese Unternehmungen kennen Sie nicht?

Das waren alles Firmen, die vor 30 Jahren Marktführer auf dem Gebiet „*Computer*" waren. Mag sein, dass es diese Firmen noch gibt, ich hab's nicht nachgeprüft, aber Marktführer sind sie auf keinem Gebiet mehr.

Kennen Sie Betriebssysteme wie *RT11, CP/M, AROS, VMS oder CTOS*?

Kennen Sie auch nicht?

Das waren alles vielversprechende Computer-Betriebssysteme, die allesamt gegen Windows verloren haben. Die Sage geht, dass *Gary Kildall*, der Erfinder von CP/M, nur deshalb gegen Microsoft verlor, weil er gerade unter der Dusche stand, als der Chef von IBM bei ihm anrief. *Bill Gates* saß wohl zum richtigen Zeitpunkt an seinem Schreibtisch und den rief IBM als Nächstes an. Damit war Windows zum Standardbetriebssystem für Personal Computer geworden, und Microsoft stieg zu einer der größten Firmen der Welt auf. Nun gut, hätte man das gewusst, dann hätte man viel Geld verdienen können. Aber genau da liegt das Problem. Wie hätten Sie damals wissen können, dass der richtige Mann unter der Dusche stand und der falsche an seinem Schreibtisch saß? Denn CP/M war damals dem laienhaft programmierten und zu großen Teilen gestohlenen DOS haushoch überlegen.

6.15 Kennen Sie Ariel, Pampers, Cilit Bang, Penaten-Creme und Dash?

Ach, diese Artikel kennen Sie also! Die gibt's auch schon seit mehr als dreißig Jahren und diese Artikel sind kaum dem Innovationsdruck unterworfen.

Investieren Sie in Produkte, die wenig kosten, die aber jeden Tag gebraucht werden.

Bei einfachen Produkten ist das mit der Konkurrenz schon viel schwieriger, weil's da nicht so sehr auf das Produkt selbst ankommt, sondern auf PR und Vertrieb. Was bitte sollte denn an Babywindeln so kompliziert sein? Herstellen kann die Dinger jeder, aber nicht jeder hat den nötigen Vertrieb dazu.

McDonalds eröffnet jeden Tag zwei neue Restaurants in China. Jeden Tag! Dadurch wird die Rendite pro verkauftem Burger nicht höher, aber der Umsatz steigt.

Das machen die, weil 1,5 Milliarden Chinesen offenbar ihr Herz für Fast Food entdecken. Klar, irgendwann ist auch der Bedarf gedeckt, aber eine einfache Kalkulation zeigt, dass das nicht mehr in meiner Lebenszeit geschehen wird.

Spekulieren Sie nicht auf Zuwachs von Rendite, investieren Sie in den Zuwachs von Bedarf. Dass dies im Endeffekt auch mehr Rendite bedeutet, ist nur ein angenehmer Nebeneffekt. Sehen Sie sich die Kurse von General Mills an, die hatten über die Jahre kaum einen Renditezuwachs (höhere Preise für ihre Produkte) dafür jedoch einen eklatanten Wertzuwachs. Einfach nur, weil die Nachfrage stieg.

Ich will auch nicht behaupten, dass diese Vorgehensweise immer erfolgreich sein muss, schließlich könnte ich mit meiner Auswahl der Werte auch mal falsch liegen, aber eines hat diese Methode für sich: Sie berücksichtigt menschliche Bedürfnisse, und darauf war seit der Steinzeit immer Verlass.

Wenn also meine Methode auch keine, den sicheren Erfolg versprechende Strategie ist, erhebt sich die Frage, warum sollten Sie das dann überhaupt machen?

Einfache Antwort: weil jedes andere Vorgehen den sicheren Werteverlust bedeutet.

Den Geldwert bestimmt zu einem großen Teil der Staat mit seiner Nachfrage. Wenn der sich entschulden will, dann macht er das über Inflation. Und das macht er, ohne den Bürger zu fragen. Wenn Sie Staats- oder auch Firmenanleihen kaufen, dann wissen Sie zwar, welche Geldmenge Sie zurückbekommen, aber nicht welchen Wert. Dasselbe gilt für Festgeldanlagen und auch für Immobilien. Wenn Sie sich eine Wohnung kaufen, um sie zu vermieten, können Sie nicht wissen, was der Staat in Notzeiten damit macht. Denn dass das Ihre Immobilie ist, interessiert den Staat nicht. Wenn er glaubt, sie brauchen zu müssen (siehe 1945-1959), verfügt er über sie. Als 1948 die Reichsmark durch die D-Mark abgelöst wurde, bekam jeder Bürger 40 DM. *Diejenigen* Bürger, die vor dem Krieg *General-Electric*-Aktien hatten, bekamen ihre Dividende nachbezahlt. In D-Mark! Und das war meist mehr als die mageren 40 D-Mark, die mein Großvater, von dem ach so verlässlichen neuen Staat erhalten hat.

Da sollten Sie lieber ein kalkulierbares Risiko eingehen und Ihr Geld in reale Produktivwerte investieren, anstatt sich auf staatliche Renten, Geldmarktprodukte und andere Geld-zu-Geld-Geschäfte zu verlassen. Das Leben ist nun mal stetiges Risiko, nach einer absolut sicheren Methode zu suchen, ist aussichtslos. Sie können nur versuchen, das Risiko so klein wie möglich zu halten. Alles andere ist reine Zeitverschwendung.

Welches Mobilphone morgen von den Menschen verlangt wird, welche Auflösung die nächste TV-Generation haben wird, das können Sie nicht vorhersagen, aber dass die Menschen Windeln brauchen, wenn sie Kinder haben, das ist nicht schwer zu prognostizieren. Und dann abzuschätzen, dass sie genau *die* Windeln kaufen werden, die ihre Mütter bereits benutzt haben, das ist gewiss kein großes Kunststück, dazu müssen Sie keine komplizierten Diagramme analysieren, auch wenn das ab und an ganz interessant ist.

Es mag sogar sein, dass auch dies keine Methode ist, stetig Gewinne zu erzielen, aber es ist eine Methode, der vulnerablen Geldpolitik der Staaten ein Schnippchen zu schlagen. Und es ist eine Methode, den Wert seiner Anlage nicht im Gully der staatlichen Geldpolitik verschwinden zu sehen. Ob Euro, D-Mark oder Dollar, die Anlage in eine Firma, die Produkte herstellt, die jeden Tag gebraucht werden, wird ihren Wert behalten (siehe *General-Mills, Altria, Procter & Gamble*), wie immer auch die zukünftigen Währungen heißen mögen.

6.16 Wertentwicklung von Rente und Geldanlage

Sehen wir uns ein Szenario an, das vielen bekannt sein wird.

Nehmen wir an, Sie hätten 35 Jahre Ihres Lebens fleißig gearbeitet und Sie freuen sich auf die nun bald anstehende Rente. Das frühe Aufstehen, die lange Fahrt in die Arbeit, die abschätzigen Blicke der jüngeren Kollegen, das bei jeder Beförderung stille Übergangenwerden, dies alles wird nun bald ein Ende haben. Das Rentenamt hat Ihnen mitgeteilt, dass Ihre Rente 1.500€ betragen wird. Nicht gerade viel, man wird sich bescheiden müssen.

Da flattert Ihnen ein Brief einer Versicherung ins Haus. Er kommt von einer Institution, die Sie nicht kennen, von der Sie vermutlich noch nicht einmal etwas gehört haben, aber der Inhalt des Briefes ist sehr erfreulich.

Man teilt Ihnen darin mit, da Sie das entsprechende Alter erreicht hätten, Sie demnächst in den Genuss Ihrer Betriebsrente kommen würden. Es wird Ihnen ferner mitgeteilt, dass Sie 753,00€ an Rente zu erwarten hätten. Jeden Monat, so lange Sie leben.

Gut, das angesparte Kapital ist dann weg, aber da Sie ja lebenslang Geld bekommen, könnte Ihnen das schließlich egal sein.

Sie zählen zusammen: 1.500,00€ staatliche Rente plus 753,00€ Betriebsrente ergibt 2.235,00€.

Vor Freude strahlend teilen Sie dies Ihrer Partnerin mit. Also hat es sich doch gelohnt, der ganze Ärger, die Aufregung, die Krisen, der merkliche betriebliche Abstieg der letzten Jahre. Im Alter werden Sie nicht verhungern müssen, es wird Ihnen vergleichsweise gut gehen, denken Sie.

Aber dann lesen Sie weiter: In kleiner Schrift steht da geschrieben, dass Sie sich auch für ein anderes Modell entscheiden können. Wenn Sie es wünschen, würde man Ihnen auch die gesamte angesparte Rentensumme von 130.000,00€ auszahlen, und das war's dann. Keine monatliche Rente, nur Geld und basta!

Wofür würden Sie sich entscheiden?

Option lebenslange Rente oder Option einmal Auszahlung?

Sie würden sich vermutlich sofort und ohne Zögern für die lebenslange Rente entscheiden. Machen Sie sich nichts daraus, Sie sind in guter Gesellschaft, denn die allermeisten Ihrer Mitbürger würden sich genauso verhalten.

Doch sehen wir uns die beiden Modelle genauer an:

Zuerst das Modell mit der monatlichen Auszahlung:

Sie sind jetzt 65 Jahre alt, die durchschnittliche Lebenserwartung in Deutschland beträgt 77 Jahre und 9 Monate (Stand 2010). Sie hätten also statistisch noch etwa 13 Jahre vor sich und würden 753€ monatlich erhalten. 130.000,00€ dividiert durch 156 (13*12) ergibt eine monatliche Summe von 833,00€. Sieht doch gut aus! Nur werden Sie sicherlich enttäuscht sein, weil Ihnen die Betriebsrente 80€ weniger anbietet. Sieht nach einem schlechten Geschäft aus. Allerdings nur, wenn Sie über die 78 Jahre nicht hinauskommen.

Schön und gut, aber 77 Jahre und 9 Monate? So alt ist Ihr Urgroßvater ja schon geworden, und auch Ihr Großvater ist erst mit 80 Jahren gestorben, und Ihr Vater hat das Zeitliche gar erst mit 86 gesegnet. Vorausgesetzt, Sie haben eine ähnlich gesunde Gen-Struktur wie Ihre Verwandtschaft, dann wären das 21 Jahre, die Sie Rente beziehen könnten.

Also noch mal: 130.000,00€ dividiert durch 252 (12*21) ergibt 515,00€ und das sind ganze 238€ weniger, als Sie tatsächlich monatlich von Ihrem privaten Rentenversicherer ausbezahlt bekommen.

Ein breites Lächeln läuft über Ihr Gesicht, denn das Ergebnis sieht doch schon viel lukrativer aus, und Ihre Entscheidung festigt sich. Je länger Sie leben, desto besser wird das Ergebnis. Ich nehme die lebenslange Rente, denken Sie sich.

Doch Halt: Da ist ja noch die Steuer:

Die 753,00€ müssen voll versteuert werden, und zwar mit 27,5%. Das sind nämlich 25% Kapitalertragssteuer plus 2,5% Solidarbeitrag. Sie können darauf wetten, den wird's in der einen oder anderen Form auch noch in 50 Jahren geben. Kurz gerechnet, ergibt eine Restsumme von 545,92€ nach Steuern. Nun sieht selbst die neue Rechnung nicht mehr ganz so gut aus.

Aber: Da ist ja noch die Krankenversicherung, die wollen 15,5%, denn leider gibt das Rentenamt keinen Zuschuss auf die Betriebsrente, also müssen Sie den vollen Beitrag selbst tragen. Und auch die Krankenversicherer wollen das von Ihrem Bruttoeinkommen, also von den 753,00€. Nach kurzem Rechnen stellen Sie fest: Es bleiben nur noch 429,20€ von der schönen Betriebsrente übrig.

Aus Ihrer erwarteten Rente von 2.235€ sind ganz plötzlich 1.806€ geworden. Aber auch Ihre reguläre Rente werden Sie versteuern müssen. Nicht zu 100%, aber 60 bis 70% werden's schon werden, wenn es denn so weit ist. Und auch auf diese werden Sie die Krankenkassenbeiträge bezahlen müssen. Gut, dank der Freibeträge wird das wohl mit der Steuer nicht so schlimm werden und auch die Rentenkasse zahlt fast die Hälfte für die KV-Beiträge mit. Dennoch, mehr als 1.600€ werden wohl nicht übrig bleiben. Und langsam beschleicht Sie das Gefühl, dass das mit dem komfortablen Ruhestand wohl etwas problematisch werden könnte. Wenn Sie dann noch Miete zahlen müssen, dann reicht's nur für einmal Mallorca pauschal im Jahr und auch dafür müssten Sie sparen.

Schön und gut, werden Sie sagen, aber wenn ich mir den vollen Betrag auszahlen lasse, werde ich gewiss auch Steuern und Abgaben zahlen müssen und ob sich das dann rechnet?

6.17 Sehen wir uns auch diese Möglichkeit an

Sie bekommen 130.000,00€ Einmalzahlung. Die müssen Sie natürlich nicht in einem Stück versteuern, selbst der stets begehrliche Staat ist nicht so unverschämt und hat dafür die Fünftelregelung erfunden. Gemäß dieser Regelung wird der einmalige Steuersatz nach dem ersten Jahr der Zahlung berechnet.

Und zwar wie folgt:

Ein Fünftel der 130.000,00€, also 26.000€, wird Ihrem in dem Jahr der Auszahlung fälligen Jahreseinkommen hinzugeschlagen. Diese Summe bildet dann die Grundlage für Ihren Steuersatz, mit dem die 130.000,00€ insgesamt belegt werden.

Es braucht keiner überragenden Intelligenz, um zu sehen, dass man in dem bewussten Jahr, in dem die Steuer anfällt, sein Einkommen so weit als möglich beschränken sollte. So könnten Sie mit der Versicherung vereinbaren, dass Ihnen das Geld erst ausbezahlt wird, wenn Sie bereits in Rente sind, also einen geringen Steuersatz haben. Eventuell würde es sich auch lohnen, die mitarbeitende Partnerin dazu zu bewegen, in dem Jahr der Auszahlung ganz auf Einkommen zu verzichten, damit Sie nicht in eine unnötig hohe Progression fallen.

Also nehmen wir an, Sie bekommen die 1.500,00€ gesetzliche Rente, dann haben Sie nach der Fünftelregelung folgendes Einkommen:

60% von 1.500€ müssen versteuert werden, das sind 900€. Das ergibt ein zu versteuerndes Einkommen von 10.800,00€. Verbleiben noch die anrechenbaren 26.000,00€ der Einmalzahlung, macht zusammen 36.800,00€ Einkommen. Haben Sie es geschafft, dass Ihre Partnerin kein Einkommen in diesem Jahr erwirtschaftet, so wird sich nach der Splitting-Tabelle die errechnete Steuer an einem

Einkommen von 18.400,00€ orientieren (36.800€/2). Berücksichtigt man alle anrechenbaren Freibeträge (Kranken-, Pflegeversicherung, Steuerfreibetrag etc.), so werden Sie mit einem Steuersatz von 10,85% belastet. Und dieser Steuersatz ist nun maßgebend für die gesamte Abfindung. Sie werden also einmalig eine Summe von 14.000€ abgezogen bekommen und Ihnen bleiben 116.000€.

Leider müssen Sie auch auf die 130.000,00€ Kranken- und Pflegeversicherungsbeiträge leisten, aber beileibe nicht mit einer einzigen Zahlung (obwohl auch das funktionieren soll). Die Regel lautet: Sie zahlen für 120 Monate auf jeweils 1% der Gesamtsumme Beiträge. Das bedeutet: Ihrer Rente werden für 10 Jahre monatlich 1.300€ als Einkommen zugeschlagen, von denen dann die Kranken- und Pflegeversicherungsbeiträge von 18% abgezogen werden (15,5% + 2,5%). Also, Rente

$$1.500€ + 1.300€ = 2.800€.$$

Und das ergibt einen Beitragssatz von etwa 504€ (inklusive Pflegeversicherung). Die Rentenkasse zahlt Ihnen eine KV-Beihilfe von 116€, allerdings nur auf die Regelrente, das ergibt eine monatliche Zahlung, die Sie leisten müssen von 388,00€. Ganz schön heftig. Allerdings! Nach 10 Jahren ist Schluss, dann gehört das Restgeld Ihnen ganz allein. Versteuert und von Abgaben völlig frei.

Oder, der Einfachheit halber können wir auch die KV-Beiträge in einem Stück abziehen. Das wären dann 20.150€. Ihnen würden dann noch knapp 110.000,00€ verbleiben.

Sie haben nun die 110.000,00€ auf Ihrem Konto, allerdings keine monatlichen Zahlungen mehr und damit verfügen Sie nur über die 1.500€ Ihrer Rente, die Sie zwar nicht mehr versteuern müssen, auf die Sie jedoch KV-Beiträge entrichten müssen, also bleiben Ihnen 1.380€ an Nettorente (die Zuzahlung der Rentenkasse habe ich bereits berücksichtigt).

Das ist herzlich wenig und reicht kaum für ein komfortables Leben. Aber Sie haben ja noch die 110.000,00€. Bleibt die Frage, was machen mit dem Geld? Sie können es festlegen und sich dann jeden Monat einen bestimmten Betrag auszahlen lassen. Nehmen wir den Fall an, sie bekämen 2% für Ihr Festgeld, dann könnten Sie 20 Jahre lang jeden Monat einen Betrag von 700€ abbuchen lassen (monatliche Entnahme von 565€ + 2% Zinsen). Am Ende blieben Ihnen noch etwa 2.300€ übrig, dabei ist die Kapitalertragssteuer und sämtliche Abgaben, die Sie jedes Jahr entrichten müssen, bereits berücksichtigt.

Erinnern Sie sich, die Nettorente, die Ihnen nach Abzug aller Nebenkosten blieb, war 429€, Sie bekämen jetzt 20 Jahre lang jeden Monat 271€ mehr an Rente, fast die halbe Miete und schon wesentlich besser als das erste Rentenmodell.

Aber selbst wenn Sie bei der Fünftelregelung nicht steuerfrei davonkommen, können Sie bei einem durchschnittlichen Steuersatz noch 565€ monatlich von Ihrem Konto abbuchen, bevor Ihr Geld nach 20 Jahren verbraucht ist. Immer noch besser als die mageren 429€ des ursprünglichen Modells. Natürlich könnten Sie die 20 Jahre überleben und dann würde es mit den Finanzen eng werden. Bedenkt man jedoch, dass Sie bei der monatlichen Auszahlung des Ausgangsmodells Ihr ganzes Leben in relativer Armut verbringen müssten, ist das Ergebnis doch gar nicht so schlecht.

6.18 Ein anderes Modell

Nun könnte man versuchen, besonders attraktive Zinsen zu finden, damit sich die Rechnung verbessert, aber das würde am Ausgangsmodell nicht viel ändern. Außerdem würden magere Zinsen von 3 bis 3,5% nur wenig zu Ihrem Rentenkonto beitragen. Zudem würde der Wert Ihres Kapitalstocks stetig um die Inflationsrate abnehmen.

Es gibt noch eine andere Methode, und die ist wesentlich attraktiver.

Angenommen Sie verfügen über die 130.000,00€ und legten Sie in sichere Aktienwerte an.

Sie bekämen für Ihre 130.000€ in Aktien angelegt, drei Prozent Dividenden, die anteilig vier Mal im Jahr ausbezahlt werden. Steuern müssten Sie kaum dafür bezahlen, denn mit einer anrechenbaren Rente von 900€ würden Sie die 25% Kapitalertragssteuer plus Soli bei Ihrer Steuererklärung zurückbekommen. Sie hätten also einen Ertrag von 325€ im Monat. Selbst wenn wir annehmen, dass der Kurs dieser Aktien nicht steigen würde, dann könnten Sie nach 20 Jahren über ein Kapital von 126.000€ verfügen. Aber nehmen wir an, der Kurs dieser Aktie würde pro Jahr nur um 5% steigen (in Wahrheit ist er in den letzten Jahren um durchschnittlich 12% gestiegen), dann würden Sie am Ende über ein Vermögen von fast 400.000€ verfügen. An Dividenden erhielten Sie dann 1.000€ im Monat.

Die Produkte dieser Unternehmungen, die ich Ihnen für dieses Modell als Investition empfehle, sind Ihnen wohlbekannt. Alle diese Aktien haben über die Jahre konstant ihren Wert erhöht, zahlen teilweise seit mehr als 100 Jahren stetig Dividende und erhöhen diese regelmäßig. Mein auf diese Weise angelegtes Rentendepot generiert im Moment eine Dividendenrendite von 3.6% der Depotsumme und eine Rendite von gut 8,5% der angelegten Summe. Mein Einkommen erhöht sich im Durchschnitt jedes Jahr um gut 10%. Das Kapital ist steuerfrei, nur die Erträge müssen versteuert werden. Und natürlich auch die Gewinne, falls ich einmal Aktien mit Gewinn verkaufen sollte, was ich jedoch ganz gewiss nicht tun werde.

7 Wo investieren?

7.1 Im eigenen Land investieren?

Deutsche investieren in Deutschland, Amerikaner in Amerika, Franzosen in Frankreich und Italiener in Italien. Das ist verständlich, weil man meint, den eigenen Heimatmarkt zu verstehen.

7.2 Aber ..., ist das auch klug?

Eigentlich ist es egal, in welches Land sie investieren, Sie sollten sich dort nur auskennen. Allerdings gibt es da einige Unterschiede, die mit der Börse und den dort vertretenen Unternehmen zwar nichts zu tun haben und die dennoch ausschlaggebend dafür sind, wie sich Ihre Rendite und vor allem die Zuverlässigkeit der Zahlungen in der Zukunft verhalten wird.

Als ich noch in Deutschland wohnte, habe ich kaum jemals zu erkennen gegeben, dass ich den Großteil meines monatlichen Einkommens über Dividendenzahlungen generiere. Und wenn ich das dennoch einmal tat, wurde ich stets angefeindet. Mir wurde vorgeworfen, mich nicht solidarisch zu verhalten, dem einfachen Volke das Geld zu stehlen, und überhaupt seien Zinsgewinne etwas sehr Verwerfliches.

Der Sinn der Zinsen wurde infrage gestellt, Silvio Gesell zitiert und man plädierte sofort für eine höhere Kapitalertragssteuer, weil die 25 Prozent ja viel weniger seien, als der normale Einkommenssteuerzahler dem Staat abgeben muss, Geld also geringer besteuert werde als Leistung. Hinweise darauf, dass ich mein Geld nun auch nicht gestohlen habe und dass ich natürlich sehr wohl der Volkswirtschaft eine Leistung bereitstelle, fruchteten nicht und wurden abgetan.

In Deutschland, Italien, aber auch in Frankreich existiert eine äußerst negative Aktienkultur. Das liegt zur Hauptsache daran, dass in den meisten europäischen Ländern die Versorgungssysteme vom Staat organisiert und administriert werden. Zudem kommen schlechte Erfahrungen hinzu, die ausgelöst von den beiden Weltkriegen die Bevölkerung tief geprägt haben. Auch *Ron Sommers* Volksaktie, die *Telekom*, hat speziell in Deutschland Narben im Volke hinterlassen, die nur schwer verheilen. So wird ein Dividendeneinkommen generell als etwas Verwerfliches gesehen. Die Deutschen haben sogar ein eigenes Wort dafür geprägt, das *Leistungslose Einkommen*. Leistung wird immer noch im Zusammenhang mit körperlicher Arbeit gesehen.

Eine derart negative Einstellung schlägt sich natürlich auch in der Dividendenstrategie der diversen Unternehmen nieder. Die allermeisten Deutschen, wenn sie denn überhaupt an der Börse investiert sind, halten Fonds, Anleihen oder ETFs, was ja eigentlich auch eine Art Fonds ist und wenn jemand schon einige Aktien besitzt, dann wird die Dividende als Zuckerl angesehen, als Beigabe als etwas, das man dem Aktionär gewährt, auf die er allerdings kein verbrieftes Anrecht hat, und dies kann man an der Dividendenentwicklung auch großer Unternehmen ablesen. Als Unternehmenslenker sieht man einfach keine Notwendigkeit, seine Investoren am Ergebnis der Unternehmung zu beteiligen. Nun gibt es natürlich auch in Deutschland gute Werte, die eine anständige Dividendenentwicklung vorweisen können, aber betrachten Sie doch Abbildung 19 und 20, das sind Dividendenentwicklungen, die für eine Planung Ihrer Zukunft nicht besonders hilfreich sind und die entsprechen leider eher dem Durchschnitt deutscher Anlagewerte. Versuchen Sie einmal bei einem guten deutschen Dividendenzahler wie *BASF* beispielsweise, die Seite „Investor Relation" zu finden, versuchen Sie herauszubekommen, wie es mit der langfristigen Dividendenhistorie steht. Es ist schwierig, denn die Pflege der Investoren beschränkt sich bei den Hauptversammlungen meist auf eine Semmel mit einem Wiener Würstchen dazwischen. Nein, gerade in Deutschland ist die Investment-Kultur äußerst mangelhaft.

Ganz anders verhält es sich in den angloamerikanischen Ländern, dort wird die Altersvorsorge mit Anlagen in die eigene Volkswirtschaft generiert und das hat bereits über einhundert Jahre ziemlich gut funktioniert.

Natürlich gab es da auch Zusammenbrüche, wie die Beispiele *Enron* und *Worldcom* eindrucksvoll demonstrieren, aber das waren immer nur Einzelfälle, die freilich gerade in Deutschland als symptomatisch für das verderblich, kapitalistische System der USA angesehen wurden. Wenn man über die amerikanischen Renten spricht, werden genau diese Beispiele angeführt, um zu demonstrieren, wie schlecht das amerikanische Vorsorge- und Rentensystem funktioniert. Dass die Rentenfonds von Unternehmungen wie *McDonalds*, *Procter & Gamble*, *Johnson & Johnson*, *ATT* und viele, viele andere bereits seit mehr als einhundert Jahren gut funktionieren, dass die übergroße Mehrzahl aller Rentner in Amerika und England sehr gut von ihrem eigenen angesparten Geld leben kann, scheint gerade in Deutschland niemanden zu beeindrucken. Man setzt lieber auf ein Rentensystem, das allein in den letzten fünf Jahren die Auszahlungsquote von ehemals 72 Prozent auf nunmehr 48 Prozent herabgesetzt hat. Die Regierungsvertreter selbst lassen verlauten, dass die staatliche Rente für ein würdevolles Alter kaum ausreichen wird und raten jedem, er solle doch bitte schön ein zweites, kapitalgedecktes Standbein installieren, damit es später einmal reiche.

In den USA, Großbritannien und Australien unterstützt der Staat die zukünftigen Rentner durch besondere Rentenprogramme, SIP-Programme. Dem Arbeitnehmer wird erlaubt, in ein eigenes Depot zu investieren, und er zahlt dafür in der Ansparphase keine Steuern. Auf diese Weise kann jeder Arbeitnehmer zusehen, wie sein Depot wächst. Er muss sich nicht schlecht fühlen, weil er von den Beiträgen der Arbeitenden lebt, und er kann seinen Renteneintritt selbst planen. Keinem Menschen würde es dort einfallen, einen Aktionär als Spekulanten, Schmarotzer oder gar Verbrecher zu sehen.

Diese unterschiedlichen Einstellungen zur Börse spiegelt sich auch in den Aktienkursen wider. Sehen Sie sich die Entwicklung der Allianz in Abbildung 8 an. Natürlich finden Sie eine solche Entwicklung auch bei diversen amerikanischen Titeln. Aber was die Unternehmen unterscheidet, ist die Stetigkeit der Dividendenzahlungen und von diesen sollten Sie einmal leben können.

Wenn Ihnen die heimische Industrie näher steht, dann sollten Sie mit Sorgfalt Unternehmen aussuchen, Unternehmen, die eine gewisse Anlegerkultur pflegen und lange schon Dividenden zahlen.

Das gerade geschilderte Dilemma ist beileibe kein allein deutsches, ein ähnliches Anlegerverhalten findet man in fast allen europäischen Ländern und vielleicht haben ja auch die vielen Kriege mit der Entwicklung einer solchen Mentalität zu tun. Amerika, England und auch Australien haben in den letzten dreihundert Jahren keinen Krieg verloren, das mag den Unterschied der Einstellung zum Geld erklären.

Abbildung 8: Die Allianz Aktie - Berg und Talfahrt

Die Allianz-Aktie

Entwicklung von 2000-2014

Sie sollten freilich Ihr Investitionsverhalten nach rationellen Gründen gestalten, Lokalpatriotismus hilft Ihnen beim Investieren nicht weiter.Meine Anlagen finden sich fast ausschließlich in den USA, Australien und Großbritannien. Eine einzige europäische

Aktie ist dabei, nämlich Nestlé. Keine deutsche, französische oder gar italienische. Sehen Sie sich doch einige deutsche Bluechips an, dann wissen Sie, was ich meine.

Die Aktie der Allianz, eine Berg- und Talfahrt zwischen 450€ und 45€. Zum falschen Zeitpunkt gekauft, und Sie werden Ihres Lebens nicht mehr froh.

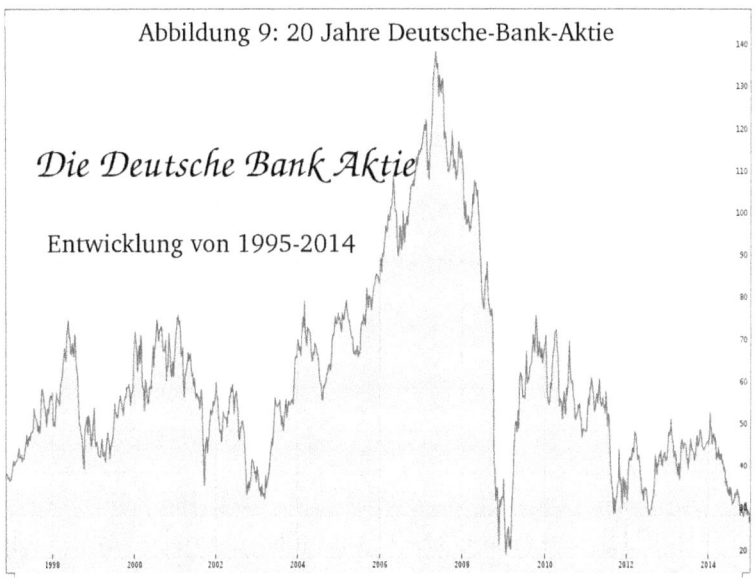

Abbildung 9: 20 Jahre Deutsche-Bank-Aktie

Der Vereinheitlichung wegen werden alle Abbildungen im Buch den amerikanischen Börsen entnommen, die Darstellung der Allianz-Aktie bezieht sich deshalb auf die in Amerika gehandelten ADR-Version, daher entsprechen die in Abbildung 8 angegebenen Kurse nicht den Werten, die im Dax notiert sind. Allerdings ist die relative Kursentwicklung in allen Börsen dieselbe und diese zu zeigen, darauf kommt es mir an. Oder wie wär's mit der Aktie aus Abbildung 9?

Auch hier schwankt der Wert zwischen weit über 120€ und weit unter 20€.

Oder gar die Eon-Aktie aus Abbildung 10, die wird Sie bestimmt auch nicht zu Begeisterungsstürmen hinreißen.

Abbildung 10: Die Eon-Aktie (ADR)

Ja, Sie haben richtig gesehen, alle drei sind richtig dicke Fische im Haifischbecken des DAX, und alle drei haben einen mittelfristigen Kursverlauf, der einem das Fürchten lehren kann.

Mit ETFs favorisieren Sie also eine Anlage, die alle diese Verlustbringer enthält. Wollen Sie das wirklich?

Aber es kommt doch nur auf die Performance an, werden Sie sagen. Eben, und die ist nicht so berauschend. Denn all die ETFs auf Indizes wie den DAX, DOW und NASDAQ zahlen Ihnen keine und wenn doch, nur geringe Dividenden. Denn irgendwo müssen die hohen Gebühren schließlich versteckt sein, die der Fondsmanager braucht, um sein teures Auto zu finanzieren.

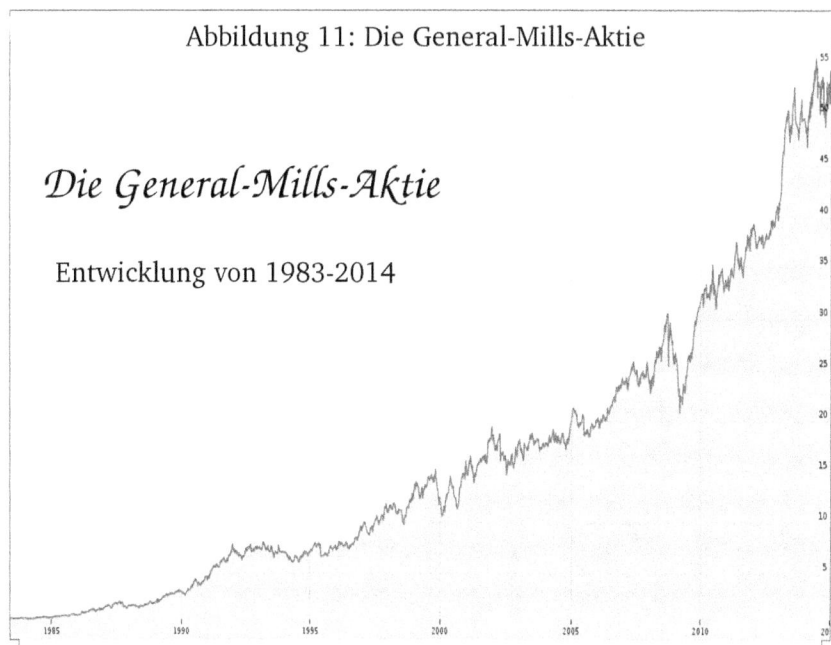

Abbildung 11: Die General-Mills-Aktie

Die General-Mills-Aktie

Entwicklung von 1983-2014

Doch nun sehen Sie sich den Kursverlauf der Aktien aus Abbildung 11, Abbildung 12 und Abbildung 13 an: Ganz schön langweilig, finden Sie nicht auch? Natürlich, wenn man es aufregender findet, eine Aktie für 400€ zu kaufen und dann zuzusehen, wie sie auf einen Wert nahe 50€ fällt, dann wäre Allianz wirklich eine gute Wahl.

Oder wie finden Sie die Aktie aus Abbildung 13? Alles nur Seife, Putzmittel und Shampoo. Mag ja langweilig sein, aber damit kann man eben Geld verdienen! Diese Firmen haben eine derart solide Produktpalette, da könnte selbst der dümmste CEO die Firma nicht in den Ruin treiben.

Warren Buffett sagte einmal:

„Kaufen Sie nur Aktien von Firmen, die so gut sind, dass auch ein inkompetenter Vollidiot sie leiten könnte, denn irgendwann einmal wird genau dies geschehen."

Und genau dies, nämlich dass eine gute Unternehmung einem absoluten Nichtskönner und Vollidioten in die Hände fällt, muss eine Unternehmung über einen gewissen Zeitraum überstehen können. Nur, dass eine Unternehmung so gut aufgestellt ist, können

Sie nicht über die Kursentwicklung an der Börse herausbekommen, sondern nur über die Struktur der Firma selbst.

Abbildung 12: Zahnpasta geht immer

Die Colgate-Aktie

Entwicklung von 1978-2014

Bei der Aktie aus Abbildung 12 gibt's natürlich auch einige Kursschwankungen, ja, Seitwärtsbewegungen über lange Zeiträume, doch die Tendenz zeigt eindeutig nach rechts oben. Aber als Kleinanleger haben Sie doch Zeit. Alle die vorgestellten Aktien haben eines gemeinsam: Sie haben alle die Dividendenzahlungen geleistet, kontinuierlich über jede Krise hinweg. Ja, sie haben sogar wie im Falle der *Altria-, Coca-Cola-, Procter-&-Gamble-, General-Mills-, Johnson-&-Johnson*-Aktien die Dividenden über Jahrzehnte stets erhöht.

Colgate, ITW, General Mills und *Johnson & Johnson* sind alles Unternehmungen, deren Entwicklung stetig und langfristig nach rechts oben zeigt, zudem können sie eine beeindruckende Dividendenpolitik vorweisen.

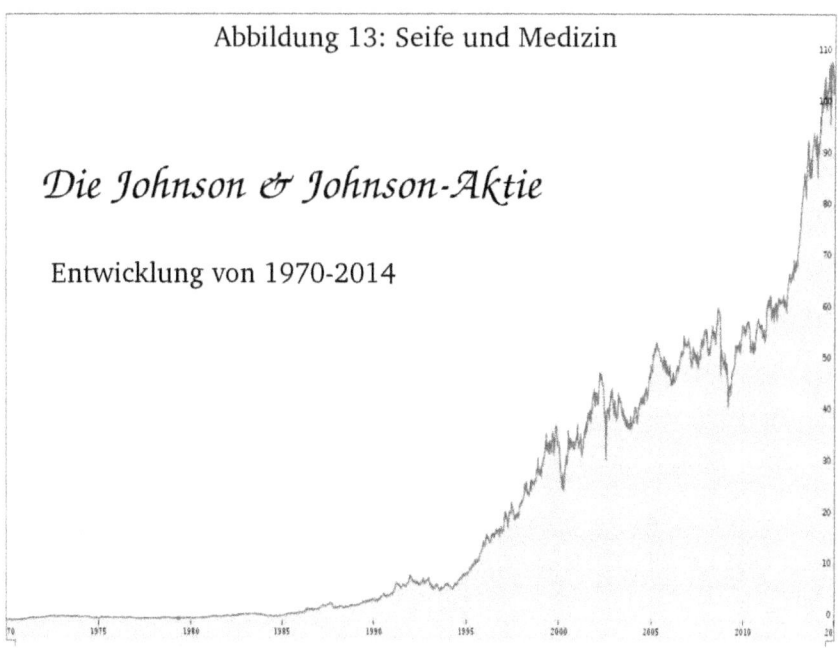

Abbildung 13: Seife und Medizin

Die Johnson & Johnson-Aktie

Entwicklung von 1970-2014

Bei all den Experten, die vollmundig ihre Kompetenz heraus-streichen, sollten Sie stets daran denken, womit diese Herren ihr Geld verdienen. Als Chefanalysten bekommen sie üppige Gehälter, die Sie bezahlen müssen, egal, ob ihre Ratschläge etwas taugen oder nicht. Denn über den eigenen Erfolg an der Börse schreiben diese Experten ja nichts.

8 Fonds, ETFs und Hedgefonds

8.1 Fonds

Beginnen wir gleich mit der Definition der nach Versicherungen liebsten Anlageform der Deutschen, den Fonds:

Ein Fonds bündelt verschiedene Wertpapiere und bildet deren durchschnittliche Entwicklung ab. Aufgrund dieser Streuung ist das Risiko eines Totalverlustes, das bei einer Einzelinvestition immer besteht, praktisch fast beseitigt. Die Investition in einen Fonds soll zudem kostengünstiger sein als klassische Wertpapiertransaktionen einzelner Wertpapiere.

Eine wirklich wunderbare Definition. Und, wie Sie sich denken können, habe ich da einige Anmerkungen.

Ein Fonds bündelt verschiedene Wertpapiere.

Eben, das ist ja das Problem. Es bündelt Wertpapiere, die Sie nicht kennen und vermutlich auch gar nicht haben wollen. Was nützt es Ihnen, wenn Sie zehn unbekannte Titel halten, von denen nur drei Gewinne abwerfen, die Sie dann auch noch mit der Mannschaft des Fondsmanagers teilen müssen? Wenn Sie Milch mit Schnaps und Wasser vermischen, so gibt das auch kein tolles Getränk. Warum sollte das beim Aktienkauf anders sein?

Mein Rat:

Lassen Sie die Finger davon!

Kaufen Sie Anteile von Unternehmungen, deren Produkte Ihnen beim täglichen Einkauf stets begegnen. *Nivea, Penaten, Cilit Bang, Ariel, Ace, Pampers und Fairy.* Diese Unternehmungen gibt's schon länger, als jeder beliebige Fonds existiert, und das Ausfallrisiko ist wesentlich geringer als das eines beliebigen Fonds.

Aufgrund dieser Streuung ist das Risiko eines Totalverlustes, das bei einer Einzelinvestition immer besteht, praktisch fast beseitigt.

Ach, tatsächlich? Also das ist jetzt wirklich überraschend! Dann machen Sie doch mal die Probe. Schauen Sie sich an, wie lange ein x-beliebiger Fonds bereits existiert, wie viele Fonds bereits pleitegegangen sind, und dann betrachten Sie, wie lange Konsumgüter-Aktien schon auf dem Markt vertreten sind.

Die Experten, die solche Ratschläge geben, wissen wirklich nicht, wovon sie sprechen. Ich würde immer in die genannten Titel investieren, aber niemals in Fonds, die von irgendwelchen teuren Managern kostenpflichtig verwaltet werden.

Wenn ein Fondsmanager über Ausfallrisiken von Aktien spricht, dann kommt mir das vor, als ob eine Sicherheitsfirma, die seit 10 Jahren existiert, das Risiko einer Endlagerstätte beurteilen soll, dessen Inhalt eine Zerfalls-Halbwertszeit von 30.000 Jahren hat.

Die Investition in einen Fonds soll zudem kostengünstiger sein als klassische Wertpapiertransaktionen einzelner Wertpapiere.

Was für ein absoluter Unsinn.

Wenn Sie Einzeltitel kaufen, dann belaufen sich die Spesen, je nach Anlagesumme, auf wenige Promille, und auch die müssen Sie nur jeweils ein Mal zum Zeitpunkt des Kaufs und zum Zeitpunkt des Verkaufs bezahlen.

Wenn Sie Anteile an einem Fonds kaufen, dann bezahlen Sie:

1. Beim Kauf den Ausgabeaufschlag.

2. Sie zahlen anteilig, wenn der Fonds tatsächlich einmal Gewinne machen sollte.

3. Jedes Jahr zahlen Sie eine saftige Verwaltungsgebühr, die sich nach der Höhe Ihres Anlagekapitals richtet.

4. Und am Ende, wenn Sie schlau geworden sind und Ihre Anteile verkaufen wollen, dann zahlen Sie wieder eine Abschlagsgebühr.

Und das soll billiger sein als der einzelne Aktienkauf?

Fonds sind eine feine Sache, wenigstens für die Betreiber derselben. Oh, ich will nicht sagen, dass es keine erfolgreichen Fonds gibt. Das Problem dabei ist nur: Genau wie bei den Aktien wissen Sie nicht, welcher gerade erfolgreich sein wird und welcher nicht.

Aber das sei doch ganz einfach, werden Sie sagen, anhand der Performance könne man doch sehen, wie der Fonds sich in der Vergangenheit entwickelt hat. Es scheint nur stets so zu sein, dass diese hervorragende Performance immer dann ins Negative dreht, wenn Sie die Titel gekauft haben.

So sollen Fonds auch Anlegern die Möglichkeit bieten, relativ kostengünstig und mit weniger Risiko an den Entwicklungen der internationalen Wertpapiermärkte teilzuhaben.

Wenn Sie diese Darstellung etwas genauer unter die Lupe nehmen, dann suggeriert diese sehr indirekte Formulierung, dass eine solche Anlage sehr sicher ist und dass die internationalen Wertpapiermärkte ein unsicheres Terrain für Anleger sind.

Wenn Sie jedoch Ihre Investitionen an Ihrem eigenen Wissen vom Markt orientieren, dann liegen Sie meist besser als jeder Fondsmanager, der Ihnen heute mit bunten Charts und komplizierten Fachausdrücken erklärt, warum Sie morgen reich sein werden, und Ihnen übermorgen eloquent darlegt, warum das gestern nicht geklappt hat. Mit keinem Wort wird erwähnt, dass Fonds eben auch nur von Menschen administriert werden und dass diese Experten auch nicht in die Zukunft blicken, also den Erfolg garantieren können.

Nun möchte ich mich nicht zu sehr aus dem Fenster lehnen, aber meine kleine Analyse des Dow hat gezeigt, dass man wirklich den Erfolg garantieren kann, vorausgesetzt man hat einen genügend langen Zeithorizont und vorausgesetzt man investiert in *Konsumartikelhersteller.*

Als Investor haben Sie keinerlei Einfluss darauf, welche Titel für einen bestimmten Fonds gekauft werden und welche nicht. Und wenn ein Fondsmanager schlechte Titel einkauft, dann besteht das Risiko des Totalverlusts durchaus. Was das Kostengünstige anbelangt, so sollten Sie sich fragen, wieso eigentlich eine solche Investition kostengünstiger sein solle, wenn doch das Team um den Fondsmanager herum sehr viel Geld verschlingt, das von Ihnen bezahlt werden muss. Sollte es tatsächlich Fonds und Manager geben, die dauerhaft den Markt schlagen können? Nach den Erfahrungen, die ich mit solchen Fonds gemacht habe, bezweifele ich das stark. Wenn alle nur Gewinne einfahren, wer bitte macht dann die Verluste?

Natürlich besteht bei einer Einzelinvestition das Risiko eines Totalverlusts, aber das besteht bei einer Anlage in Fonds eben auch. Und warum ausgerechnet ein Fond, der vor drei, vier oder auch zehn Jahren aufgelegt wurde, sicherer sein soll als die Aktienanlage in eine Firma, die seit einhundertfünfzig oder mehr Jahren besteht, das muss mir der schlaue Manager eines Fonds erst einmal erklären. Manche Fonds wechseln die Manager schneller als Sie Ihre Hemden, und die teure Verabschiedung ausgemusterter Manager wird Ihrer Anlage bestimmt nicht besonders guttun.

Fonds Sparpläne sollen ideal zum Aufbau von Vermögen sein, denn je nach Anlageausrichtung kann ein Fonds in verschiedene Wertpapiere investieren, beispielsweise in Aktien, Rentenpapiere oder Immobilien.

Dazu brauchen Sie keinen teuren Fondsmanager, das können Sie leicht selbst erreichen, indem Sie Ihre Investition an Ihr Wissen anpassen, aber nicht teures Wissen einkaufen, von dem Sie nicht wissen können, was es wirklich wert ist.

Es mag ja Fonds geben, die dauerhaft Erfolg haben, aber wollen Sie wirklich Ihr Glück versuchen und herausfinden, welche Fonds das sind? Dazu müssten Sie doch wieder nur über Wissen verfügen, das Sie nicht haben. Wenn Sie als potenzieller Investor nachfragen, so werden ausnahmslos alle Fonds und Fondsmanager eine hervorragende Entwicklung in der Vergangenheit vorweisen können. Das Dumme dabei ist nur: Kaum haben Sie Ihr Geld überwiesen, bewegt sich meist der Kurs dieser „*Anlage*" in Richtung Südosten, und ein Verkauf wird zum Verlustgeschäft. Zudem würden Sie wieder nur die Verantwortung für Ihre eigene Geldanlage an andere delegieren.

Und was heißt schon kostengünstig? Eine Investition, die Ihnen Geld einbringen soll, ist nur dann kostengünstig, wenn die Kosten gleich null sind. Wie sagt ein bekannter Schweizer Anlageberater: „*Sie wollen Ihr Geld ja vermehren, oder?* "

Fonds sind weder als lang- noch als kurzfristige Anlage geeignet. Sie dienen einzig und allein dazu, den Fondsmanagern und Anlageberatern Geld zu verdienen. Sie können ja auch in Schaffhausen alle Ihre Geldscheine in den Rhein werfen und in Köln versuchen, sie wieder herauszufischen. Denn ein Fonds streut das Anlagevermögen, und Sie können davon ausgehen, dass nicht alle Anlagen Gewinn erwirtschaften werden, einen gewissen Schwund werden Sie schon einkalkulieren müssen.

Ein Fondsmanager kann nach Gutdünken Titel kaufen oder auch verkaufen. Er kann Knall auf Fall gefeuert werden. Das bedeutet, Inhalt, Strategie und Administration Ihres Fonds können sich recht schnell verändern, und zwar auf eine Weise, dass Sie eventuell gar keine Anteile mehr von diesem Fonds halten wollen. Nun können Sie natürlich Ihre Fondsanteile wieder verkaufen, das Problem dabei ist: Sie werden beim Kauf, wie beim Verkauf einen Auf- beziehungsweise Abschlag bezahlen müssen. Gut, wenn Sie langfristig investiert sein wollen, ist das nicht so tragisch, aber wenn Sie tatsächlich kurzfristig aussteigen wollen oder müssen, dann kann das sehr schnell zu einem Verlustgeschäft werden.

Außerdem: Anstatt das Risiko bei Ihrer Anlage selbst zu bestimmen und zu tragen, delegieren Sie auch bei einem Fonds wieder Ihre Anlageentscheidungen an jemand anderen. Und das ist keine besonders gute Idee. Sie werden sehen, auch wenn es ungewöhnlich erscheint, aber wenn man sich einmal daran gewöhnt hat, eigene Entscheidungen zu treffen und selbst dafür verantwortlich zu sein, beginnen sich die eigenen Anlagen wesentlich besser zu entwickeln.

Zudem laufen Sie stets mit der Masse, wenn Sie in einen Fonds investieren, denn so merkwürdig es klingt, aber selbst der beste Fondsmanager hat nicht den riesigen Einfluss auf das angelegte Geld, wie man meinen möchte, denn auch er steckt, ohne dass er etwas dagegen tun kann, in der Falle: *„Kaufe wenn teuer und verkaufe wenn billig"*-Zwickmühle. Und das ist genau dieselbe Handlungsweise, nach der ängstliche Anleger funktionieren.

Sie zweifeln?

Dann versetzen Sie sich doch einmal in die Lage eines smarten Fondsmanagers.

8.2 Anleger in der Fondsfalle Teil 1

Angenommen Sie sind ein Fondsmanager. Eines Morgens kommen Sie in Ihr Büro und Ihre Sekretärin teilt Ihnen freudestrahlend mit, dass gerade gestern eine Milliarde neues Geld auf dem Fondskonto aufgetaucht ist. Aufgrund Ihres guten Rufes in der Branche haben sich einige Investoren entschlossen, Ihnen das Geld zu geben, damit Sie es gewinnbringend anlegen.

Ihr profundes Wissen über den Markt sagt Ihnen, der Markt ist zurzeit überbewertet. Kaufen wäre also keine gute Entscheidung. Dumm ist nur, dass die neue Milliarde ja gerade deshalb auf dem Konto des Fonds aufgetaucht ist, *damit* Sie das Geld anlegen.

Nun haben Sie genau drei Möglichkeiten:

1. Sie halten das Geld auf dem Konto, oder Sie parken es in Staatsanleihen.

2. Sie schließen den Fonds temporär und akzeptieren für eine Weile keine neuen Einlagen mehr.

3. Sie kaufen wider besseres Wissen zähneknirschend überbewertete Aktien.

Lösung Nummer 1 ist eigentlich keine, denn im Regelfall verbietet Ihnen die Satzung des Fonds, Geld zu halten oder in Staatsanleihen zu investieren.

Lösung Nummer 2 wäre sehr elegant, wird aber in der Praxis nicht vorkommen, weil ein Fonds nur Gehälter auszahlen kann, wenn mit den Investments Geld verdient wird: keine Gelder, keine Courtagen! Ihr Chef wird davon wenig begeistert sein. Deshalb kommt diese Variante in der Praxis kaum vor.

Bleibt nur Lösung 3 und Sie legen wider besseres Wissen das frische Geld in überteuerte Aktien an.

Und nun der umgekehrte Fall:

8.3 Anleger in der Fondsfalle Teil 2

Stellen Sie sich vor, wir hätten wieder eine Situation wie 2009, und alles ist in Auflösung. In panischem Entsetzen werden Aktien verkauft, nur um aus dem fallenden Markt noch schnell zu entkommen, und auf den Tafeln der Weltbörsen tauchen nur rote Verkaufsorder auf.

Sie kennen den Markt und wissen, dass Sie jetzt lieber ruhig bleiben sollten, denn wenn die Herde zu rennen beginnt, dann rennt sie immer in die falsche Richtung. Sie sitzen ruhig in Ihrem Büro und überlegen, welche Aktien Sie mit den liquiden Mitteln, die Sie noch haben, jetzt kaufen könnten. Doch plötzlich stürmt aufgelöst die Sekretärin in Ihr Büro und reißt Sie aus Ihren Gedanken. Sie wedelt wild mit einem Stapel Papier und sagt atemlos: „Da ist ein Haufen Investoren, die wollen fünf Milliarden aus dem Fonds abziehen!"

Jetzt haben Sie ein Problem: Viele freie Gelder haben Sie nicht, denn der Fonds muss stets voll investiert sein, sonst verdient er nichts. Um den Verkaufswünschen zu entsprechen, *müssen* Sie jetzt Aktien verkaufen, auch wider besseres Wissen. Mit Ihrer massiven Verkaufsorder treiben Sie sogar die breite Masse der Anleger weiter in die falsche Richtung. Auch wenn Ihnen das Herz blutet,

Sie haben keine Wahl. Wenn die Anleger Geld aus dem Fonds abziehen, dann müssen Sie sich auch von den allerbesten Aktienperlen trennen, obwohl Sie genau wissen, dass dieser Spuk in spätestens sechs Monaten vorbei sein wird.

Erkennen Sie das Dilemma? Auch wenn Sie als einfacher Investor Fondsanteile kaufen, weil Sie der Überzeugung sind, Fondsmanager sind kompetente Leute, die schon richtig reagieren werden, sind Sie nicht gefeit davor, ständig mit der Masse zu rennen, selbst wenn die Verwalter des Fonds allesamt Genies des Finanzwesens sein sollten. Auch wenn es schwerfällt, es zu akzeptieren, aber Sie haben keine Wahl, wenn Sie Ihr Geld erfolgreich anlegen wollen, dann müssen Sie sich selbst darum kümmern. Und wenn Sie die verschlungenen Wege der Anlagestrategien nicht begreifen, dann ist es besser, Sie handeln nach dem ersten Hauptsatz der Geldanlage:

Investieren Sie in Anlagen, die Sie verstehen und beurteilen können, aber nicht in Experten und „Finanzprodukte", die Sie weder verstehen noch beurteilen können!

8.4 Sind ETFs wirklich eine so gute Idee?

Die Ansichten gerade über ETFs sind einheitlich. Mit ETFs kann man einen gesamten Index oder einen Teil davon einfach und kostengünstig abbilden. Doch wie so so häufig im Leben ist die Meinung der Mehrheit nicht immer zielführend. Die Frage sei erlaubt, warum will man denn einen Index oder einen Teil davon überhaupt abbilden? Kauft man mit einem solchen Index nicht auch Titel, die man überhaupt nicht haben will? Wenn Sie beispielsweise einen ETF auf den DAX kaufen, dann bekommen Sie automatisch einen Anteil der Banken mit ins Depot gebucht, Banken, die sich im letzten Jahrzehnt nicht gerade vorteilhaft entwickelt haben, und die Frage sollten Sie sich schon stellen, ob sie das überhaupt wollen. Und was heißt hier *kostengünstig*? Eine Anlage sollte grundsätzlich nur ein Mal Geld kosten, Courtage, nämlich dann, wenn man sie kauft. Jede Art dauerhafter Kosten schmälert Ihren Gewinn.

Und im Ergebnis kaufen Sie eben Titel, die Sie gar nicht haben wollen und zahlen dafür auch noch jährliche Verwaltungsgebühren. Ergibt das für Sie einen Sinn?

Aber manche dieser ETFs haben sich doch ganz gut entwickelt, werden Sie sagen. Sicher haben sie das, aber woher wollen Sie wissen, ob das in Zukunft auch so sein wird? Das Investieren in Fonds oder ETFs ist undifferenziert und ohne Konzept, nach der Methode: Ich werfe mal einen Stein in den See, vielleicht treffe ich ja dabei einen dicken Fisch.

Für den Anleger mit kleinem Portfolio und nur wenig Erfahrung haben solche Anlagen einen entscheidenden Nachteil.

Wenn man in diese Anlageformen investiert, dann verzichtet man zwangsläufig auf die Kontrolle über sein Vermögen, und das sollte gerade der Kleinanleger unter allen Umständen vermeiden.

Ich rate gerade dem Kleinanleger von solchen Anteilen eher ab. Die Kontrolle über die eigenen Finanzen abzugeben heißt doch, die Kontrolle jemandem anderen übergeben, und das ist keine gute Voraussetzung für einen dauerhaften Erfolg an der Börse, denn keine Kontrolle zu haben, heißt doch, keine Möglichkeit zu haben, etwas zu ändern.

Aber kommen wir doch zu einem Lieblingsthema der Beraterbranche: ETFs und Indexfonds mindern Ihr Risiko, heißt es! Wenn einige Titel im Fonds sich ungünstig entwickeln, dann werden sich andere besser entwickeln und der Verlust gleicht sich aus. Nun, das mag schon stimmen, aber ebenso reduzieren ETFs Ihre Gewinnchancen. Denn wenn einige Titel im ETF steigen, dann werden gewiss einige andere darin enthaltene auch fallen, und so reduziert sich Ihr Gewinn. Können Sie einen Sinn darin erkennen?

Deshalb noch ein Zitat aus dem Wirtschaftsteil des Focus Online vom 12. Juni 2013:

Niels Nauhauser, Finanzexperte bei der Verbraucherzentrale Baden-Württemberg, gibt Aktienfonds ebenfalls den Vorzug vor Einzelaktien. Allerdings rät er: „Gerade in Zeiten niedriger Erträge sollten Verbraucher darauf achten,

die Kosten einer Geldanlage so niedrig wie möglich zu hal-
ten und so wenig wie möglich für Provisionen auszuge-
ben." Das bedeutet: Sparer sollten in Indexfonds investie-
ren, ETFs (Exchange Traded Funds). Diese Fonds bilden
die Kursentwicklung eines Aktienindexes eins zu eins ab. Es
gibt also keinen Fondsmanager, der versucht, mit eigenen
Kurswetten noch besser als der Index zu sein. „Solche
Fonds verzichten auf das aktive Management und auf Be-
standsprovisionen für den Vertrieb. Aufgrund der geringe-
ren Kosten und der passiven Anlagestrategie schneiden sie
besser ab als die meisten ihrer überteuerten Pendants", ur-
teilt Nauhauser. Wichtig sei für den Anleger eine breite in-
ternationale Streuung. „Eine gute Basis sind dabei Aktien-
indizes wie der MSCI-World oder der MSCI-Europe."

Das sind sie also, die guten Ratschläge der Verbraucherzentra-
len. Ich frage mich allerdings, auf wessen Seite diese Zentralen stehen! Da wird dem Anleger empfohlen, ausgerechnet sein Geld in
Fonds anzulegen. Ja, wissen denn die schlauen Herren nicht, dass
man damit seine Investition unnötig verzettelt? Das mit solchen
empfohlenen „*Titeln*" nur in seltenen Fällen eine Rendite zu erwirtschaften ist? Außerdem, wo bleiben die Dividenden? ETFs
zahlen nämlich nicht immer welche, meist thesaurieren sie, das
heißt, sie legen die Gewinne wieder an. An sich keine schlechte
Idee, nur nützt Ihnen das wenig, wenn Sie auf monatliche Zuflüsse
angewiesen sind.

Sie sind Weinkenner? Was würden Sie dazu sagen, wenn man
Ihnen vorschlägt, einen Spitzenwein mit drei bis vier guten Weine
zu mischen, einige mittelmäßigen dazuzuschütten und dann auch
noch zur Verfeinerung ein paar Rachenputzer hineinzukippen. Ich
glaube nicht, dass Ihnen das Gesöff wirklich munden würde.

Wenn Sie Kurswetten erfolgreich aus dem Wege gehen wollen,
dann legen Sie Ihr Geld in Werte an, die sie kennen. Und zwar in
Werte, die Ihr Urgroßvater bereits kannte, deren Produkte Ihre Ur-
großmutter bereits zum Waschen verwendete. Ausgerechnet Index-
Fonds werden von den schlauen Herren empfohlen. Da können Sie

genauso gut Ihr Geld in eine Lotterie investieren, auch dort wissen Sie nicht, welche Nummer gerade gezogen wird. Wenn diese merkwürdigen „*Empfehlungen*" tatsächlich so erfolgreich wären, warum gibt es dann so wenig Millionäre in diesem Staat? Könnte es vielleicht sein, dass hinter diesen „*Ratschlägen*" ein listiges System steckt?

Und dann!

Was heißt hier Kosten einer Geldanlage?

Habe ich da etwas falsch verstanden? Ich gehe eigentlich davon aus, dass eine Investition zuerst einmal Gewinne erwirtschaftet, aber keine Kosten verursachen soll. Wenn heute die Gewinne schon nicht so üppig sprudeln, wie viel wird dann noch für Sie übrig bleiben können, wenn man die Kosten einmal abzieht? Und eines sollten Sie immer im Gedächtnis behalten: Derjenige, der bestimmt, wie hoch die Kosten sind, ist auch der, dem Sie das Geld gegeben haben. Was meinen Sie wohl, in welchem Sinne er die Kosten berechnet?

In einem hat der Herr allerdings recht: Sie sollten tatsächlich die Kosten der Geldanlage so niedrig wie möglich halten, nämlich bei genau null Euro. Verzichten Sie ganz auf Bestandsprovisionen, aktives oder passives Management, Gebühren für's Depot und Kosten für den Vertrieb. Diese Herren können die weltweiten Indizes auch nicht dauerhaft schlagen. Denn das müssten sie, wenn sie eine vernünftige Rendite für Sie und zusätzlich ihre eigenen Gewinne erwirtschaften wollen.

Auch wenn die Idee attraktiv zu sein scheint, aber wenn Sie Anteile an einem ETF kaufen, erhalten Sie immer Titel, die Sie nicht haben wollen, denn es ist doch kaum anzunehmen, dass sämtliche Titel im DAX, DOW, FTSE oder AORD genau Ihren Vorstellungen entsprechen. ETFs verwässern Ihre Anlagestrategie und sie verwässern auch den Ertrag. Und wenn Sie in einen thesaurierenden ETF investiert haben, dann sind Sie gezwungen, zu Beginn des Jahres Anteile zu verkaufen, damit Sie das Jahr über etwas zu beißen haben.

Hübsch ist auch die Aussage:

„Es gibt also keinen Fondsmanager, der versucht, mit eigenen Kurswetten noch besser als der Index zu sein."

Also versuchen im Umkehrschluss viele Fondsmanager, mit Ihrem Geld Kurswetten abzuschließen? Warum gehen die dann nicht mit ihrem eigenen Geld auf die Pferderennbahn, wenn sie unbedingt wetten wollen? Es ist wahr, die Börse ist zu einem Wettbüro verkommen, aber wo steht, dass Sie da mitmachen müssen? Investieren Sie, aber wetten Sie nicht. Denn auch das ist an den Börsen der Welt immer noch möglich! Kein Fondsmanager wird dauerhaft besser als der Index sein, genauso wenig, wie es jemand schaffen wird, dauerhaft die richtigen Lottozahlen vorherzusagen!

Wenn Sie einen ETF auf den allseits beliebten DAX kaufen, dann bekommen Sie anteilig alle Aktien im Dax. Wollen Sie dann wirklich, dass ein Teil Ihres Vermögens langfristig von Aktien wie den folgenden Titeln aus Abbildung 8, Abbildung 9 und Abbildung 10 bestimmt wird?

Speziell ETFs dienen einem Fondsmanager nur dazu, mit wenig Aufwand viel Geld zu verdienen. Sie und Ihre Einlage kommen bei dem Modell nur am Rande vor.

ETFs werden in der Fachpresse hoch gelobt, und das sollte Sie stets stutzig machen, aber eine höhere Sicherheit bieten sie auch nicht. Außerdem kosten sie Geld, und Geld ausgeben, um Geld zu verdienen, ist niemals eine besonders gute Idee. Mein Urteil: ETFs sind für Anleger mit kleinem Geldbeutel keine vernünftige Anlageform. Wenn Sie mal fünfzig oder sechzig Millionen besitzen, können Sie's ja mal versuchen, aber mit kleinem Geld eher nicht.

8.5 Hedgefonds

Hedgefonds sind schnell erklärt, schon allein deshalb, weil sie für Anleger nicht infrage kommen.

Angenommen, Sie wollen an der *McDonalds*-Aktie partizipieren, da Sie aber zu den ganz Schlauen gehören, sagen Sie sich: „Wieso soll ich die *McDonalds*-Aktie kaufen, die *McDonalds*-Filialen stehen alle auf irgendwelchen Grundstücken, und die muss die Firma *McDonalds* von irgendjemandem mieten, also kaufe ich doch lieber die Anteile des Vermieters."

Der Vorteil wäre: Wenn Umsatz und Gewinn von *McDonalds* steigen, dann wird auch der Mietpreis steigen, wenn allerdings *McDonalds* pleitegehen sollte, dann kann der Vermieter immer noch das Grundstück an jemand anderen vermieten. Also haben Sie die doppelte Sicherheit, Sie haben sich gegen eine Pleite *McDonalds'* abgesichert. Wäre natürlich dumm, wenn der Immobilienbesitzer auch pleitegeht, aber dann könnten Sie immer noch von seiner Frau eine Bürgschaft verlangen. Hedgefonds sind das Streben nach absoluter Sicherheit, und die gibt es eben nicht. Außerdem kosten solche Strategien Geld, das Sie wiederum bei dem Geschäft verdienen müssen.

Und das ist die einfache Variante einer Erklärung.

Aber lesen Sie doch, was die Experten über die Hedgefonds schreiben:

Da Hedgefonds keinen Anlagerichtlinien unterliegen und alle Formen der Kapitalanlage nutzen, zeichnen sich Hedgefonds durch ein höheres Risiko als normale Investmentfonds aus. Diese Eigenschaft ist gleichzeitig der große Vorteil von Hedgefonds: Sie bieten dem Anleger ein breit gefächertes Spektrum: Eine Anlage in Aktien oder Rentenpapieren bis zu Options- und Futuregeschäften ist ohne Einschränkung möglich.

Fühlen Sie sich in der Lage, mit einem solchen Instrument umzugehen? Kennen Sie einen Anlageverwalter, von dem Sie wissen, dass er das kann? Klar, er wird Ihnen versichern, dass er über viel Erfahrung auf dem Gebiet verfügt, aber wie wollen Sie das kontrollieren? Eines sollten Sie sich klar machen! Wenn er's nicht können sollte, ist Ihr Geld futsch! Möchten Sie Ihr Geld auf diese Weise verwalten wissen?

8.6 Optionsscheine

Mit einem Optionsschein erkaufen Sie sich das Recht, innerhalb einer bestimmten Frist eine bestimmte Anzahl von Aktien zu einem festgelegten Kurs zu beziehen. Worin liegt der Sinn, das zu tun, und warum kauft man nicht gleich die Aktie selbst?

Nun, das liegt an der Hebelwirkung, die ein solcher Optionsschein hat. Denn anstatt eine Aktie der Allianz für, sagen wir, 120€ zu kaufen, erstehen Sie mit einem Optionsschein nur das Recht darauf, innerhalb einer festgelegten Frist die Aktie zu einem ebenfalls festgelegten Kurs zu kaufen.

Verstanden?

Nein?

Hier ein Beispiel:

Sie verfügen über 120€ und wollen Aktien der Allianz kaufen. Das Dumme ist nur, die Aktie kostet bereits 120,00€, Sie bekämen für Ihr Geld also genau eine einzige Aktie. Rechnet man noch die Courtagen und Spesen hinzu, wäre das ein denkbar schlechtes Geschäft, denn Ihre Aktie müsste schon mindestens um 20% im Wert steigen, damit Sie überhaupt in die Gewinnzone kämen.

Die besagte Allianz-Aktie kostet Sie also 120€. Sie hatten auch nur 120€ zur Verfügung, also ist das Geld weg und Sie besitzen eine Allianz-Aktie.

Wenn Sie jedoch jemanden finden, der Ihnen das Recht verkauft, die Aktie zum heutigen Preis innerhalb einer bestimmten Frist von ihm zu kaufen – nur das Recht, nicht die Aktie selbst, dann können Sie innerhalb dieser Frist dieses Recht auch ausüben. Das heißt, dieser Jemand muss Ihnen innerhalb der festgesetzten Frist die Aktie für genau 120€ verkaufen, egal, wie der Kurs gerade steht. Natürlich wird Ihnen dieser Jemand das Recht nicht ohne Entgelt einräumen, sagen wir also, er möchte 5€ pro Aktie von Ihnen haben, wenn Sie Ihre 120€ ganz einsetzen, dann bekommen Sie das Recht, vierundzwanzig Aktien für jeweils 120€ zu kaufen.

Worin liegt der Sinn einer solchen Operation?

Ganz einfach!

Wenn der Kurs der Allianz-Aktie innerhalb der festgesetzten Frist auf 130€ steigen sollte, dann können Sie Ihr erworbenes Recht ausüben. Das bedeutet, Sie kaufen von dem Verkäufer die Allianz-Aktie für die vereinbarten 120€. Da die Aktie aber am Markt 130€ wert ist, können Sie jetzt die Aktie für 130€ verkaufen, haben also einen Gewinn von 10€ pro Optionsschein gemacht. Das macht insgesamt einen Gewinn von 240€. Da Sie jedoch die Gebühren von 120€ von Ihrem Gewinn abziehen müssen, bleiben Ihnen als Gewinn genau 120€ übrig.

Im realen Fall müssten Sie die Aktien nicht wirklich kaufen, denn der Verkäufer der Option besitzt diese Aktie gar nicht. Der reale Erwerb der Aktien wäre für beide Parteien kein gutes Geschäft, denn Käufer und Verkäufer müssten beide Courtagen und Spesen bezahlen. Stattdessen wird Ihnen der Verkäufer der Optionen die Differenz auszahlen, also 5€ pro erworbener Option, ein Gewinn von immerhin 4,16% innerhalb der festgesetzten Frist. Im Regelfall sind das meist drei Monate.

Nicht schlecht, finden Sie?

8.7 Aber wie kommt jetzt die Hebelwirkung ins Spiel?

Auch das ist schnell erklärt.

Auf diese Weise können Sie mit Ihren 120€ nicht nur eine Aktie kaufen, sondern das Recht, vierundzwanzig davon zu kaufen.

Für diese Anzahl Aktien hätten Sie vielleicht das Geld nicht, aber da Sie sich sowieso nur die Differenz auszahlen lassen, müssen Sie die Summe für die Aktien nicht aufbringen. Setzen Sie die 10€ Gewinn beim Kauf einer Aktie in Relation zu den 120€, die Sie beim Optionsgeschäft gewonnen haben, dann ist Ihr Gewinn jetzt zwölf Mal so groß wie beim Kauf der „richtigen" Aktie. Sehen Sie, und das nennt man den Hebel.

Doch wenn Sie jetzt sofort zu Ihrem Computer laufen, um im Internet solche Optionsscheine zu kaufen, dann warten Sie noch ein wenig, denn die Sache hat einen Haken. Bei solchen Geschäften sollten Sie sich immer fragen, warum will mir die Gegenseite das Recht überhaupt verkaufen? Ganz einfach, Sie hoffen auf steigende Kurse, der Verkäufer der Optionen dagegen, setzt auf fallende Kurse und, um zu gewinnen, müssen Sie recht haben. Bei der anderen Seite handelt es sich jedoch meist um eine Bank, und wer, meinen Sie wohl, wird bei diesem Spiel gewinnen?

Bei fallenden Kursen sieht die Rechnung nämlich ganz anders aus! Da können Sie sehr schnell den Totalverlust Ihrer Investition erleiden.

Der Einfachheit halber demonstriere ich Ihnen das wieder an der Aktie der Allianz.

Sie zahlen für das Recht, die Aktie zu kaufen, 5€. Wenn jetzt der Kurs nur um 5€ steigt, dann sieht die Rechnung wie folgt aus:

Sie bekommen die Aktie wie ausgemacht für 120€. Verkaufen können Sie für den jetzt gültigen Marktpreis, also 125€. Insgesamt haben Sie also bezahlt 120€ für die Aktie plus 5€ für das Recht, sie zu kaufen, macht genau 125€. Sie gewinnen also nichts, verlieren jedoch auch nichts.

Doch was ist, wenn der Kurs innerhalb der Laufzeit nicht zulegt oder sogar verliert? Sagen wir, der Kurs steht bei Ablauf der Option bei 115€ oder gar bei 110€? Dann haben Sie genau 120€ verloren, denn in einem solchen Fall verfällt der Optionsschein wertlos. Es ergäbe schließlich keinen Sinn, eine Aktie, die Sie an der Börse für 115€ kaufen können, für 120€ bei Ihrem Partner zu kaufen.

In kurzen Worten zusammengefasst, bedeutet dies: Sie schließen mit dem Emittenten eine Wette ab, bei der einer von beiden gewinnt, der andere verliert. Das allein sollte Sie davon abhalten, in Hebelprodukte zu investieren, denn Wetten haben beim Geldanlegen nichts zu suchen!

Der eigentliche Sinn eines solchen Geschäfts liegt eben darin, dass Sie Ihre Marktprognose an der Prognose des Emittenten messen. Sie sollten jedoch eines bedenken: Der Emittent ist im Regelfall eine Bank, und die verfügt eben auch über bessere Informationen als Sie.

Wollen Sie sich wirklich mit den Experten einer Bank messen?

Solche Geschäfte sollten Sie meiden. Hätten Sie nämlich die Aktie gekauft, dann läge die immer noch in Ihrem Depot, und Sie würden sich über die 4€ an Dividende pro Jahr freuen, auch wenn der Wert der Aktie unter Ihrem Kaufpreis liegt. Zudem bestünde immer noch die Möglichkeit, dass diese Aktie einmal steigen wird, und dann könnte doch noch ein Geschäft aus Ihrer Anlage werden. Und wenn es im Auszahlungsmonat April recht heiß werden sollte, dann könnten Sie sich für die Dividende immer noch ein leckeres Eis kaufen. Man kann eben die Zukunft nicht vorhersagen, auch wenn man es noch so schön verpackt.

8.8 Zertifikate

Zertifikate sind Wertpapiere, welche von Kreditinstituten und Banken konstruiert werden, und damit sind sie für Sie als Anlage nicht geeignet.

Wenn die Bedingungen einer Wette vom Veranstalter allein bestimmt werden, dann können Sie sich auch gleich beim Hütchenspieler am Autobahnrastplatz hinten anstellen.

Rein rechtlich gesehen, handelt es sich bei Zertifikaten um Schuldverschreibungen. Zertifikate beziehen sich in der Regel auf eine oder mehrere Aktien, welche den Basiswert darstellen. Das Problem mit Zertifikaten ist: Bilanztechnisch fallen sie unter Forderungen an die Bank und daher auch unter deren Konkursmasse, das heißt, bei einer Pleite sind Ihre Ansprüche dem Insolvenzrecht unterworfen, und das ist gleichbedeutend mit: Sie verlieren alles!

Zitat aus Wikipedia:

Zertifikate ermöglichen es dem Anleger, an der Entwicklung eines Basiswerts zu partizipieren. Zertifikate sind Schuldverschreibungen und zählen zu den Derivaten und strukturierten

Finanzprodukten. Sie haben in der Regel einen Fälligkeitstermin, es existieren allerdings auch Zertifikate mit unbeschränkter Laufzeit. Durch den Kauf von Zertifikaten wird es dem Privatanleger ermöglicht, komplexe Strategien nachzubilden und in schwer zugängliche Basiswerte, wie z. B. Rohstoffe, zu investieren. Zu den bekanntesten Zertifikate-Arten gehören Hebelzertifikate, Indexzertifikate, Discountzertifikate, Bonuszertifikate, Garantiezertifikate, Sprint-, Basket- und Outperformance-Zertifikate.

Wunderbare Definition.

Ich frage Sie, weshalb wollen Sie ausgerechnet an komplexen Strategien partizipieren, deren Sinn Sie nicht verstehen? Investieren Sie in Aktien, die Sie verstehen. Komplexe Produkte sollen Ihnen nur verschleiern, was wirklich dahintersteckt, nämlich eine Wette der Bank gegen Sie. Und wer da gewinnt, sollte nicht schwer zu erraten sein. Überlegen Sie doch mal: Wenn es da jemanden gibt, der mit einem solchen komplexen Produkt Geld verdient, dann muss es doch zwangsläufig auch jemanden geben, der dabei Geld verliert?

Wenn Sie an einem Pokertisch Platz nehmen, dann schauen Sie sich um. Wenn Sie keinen Trottel am Tisch entdecken können, dann stehen Sie auf und verlassen den Tisch, denn dann sind Sie der Trottel, der ausgenommen werden soll.

Hier treffen wir wieder auf das alte, bereits mehrfach beschriebene Dilemma: Wenn es tatsächlich solche Finanzprodukte geben sollte, die ständig Gewinne machen, wie sollen Sie die finden? Es ist immer und immer wieder dasselbe Spiel: Ihnen wird gesagt, die Börse sei zu kompliziert, deshalb sollten Sie sich einem Berater anvertrauen oder komplizierte Derivate kaufen, aber wer sagt Ihnen denn, welcher Berater, welches Zertifikat das richtige ist?

Außerdem, was heißt schon schwer zugängliche Rohstoffe? Kaufen Sie *Rio Tinto, BHP Billiton,* dann haben Sie so viele Rohstoffe, wie Sie wollen.

Die genannten Titel sind übrigens im Mai, Juni, Juli des Jahres 2013 um mehr als 20% kräftig nach unten gerutscht. Das macht die

Investition nur noch interessanter, denn egal, was die „Experten" sagen, Rohstoffe werden immer gebraucht, zudem zahlen beide Unternehmungen seit Jahrzehnten bereits attraktive Dividenden, was sollten Sie da kurzfristige Kurssprünge interessieren.

8.9 Derivate

Derivate beschreiben Anlageinstrumente, welche sich von anderen Finanzinstrumenten ableiten. Unter den Begriff der Derivate fallen daher Optionen, Futures und Swaps.
Bei Derivaten handelt es sich um Termingeschäfte auf der Grundlage von bestimmten Basiswerten (Underlyings). Der Begriff Derivate (lat. v. derivare = ableiten) bezieht sich also auf Finanzinstrumente, deren Preis bzw. Kurs von einem ihnen jeweilig zugrunde liegenden Marktgegenstand als Basiswert abgeleitet wird. Entsprechend bergen Derivate eine hohe Gewinnchance und ein ebenso hohes Verlustrisiko.
 So weit die Definition.

Wollen Sie wirklich Ihre finanzielle Zukunft auf ein solches Fundament stellen? Die Bank definiert die Bedingungen der Wette, und Sie sind der Spieler. Bei einem solchen gezinkten Pokerspiel sollten Sie wirklich nicht der Idiot sein! Schauen Sie sich um, und wenn niemand sonst in der Nähe ist, der ausgenommen werden soll, verlassen Sie das Spiel, denn dann sind Sie zum Opfer auserkoren.

8.10 Swaps

Dieser Begriff hat eigentlich in diesem Buch nichts zu suchen. Ich erkläre ihn auch nur deshalb, um die Vertrauenswürdigkeit kommunaler und staatlicher Organe zu demonstrieren. An dieses und andere prominente Beispiele sollten Sie sich immer erinnern, wenn Sie die Versuchung überkommt, doch einmal Staatsanleihen zu kaufen.

Ein Zinsswap ist ein Zinsderivat, bei dem zwei Vertragspartner vereinbaren, zu bestimmten zukünftigen Zeitpunkten Zinszahlungen auf festgelegte Nennbeträge auszutauschen. Die Zinszahlungen werden meist so festgesetzt, dass eine Partei einen bei Vertragsabschluss fixierten (festgesetzten) Festzinssatz zahlt, die andere Partei hingegen einen variablen Zinssatz (Plain Vanilla Swap). Der variable Zinssatz orientiert sich an den üblichen Referenzzinssätzen im Interbankengeschäft. Zinsswaps werden sowohl zur Absicherung gegen Zinsänderungsrisiken als auch als Spekulationsinvestment genutzt.

Im Klartext heißt das, man tauscht beispielsweise langlaufende Kredite mit festem Zins in Kurzläufer mit variablem, niedrigerem Zins in der Hoffnung, dass die Zinsen in der Laufzeit nicht steigen (es geht übrigens auch umgekehrt). Genau solche Geschäfte wurden von großen Kommunen in Deutschland gemacht, um die Zinslast zu reduzieren. Natürlich ging das schief, denn der variable Zins stieg sehr schnell an und die Kommunen mussten hohe Zinsen an ihre Partner, die Banken, bezahlen.

Zitat „Süddeutsche Zeitung vom 17. Mai 2010":

Der Fall begann im Jahr 2005, da schloss Pforzheim wie viele andere Gemeinden sogenannte Spread-Ladder-Swaps ab. Vor allem die Deutsche Bank zog damals mit diesen Finanzprodukten durch die Lande und machte sie den Kämmerern der Kommunen schmackhaft, obwohl manche vielleicht gar nicht ganz durchschauten, auf was sie sich da einließen. Die Kommunen wurden zu Spielern an den Finanzmärkten.

Im Fall Pforzheim geht die Staatsanwaltschaft in ihrem Anfangsverdacht jedoch davon aus, dass die Oberbürgermeisterin und ihre Kämmerin sehr wohl wussten, was sie taten. Käme es zu einer Anklage und später einer Verurteilung, würden die Chancen der Stadt, einen Schadenersatz von der Bank zu bekommen, dramatisch sinken. Sie müsste dann die Kämmerin verklagen. Noch sind die Auswirkungen des Finanzdebakels in Pforzheim kaum zu spüren. Die Stadt hat beschlossen, vorerst keine Rücklagen zu bilden, der Schaden würde vom Haushaltsjahr 2014 an entstehen. Es ist also wieder eine kleine Wette darauf, dass irgendwie wieder alles gut wird.

Der Stadt Pforzheim entstand hieraus ein Verlust von bis zu 77 Millionen Euro.

Jetzt klagt die Stadt Pforzheim gegen die Deutsche Bank wegen *„Falschberatung"*. Man fragt sich wirklich, ob man sich in einem Kindergarten befindet. Wenn das die Vertreter der Städte und Kommunen sind, möchte ich von ihnen nicht verwaltet werden.

Wer die 77 Millionen Euro bezahlen wird, darüber muss man nicht groß nachdenken, die Kämmerin der Stadt Pforzheim wird es jedoch nicht sein.

Deshalb!

8.11 Vertrauen Sie nicht dem Staat

Der Staat benimmt sich wie ein Drogenabhängiger. Er verlangt stets nach neuen Steuern und Abgaben. Und genau wie bei einem Abhängigen hat die Vergangenheit deutlich gezeigt, dass es für den Staat von der Droge *Steuer* nie genug geben kann. Allerdings gibt es da eine natürliche obere Grenze, an die sich die Steuereinnehmer nur asymptotisch annähern können, und das ist das Bruttoeinkommen des einzelnen Bürgers. Sicher, eine Steuerlast von 100% wird es wohl nie geben, zählt man freilich die verschiedenen Abgaben zusammen und addiert sie zum Steueraufkommen, so bleibt nicht viel für die eigene Tasche. Der Staat begründet den unendlichen Hunger nach Steuern mit der Fürsorgepflicht für seine Bürger. Nach meiner Ansicht entstehen dabei zwei grundsätzliche Probleme.

8.12 Fürsorge verlangt Kontrolle

Wenn der Staat für seine Bürger sorgen soll, so muss er natürlich sicherstellen, dass seine Fürsorge nur Berechtigten zukommt, und daraus resultiert der Zwang zur Kontrolle. Dabei legt der Staat manchmal eine merkwürdige Art von Fürsorge an den Tag. Während er versucht, streng darauf zu achten, dass die Hilfe nicht an

Unberechtigte verteilt wird, streut er seine Gaben, unter dem Vorwand der Gleichbehandlung, häufig auch unter die weniger oder gar nicht Bedürftigen. So bekommt das Ehepaar mit einem Millioneneinkommen gleichermaßen das Kindergeld wie auch die alleinerziehende Mutter. Nur sind eben 100,00€ monatlich für einen Haushalt mit zwei Verdienern mit siebenstelligem Einkommen etwas anderes als dieselben 100,00€ für ein Einkommen von 1.500,00€.

Gleich ist das nicht, denn wie schrieb schon Blaise Pascal in einem seiner zahllosen Bonmots?

„Es ist Arm und Reich verboten, Brot zu stehlen und unter den Brücken von Paris zu schlafen."

Es sind Verbote, die vordergründig für alle gelten, für Reiche jedoch überhaupt keine Bedeutung haben. Gerechtigkeit bedeutet eben nicht Gleiches für alle, und Gleichheit bedeutet eben nicht unbedingt Gerechtigkeit für alle. Wenn dies Gerechtigkeit bedeutet, dann verhielte sich ein Staat wie Australien wirklich sehr ungerecht, denn dort werden Pensionsbeiträge zwar von allen bezahlt, aber nur die Bedürftigen bekommen am Ende des Arbeitslebens eine Rente. Und da nicht alle in den Genuss einer Rente kommen werden, sind natürlich auch die Beiträge, die jeder während seines Arbeitslebens zu zahlen hat, entsprechend geringer, und das fände ich nun wieder sozialer.

Manchmal wäre es besser, die Göttin Justitia würde ab und an mal ihre Binde vor den Augen etwas lüften und sich ansehen, wem sie alles was antut.

8.13 Fürsorge lähmt die Eigeninitiative

Diese Feststellung ist keinesfalls abwertend gemeint und sie trifft auf den Großteil der Menschen zu. Denn der Mensch benimmt sich nicht anders als der Schwan oder die Ente, die ständig von Touristen Brotkrumen zugeworfen bekommt. Hat sich das schöne Tier einmal daran gewöhnt und bleiben dann die mitleidigen Touristen aus, so wird der Schwan verhungern, weil er verlernt hat, nach Futter zu suchen.

Wer ständig nachweisen muss, dass er bedürftig ist, wird sehr schnell lernen, welche Kriterien der Staat dafür anlegt. Er wird also versuchen, die Bedürftigkeit so gut es geht zu optimieren, um seinen Lebensunterhalt zu sichern. Und da das Optimieren der eigenen Bedürftigkeit ständig mehr Zeit kostet, hat man als Empfänger staatlicher Leistungen praktisch kaum noch Zeit, sich um den eigenen Lebensunterhalt zu kümmern. Für Überlegungen, wie man die eigene Situation verbessern kann, bleibt dann eben keine Zeit. Dieses Verhalten ist einfach nur menschlich.

Solange die Wirtschaft gut läuft, kann das System funktionieren, jedoch irgendwann wird die Zeit kommen, da der verdienende Teil der Gesellschaft diese Fürsorge nicht mehr leisten kann, und dann wird es dem Fürsorgeempfänger so gehen wie dem Schwan, er wird verlernt haben, was man tun muss, um seinen Lebensunterhalt zu bestreiten.

Fazit: Es ist für jede Gesellschaft besser, die Eigeninitiative und Selbstverantwortung zu fördern, als künstlich Abhängigkeiten zu schaffen. Dieses Ziel ist nicht mit einem Mehr an Zuwendung, sondern nur mit einer anderen Art von Sozialstaat und vor allem mit mehr Bildung zu schaffen.

Der Staat hat nur ein Interesse an seinen Bürgern, nämlich Steuern einzunehmen. Unbestritten, dafür leistet er auch einiges. Das Problem ist nur: Er leistet vieles, das der Bürger eigentlich selbst erledigen könnte, er leistet manches, das der Bürger gar nicht braucht, und er leistet so einiges, das völlig überflüssig ist.

Der Mensch ist von Natur aus ein träges Wesen, das Veränderungen verabscheut. Deshalb sind viele Bürger froh, dass sich der Staat um viele seiner Belange kümmert. Es ist bequem, macht nicht viel Arbeit, und Sorgen um die Zukunft muss man sich ebenfalls nicht machen. Für die meisten Menschen wird sich diese Einstellung in naher Zukunft unweigerlich als fataler Fehler erweisen.

8.14 Der Staat, der verantwortungsvolle Wirtschafter

Sieht man sich die gültigen Haushaltsberichte von 2011 und 2012 an, so erkennt man: Die staatlichen Organe sind schon längst nicht mehr Herr der eigenen Entscheidung. Mit den Jahren haben sich Schulden in Höhe von 2.122 Milliarden Euro angesammelt. Ständig werden alte Schuldverschreibungen fällig, die durch neue ersetzt werden müssen. Solange die Eurokrise andauert, ist das für Deutschland recht komfortabel, denn als eines der wenigen Länder im Euroraum mit solider Wirtschaft kann Deutschland alte, hochverzinste Schulden durch neue, niedrigverzinste ersetzen. Das spart Zinszahlungen und dies entlastet den Haushalt ganz erheblich.

Im Augenblick!

Doch das täuscht darüber hinweg, dass Schulden, eben Schulden bleiben, ein geringerer Schuldendienst ändert daran nichts. Denn wenn sich die Situation einmal ändern sollte, dann kann die Situation schnell sehr ungemütlich werden, wie die folgende Analyse zeigt.

Im Jahr 2012 wurde jeder Bürger in Deutschland, vom Säugling bis zum Rentner, um rund 500 Euro enteignet, ohne dass er dies auch nur gemerkt hätte. Wenn man nun denkt, das Geld flösse in Sozialleistungen, den Straßenbau, in Bildungs- oder Familienpolitik, dann liegt man falsch, denn das Geld fließt direkt in die Taschen der Gläubiger der Bundesrepublik Deutschland.

Kein Grund für Empörung, denn diese Gläubiger haben das Geld schließlich irgendwann einmal dem deutschen Staat geliehen, und es ist nur legitim, wenn sie es nach Ablauf der Anlagefrist wieder zurückhaben wollen. Das will schließlich der kleine Sparer auch, wenn er dem Staat Geld leiht.

Aufgrund des oben geschilderten Schuldenstands werden jedes Jahr Rückzahlungen fällig, und deshalb muss die Regierung der Bundesrepublik jedes Jahr neue Kredite aufnehmen, um ihren Zahlungsverpflichtungen nachzukommen. Kredite müssen verzinst werden, und die Zinsen zahlen Sie, besser sämtliche Einwohner Deutschlands mittels der Steuern.

Wenn man den Darstellungen von 2012 Glauben schenken kann, so scheint sich die Situation etwas zu entspannen.

Möchte man glauben!

Denn den Regierenden ist es gelungen, die Netto-Neukreditaufnahme zu senken. Dies wirkt sich natürlich sofort auf die Zinsforderungen aus, die pro Kopf in Deutschland für 2012 auf rund 460€ gesunken sind. Liest sich schön! Doch sieht man sich den mehr als 2.500 Seiten langen Haushaltsbericht genauer an, stellt man fest: Deutschland ist eigentlich nicht mehr regierungsfähig.

Oberflächlich betrachtet, hat sich im Haushaltsplan für 2012 nicht sonderlich viel verändert. Der größte Posten ist nach wie vor der Bereich „Arbeit und Soziales". Danach folgen wie in den Jahren davor die Zinsforderungen der Kapitalgeber. Mit etwas über 38 Milliarden Euro stellt diese Position gut 12% des gesamten Bundeshaushaltes 2012 dar. Dann folgen die Ausgaben für die Verteidigung, also ungefähr 31 Milliarden Euro, ein Anstieg von rund 440 Millionen Euro im Vergleich zum Vorjahr. Und erst dann folgen die Ministerien für „Bildung und Forschung", „Familie", „Umwelt und Naturschutz", „Ernährung und Verbraucherschutz" und „Gesundheit".

Doch wenn man etwas genauer hinsieht, dann findet man auf der Seite 37 des Berichtes die Zahlen, die jedem Bürger den kalten Schauer über den Rücken jagen müssten, denn Deutschland finanziert sich auch im Jahr 2012 komplett durch Kredite. Die Einnahmen aus Steuern und sonstige Einnahmen dienen faktisch ausschließlich dazu, fällige Kredite abzulösen. Die Situation stellt sich wie folgt dar:

Der Staat verwendet das *gesamte* Steueraufkommen, um die Kreditgeber zu befriedigen, dadurch hat er zwar weniger Schulden, aber leider auch kein Geld mehr, die nötigen Ausgaben zu finanzieren. Die logische Konsequenz ist: Der Staat muss neue Kredite aufnehmen, und zwar in Höhe des Steueraufkommens. Und genauso ist es. Die Neukreditaufnahme entspricht ziemlich genau den gesamten Ausgaben des Bundeshaushalts. In Zahlen bedeutet dies: 2012 muss die Bundesrepublik Deutschland etwa 310 Milliarden Euro neue Kredite aufnehmen. Da nun aber die auslaufenden Kredite nur etwa 270 Milliarden Euro ausmachen. Diese Summe ist um 40 Milliarden höher als die voraussehbaren Steuereinnahmen im selben Jahr. Diese belaufen sich nach Schätzungen der Regierung auf rund 222 Milliarden Euro. Hinzu kommen noch sonstige Einnahmen von rund 28 Milliarden Euro. Solange sich Deutschland in der Eurozone einer guten Bonität erfreut, ist das, temporär gesehen, sogar ein gutes Geschäft, solange man für die abgelösten Altkredite hohe Zinsen zahlen musste und man die neuen für erheblich weniger Zinslast bekommt. Doch sobald die Geldgeber das Vertrauen in die deutsche Wirtschaft verlieren und sich damit die Bonität Deutschlands verschlechtert, dann wäre Deutschland dazu gezwungen, einen Risikoaufschlag zu bezahlen. Und wenn die Zinslast der Neuverschuldung auch nur um ein, zwei Prozent steigen sollte, dann hat Deutschland ein gravierendes Problem.

Man muss sich nur ansehen, was im Rest Europas gerade geschieht, dann kann man sich ausmalen, was auf die deutschen Bürger sehr bald zukommen wird. Italien, Spanien, Griechenland, Irland, Portugal und bald auch Frankreich, alle haben nämlich genau dieses Problem. Sie können ihre Altschulden nur ablösen, indem sie für die neuen Kredite mehr zahlen als zuvor für die alten Kredite.

Anstatt die Situation zu erkennen und endlich mit dem Sparen zu beginnen, wird dem Bürger jedes Jahr ein Mehr an steuerlicher Belastung aufgebürdet. Stets wird ihm erzählt, der Staat brauche mehr Geld, um die sozialen Aufgaben erfüllen zu können. Der Staat könnte enorme Summen einsparen, wenn er sich nicht um Dinge kümmern würde, die ihn überhaupt nichts angehen.

Nun könnte man sich zurücklehnen in dem Bewusstsein, dass der Staat und seine Organe die Bösewichte sind, aber dem ist nicht so! Die eigentlich Verantwortlichen für diesen Missstand sind die Bürger selbst. Sie verlangen, dass die Grundversorgung von Energie, Wasser und Strom zurück in staatliche Hand geführt werden soll, dass Bahn und Post viel besser unter dem Schirm staatlicher Verantwortung gedeihen würden, dass ein staatlich festgesetzter Mindestlohn, die Quotenregelung und andere Gesetze beschlossen werden sollen. Und wenn man den radikalen Linken zuhört, wäre die Einführung der Planwirtschaft nach dem Modell der DDR sowieso das Allerbeste. Dabei sollte sich der Staat einfach nur heraushalten aus allen Dingen, die ihn nichts angehen. Einen Mindestlohn zu verabschieden, ist allein Sache der Tarifpartner, und Bahn und Post waren unter staatlicher Ägide aufgeblähte, bewegungsunfähige und vor allem sehr teure Kolosse, die jedes Jahr nur Unmengen Steuergelder verschlungen haben.

Sehen wir uns doch die Situation in einer verkürzten Version an:

Es gibt im Wesentlichen drei Akteure:

1. Der Staat

Nein, das sind nicht wir alle, das sind diejenigen, die sich die Macht teilen, vom Bürgermeister einer 300 Seelengemeinde bis hinauf zum Bundeskanzler. Die sind zwar alle auch Steuerzahler, aber sie unterscheidet etwas von uns: Sie entscheiden über das Geld anderer.

2. Die Menge der Steuerzahler

Das sind wir alle, ob wir nun Arbeit haben oder nicht, Steuern zahlt man auch, wenn man zum Tanken fährt oder einkaufen geht.

3. Die großen Geldgeber

Das sind Großinvestoren wie Goldman Sachs, Allianz, George Sorros, Warren Buffett, J. P. Morgen, Credit Suisse und andere Großbanken.

An irgendeinem Punkt muss man anfangen. Gehen wir also von einem jungfräulichen, schuldenfreien Staat aus und Bürgern, die das erste Mal Steuern zahlen müssen.

- Im Jahr 1 bekommt der Staat (1) die Steuer seiner Bürger (2), aber weil das nicht reicht, wendet er sich an Geldgeber (3) und borgt sich etwas.

- Im Jahr 2 bekommt (1) wieder die Steuern (2), muss aber an (3) die Zinsen zahlen für das aufgenommene Geld aus dem Jahr 1.

- Nun sind aber die Ausgaben im Jahr 2 nicht geringer geworden, und weil es im Jahr 1 schon nicht gereicht hat, nimmt (2) noch etwas mehr Geld bei (3) auf.

- Das Spiel geht jetzt so lange weiter, bis die Höhe der eingenommenen Steuern von (2) gerade eben so ausreicht, um (3) zu bezahlen. Und das ist der Punkt, an dem der Staat insolvent ist.

- Am Ende läuft das Geld von (2) direkt zu (3), und (1) ruft seine Bürger ständig zu mehr Solidarität auf und verlangt mehr Steuern.

Jedem achtjährigen Taschengeldempfänger ist klar, dass man in dieser Endlosschleife irgendwann einmal innehalten und die Strategie ändern muss, nur dem Staat und seinen Organen fällt das nicht ein. Es muss den Repräsentanten auch nicht einfallen, weil sie jederzeit wohlversorgt aus diesem Kreisel ausscheiden können.

Man kann es drehen, wie man will, aber die staatlichen Organe zeigen sich allesamt wenig kompetent. Die Verantwortlichen verhalten sich wie ein Familienvater, der jeden Monat seine Familie vollständig und ausschließlich mit dem Überziehungskredit seiner Bank ernährt und nicht merkt, dass dieses Geld sehr, sehr teuer ist. Wer jetzt noch meint, er könne dem Staat und seiner Ausgabenpolitik trauen, der muss schon sehr naiv sein. Deshalb: Investieren Sie in Seife, Pampers und Zahnpasta, das hat die letzten 130 Jahre funktioniert und wird wohl auch in Zukunft funktionieren.

8.15 Muss man sich Sorgen machen?

Sorgen machen ist stets und immer die falsche Strategie. Sie sollten die Situation erkennen, analysieren, was Sie verändern können und was nicht, und dann sollten Sie entsprechend handeln. Festgeld auf der Bank, Risikopapiere, Staatsanleihen, kurz: Alle Finanzprodukte sollten Sie meiden. Dahinter steht kein Wert, sondern nur ein Versprechen. Und mit Versprechen können Sie nicht einmal einen Liter Milch in einem Supermarkt kaufen. Warum sollten Sie also Ihr Geld für ein simples Versprechen des Staates, einer Bank oder sonst einem Finanzberater hergeben?

8.16 Die Renten sind sicher

Der Staat betrügt seine Bürger nicht, sondern er tut nur das, was seine Bürger in der Mehrheit wollen. Und die Bürger wollen zuallererst wirtschaftliche Sicherheit. Doch genau diese Sicherheit für alle ist eben nur auf einem ganz niedrigen Niveau zu haben, und zudem ist sie auch noch extrem teuer. Sehen Sie sich die Renten an, das Rentenniveau sinkt seit Jahren, und es wird noch weiter sinken. Wenn Ihnen deshalb die Rentenpolitik sehr ungerecht vorkommt, dann ist das subjektiv begreiflich, der Staat und seine Behörden jedoch verhalten sich streng rational. Sie beschäftigen gut bezahlte Mathematiker und Statistiker, die ziemlich genau ausrechnen können, wie sich die demografische Entwicklung der Bevölkerung entwickelt, wie sich die Einkommensentwicklung und damit das Steueraufkommen entwickeln und wie lange die durchschnittliche Rentenbezugsdauer sein wird. Daraus lässt sich dann sehr genau eine Durchschnittsrente berechnen. Und dieser errechnete Rentenwert wird natürlich sinken müssen, wenn die demografische Entwicklung so weitergeht.

Alle Variationen der unterschiedlichen Rentenbeträge müssen also diesem normierten Wert entsprechen, wenn sie das nicht tun, gibt es nur zwei Möglichkeiten, die der Staat hat. Er kann von dem errechneten Rentenbetrag nach oben abweichen, also das Rentenniveau anheben, dann jedoch muss er den entstehenden Fehlbetrag durch die Steuereinnahmen ausgleichen, er kann aber auch die Altersbezüge beschneiden. Das gleicht der Wahl zwischen Pest und Cholera. Der Staat tut beides, auch wenn das häufig von dem betroffenen Personenkreis nicht sofort bemerkt wird. Sich allein auf die Solidargemeinschaft zu verlassen, bedeutet in den allermeisten

Fällen Armut im Alter. Das können Sie jetzt unmoralisch finden oder auch nicht, nur sollten Sie sich die Frage stellen, ob es nicht doch besser ist, eine vom Staat unabhängige Einkommensquelle aufzubauen, denn grob gesprochen, kann ein Ruheständler, der statistisch doppelt so lange Rente bezieht wie sein Großvater, auch nur halb so viel Rente beziehen. Wenn dann noch über die Jahre die Anzahl der Beitragszahler stetig abnimmt, können Sie sich ausrechnen, wie sicher die Renten tatsächlich sein werden.

8.17 Eigenverantwortung beginnt beim Geld

Sie sind vierzig, vielleicht auch erst dreißig Jahre alt? Und Sie meinen, das betrifft Sie alles nicht? Das Problem, das stets verdrängt wird, ist: Es kommt bei jedem Menschen unweigerlich einmal der Moment, da man schlicht und einfach kein Einkommen mehr erwirtschaften *kann,* so sehr er das auch möchte. Und das hängt keinesfalls von der eigenen Qualifikation ab. Das Los trifft Doktoren, Professoren und Kanalarbeiter gleichermaßen, auch wenn Doktoren und Professoren meist viel verblüffter und erstaunter auf diesen Übergang reagieren als ein Kanalarbeiter beispielsweise. Gestern noch Chef und Lenker eines Instituts, dessen Wort sakrosankt war und dessen Entscheidungen sofort und ohne Umschweife in die Tat umgesetzt wurden, und heute? Den Wandel bemerkt man schnell, wenn man nach einer gewissen Zeit als Pensionär seinen ehemaligen Arbeitsplatz besucht. Als ehemaliger Chef wird man vielleicht mit großem Hallo freudig begrüßt, doch man spürt schnell, dass jeder den alten Herrn baldmöglichst wieder loswerden möchte, weil er nur den Ablauf in der Firma stört.

9 Hier meine eigene *Erfolgsgeschichte*

9.1 Investieren nach dem Zufallsprinzip

Doch nun will ich Ihnen beschreiben, wie es mir selbst über die Jahre gegangen ist. Und manche werden bestimmt Parallelen zu der eigenen Historie entdecken.

Ich komme aus einem konservativen Elternhaus. So bekam ich bereits im zarten Alter von 14 Jahren einen Bausparvertrag auf's Auge gedrückt mit einer Laufzeit von 30 Jahren. Ermutigende Aussichten, fand ich damals. Aktien oder gar Gold hätte mein Vater niemals angefasst. „Das ist Teufelswerk", sagte er immer. Alles andere, was sonst noch um das Thema Geld und Anlage existierte, kannte er nicht. Er hätte mir nie erklären können, was ein Optionsschein ist, was Genussscheine sind, wie ein Derivat aussieht und wie man sein Geld in Aktien anlegt. Für ihn gab's nur das gute alte Sparbuch und natürlich den bereits erwähnten Bausparvertrag. Und recht hat er gehabt, er ist zwar arm gestorben, so arm wie ein Beamter im mittleren Dienst eben sterben kann, aber er hatte Zeit seines Lebens auch niemals die Höhen und Tiefen eines Aktionärs kennengelernt. Er ruhe in Frieden.

Angefangen hat alles damit, dass ich in den Siebzigerjahren Gold kaufte. Gold, richtiges Gold. Gelbes schimmerndes Metall in Form von Münzen, die man klimpernd durch die Hände laufen lassen konnte. Das blitzte und blinkte, war wunderschön anzusehen. Und es kostete mich 163DM die Unze. Ja, es ist kaum zu glauben, mehr kostete das gelbe Metall damals nicht. Ich hatte keine Ahnung, warum ich das tat, ich folgte nur blind dem Rat eines Kommilitonen, dessen Vater im Vorstand einer Bank tätig war. Der müsse es schließlich wissen, dachte ich mir, der sitze schließlich an der Quelle.

Und es funktionierte.

Innerhalb weniger Wochen schoss der Goldpreis in die Höhe, und ich hatte das Glück, zum höchsten Kurs zu verkaufen.

Es funktionierte so gut, dass ich mir mit dem Erlös zusammen mit meiner italienischen Freundin innerhalb weniger Jahre ein Haus in Italien kaufen konnte. Gut, das klingt jetzt spektakulär, aber das Haus kostete damals nur 23.000DM, war eine Bruchbude und musste während der folgenden drei Jahre von der Familie meiner zukünftigen Frau aufwendig renoviert werden, was noch einmal 20.000DM kostete.

Das fixte mich sozusagen an. Geld auf so einfache Weise zu verdienen, damit hatte ich nicht gerechnet.

9.2 Mit dem Gold begann meine Leidensgeschichte

Was ich damals nicht wusste; ich hatte rein zufällig den richtigen Moment erwischt, denn kurz zuvor löste sich in Bretton Woods die größte Wirtschaftsmacht der Welt vom Goldstandard. Der Dollar musste nicht mehr mit Gold abgesichert sein, das sollte die schwächelnde Weltwirtschaft wieder auf Trab bringen.

Bretton Woods war damals für mich kein Begriff, also schrieb ich mir selbst den Erfolg zu und war sehr stolz darauf.

Mutig geworden, kaufte ich mir von dem Rest des Goldes Aktien. Da ich keine Ahnung hatte, vertraute ich mich einem Berater bei meiner Bank an. Der riet mir, die restlichen 8.000DM in Dollaroptionen anzulegen. Der Dollarpreis müsse steigen, dann könne überhaupt nichts schiefgehen, außerdem liefe die Option noch fast ein halbes Jahr, in dieser Zeit würde der Dollar ganz gewiss steigen.

Ich setzte also auf steigende Wechselkurse, doch der Dollar fiel. Jeden Tag sah ich in den Wirtschaftsteil der Zeitung, und der Dollar fiel und mit ihm entwertete sich das angelegte Geld. Das halbe Jahr ging vorüber, und am Ende der Laufzeit war mein Geld futsch. „Nie wieder ...", sagte ich zu meiner Frau, „nie wieder werde ich so einen Blödsinn machen."

Doch dann sah ich im Wirtschaftsteil, dass die Aktien stiegen. Nach einigen Wochen, in denen ich meine Wunden leckte, konnte ich es nicht mehr aushalten und kaufte Aktien. Nur ein paar, ganz wenige nur, und ich gewann. Natürlich war das kaum der Rede wert, manchmal war es so wenig, dass nicht einmal die Nebenkosten dabei heraussprangen, aber ich kaufte. Es ist eben so wie beim Spiel am Einarmigen Banditen, man feiert die Gewinne, und seien sie auch noch so klein, die Verluste verdrängt man.

Ich kaufte Aktien von obskuren Firmen, deren Namen ich zuvor noch nie gehört hatte. Gerade mit denen könne man viel verdienen, sagte der Banker, weil die kaum jemand kenne, und wenn die dann mit einer Erfolgsgeschichte auftauchen, dann gebe es einen Run auf gerade diese Werte, und dann gelte es, dabei zu sein.

Auf Anraten des Bankers kaufte ich also Pennystocks.

Pennystocks sind Aktien von Firmen, deren Aktienpreis unter einem Euro (damals Mark) liegen, die kaum jemand kennt und die noch nie Geld verdient haben. Diese Aktien werden normalerweise nicht an den Börsen gehandelt, sondern nur OTC, also *Over The Counter*. Sie gehen sozusagen über den Tisch. Cash gegen Aktie.

Verkäufer fand ich sofort, wenn ich solche Aktien kaufen wollte. Doch wenn ich verkaufen wollte, dann blieb ich auf meinen schönen Aktien sitzen. Denn wie das am Counter eben so ist, braucht's auf der einen Seite einen Käufer, wenn man selbst verkaufen möchte, doch der fand sich nicht.

Die Pennystocks blieben Pennystocks, bis sie dann irgendwann einmal – Schwupps – ganz plötzlich ganz vom Markt verschwanden.

Das war also nichts, also habe ich die Strategie gewechselt, ich kaufte Aktien von so richtigen dicken Brocken. *Worldcom und Enron* beispielsweise. Ich investiert in diese Aktie, als alle Welt in diese Firma investierte, ich verlor das Geld, als alle Welt Geld mit dieser Aktie verlor. Auf Anraten des Bankers habe ich dann in den größten italienischen Stahlkonzern investiert, ebenfalls als alle Welt diese Aktien kaufte und dabei wieder das gesamte Investment verloren. Nun ja, der Begriff Investment ist vielleicht etwas hochtrabend, denn es handelte sich nur um rund 800,00€. Für mich viel Geld damals. Allein der Umstand, dass der wirklich freundliche Bankberater ebenfalls diese Werte kaufte, hatte mich in Sicherheit gewiegt. *Schließlich kann ein solches Investment nicht schlecht sein, wenn ein Bankmann mir dazu rät und selbst kauft*, dachte ich.

Ich hätte mir den Bankenexperten genauer ansehen sollen, denn der war nämlich genauso arm dran wie ich, bekam ein kleines Gehalt, wohnte zur Miete und hatte Schwierigkeiten, mit seinem Gehalt über die Runden zu kommen. Warum ausgerechnet der mir zu Reichtum verhelfen sollte, diese Frage habe ich mir damals leider nicht gestellt. Leider habe ich mir auch ganz andere Fragen nicht gestellt, denn schiere Größe ist kein Garant für Erfolg an der Börse. Wie ich später feststellen musste, zählen ganz andere, viel einfachere Faktoren.

In meiner Verzweiflung abonnierte ich einen Börsenbrief. Sehr renommiert, sehr respektabel, sehr teuer mit einem echten Professor als Vorstand. Der verlangte Beraterhonorar und riet mir sofort, in einen amerikanischen Verlag einzusteigen. „Das sind echte Turnaround-Werte, die in naher Zukunft nur einen Weg kennen werden, nämlich den nach oben“, sagte er mir am Telefon. Ja, er rief mich tatsächlich an und ließ sich herab, mit mir zu reden, für 6.000€ Beraterhonorar im Jahr konnte ich das schließlich auch erwarten.

Der Begriff *nahe Zukunft* ist dehnbar, stellte ich fest, und *nahe* bedeutete in diesem Kontext ungefähr so nahe wie das Jüngste Gericht. Kurz: Ich würde heute noch darauf warten, wenn ich nicht mit Verlust verkauft hätte, denn den Weg nach oben hat der Wert bis heute nicht angetreten (manchmal sehe ich mir den Kurs noch an, und es schmerzt noch immer). Im Gegenteil, mich hat diese Exkursion, die mir immerhin von einem namhaften Wirtschaftsprofessor empfohlen wurde, nur Geld gekostet. Viel Geld! Alle diese Ratschläge haben mich übrigens eine Menge Geld an Honoraren gekostet, denn der Herr Professor gab sie natürlich nicht kostenfrei, er wollte fast 1% meiner Anlagesumme für diese obskuren Ratschläge. Zum Abschluss meiner Erfolgsgeschichte will ich Ihnen nur noch erzählen, dass mein Depot in den den letzten beiden Krisenjahren ca 200.000€ an Nennwert verloren hat.

Ganz schön heftig, werden Sie sagen, in einer so kurzen Zeit so viel Geld in den Sand zu setzen.

Und das soll eine Erfolgsgeschichte sein? Sicher nicht, werden Sie sagen, aber Sie haben nicht gut genug aufgepasst, denn Ihnen ist ein wesentlicher Teil meiner Darstellung entgangen. Es ist wahr, die Summen, die ich in den Sand setzte, sind immer größer geworden, von ein paar Hundert Mark eben bis zu einigen Hunderttausend Euro. Aber um so viel Geld zu verlieren, muss man dieses Geld doch erst einmal verdient haben. Sehen Sie, und das ist die andere Seite der Medaille. In dem Maße, wie ich verlor, lernte ich. In dem Maße, wie ich lernte, nahm mein Vermögen zu. Die Erkenntnisse, die ich nach einem langen Leben eines Investors gewonnen habe, sind einfach. So einfach, dass man an ihrer Richtigkeit zweifeln könnte.

Ganz gewiss gehöre ich nicht zu den Superreichen, aber mit dem Investieren habe ich so viel verdient, dass ich davon gut leben kann. Ich bin nicht auf die staatliche Rente angewiesen, mein Einkommen bestreite ich hauptsächlich aus Dividendeneinnahmen.

9.3 Kaufen und liegen lassen funktioniert nicht mehr?

Es gibt einen Grund, warum gerade die professionellen Finanzratgeber und Banken die Methode *„Kaufen und liegen lassen"* stets so schlechtreden.

Der Grund ist: Es ist die einzige Strategie, die über die Jahre zuverlässig ein individuelles Vermögen generieren kann. Es ist aber auch genau diese Methode, die den Investmentberatern das Geschäft verdirbt. Sie werden keinen Anlageberater finden, der Ihnen rät: *„Kaufen Sie Procter & Gamble, ITW, Johnson & Johnson, General Mills und belästigen Sie mich die nächsten 30 Jahre nicht wieder."* Bei einer solchen Geschäftspolitik würde der gute Mann glatt verhungern müssen.

Das Investieren an der Börse wird ständig schneller. Insider-Handel findet jeden Tag, jede Stunde, jede Minute statt, es ist zwar mit Strafe bedroht, jedoch so schwer nachzuweisen, dass das Risiko, entdeckt zu werden, gegen null tendiert. Hochfrequenz-Trading ist so schnell geworden, dass die Händler die Käufe ihrer Konkurrenten bereits sehen können, bevor sie überhaupt ausgeführt werden. Innerhalb nur einer halben Sekunde, nachdem sie vorliegen, verkauft die Nachrichtenagentur *Thompson Reuters* bereits die Ergebnisse über das *Verbrauchervertrauen in Amerika* an ausgewählte Kunden. Alles dies dient nur dazu, in der Welt der Finanzen einen winzigen zeitlichen Vorsprung zu haben. Einen kleinen Vorsprung, der vielleicht zu einem guten Geschäft führt, vielleicht die Erfolgsbilanz der letzten Monate etwas aufpoliert und damit das Vertrauen der Anleger in ihre Finanzberater stabilisiert.

„Als Einzelkämpfer habe ich doch gegen diese Experten keine Chance", werden Sie resigniert denken, *„dann ist es doch wirklich besser, ich gebe auf und überlasse mein Geld den Finanzhäusern und Banken. "*

Aber genau das wäre verkehrt.

Denn!

Kleine Investoren wie Sie und ich, wir haben einen entscheidenden Vorteil vor den Großinvestoren und Hedgefonds-Managern.

Und das ist *Zeit!*

Die Zielrichtungen der Manager und die der normalen Anleger unterscheiden sich gravierend.

- Während es Ihr Ziel ist, in den kommenden zwanzig Jahren Ihre Rentensituation zu verbessern, müssen die Manager der Hedgefonds ihre Klienten jeden Monat mit Erfolgszahlen zufriedenstellen.

- Sie sparen für Ihre Kinder und deren Ausbildung. Fondsmanager müssen sich um die nächsten drei Monate Sorgen machen, bei einer schlechten Performance verlören sie sonst ihren Job.

- Sie können in aller Ruhe für Jahre und Jahrzehnte planen, Day-Trader müssen sich für die nächsten Millisekunden sorgen, die vielleicht entscheidend sind für das finanzielle Überleben oder sterben.

Henry Blodget, ein renommierter Analyst und Investment-Manager, hat es wie folgt ausgedrückt:

„Die allermeisten Investment-Manager denken in Zeiträumen von einer Woche, einem Monat vielleicht noch das nächste Quartal. Sie haben keinen langen Zeithorizont, wichtig für sie ist nur:
„Wie sind meine Ergebnisse heute im Vergleich zu meinen Konkurrenten."
Sie haben genau neunzig Tage Zeit, um im Markt recht zu haben, danach werden die Kunden sich von ihnen abwenden."

Und es gibt auf dieser schönen Welt nichts Erfolgloseres als einen erfolglosen Investment-Manager.

Sie und ich, wir können uns beruhigt zurücklehnen. Wir sind Langzeit-Investoren, wir werden uns nicht selbst entlassen müssen, bloß weil das vergangene Quartal schlecht gelaufen ist. Wir müssen bei diesem hektischen und kranken Spiel nicht mitmachen. Und das ist der immense Vorteil, den wir vor den Mikrosekunden-Investoren haben. Daraus resultieren die folgenden beiden Erkenntnisse:

- Die schlechte Nachricht für alle Anleger ist:

Ausnahmslos alle Investoren sind mit dem einzigen Risiko konfrontiert, das an der Börse existiert: Mit dem Risiko, Geld zu verlieren zwischen dem Zeitpunkt der Anlage und dem Zeitpunkt, wenn das Geld wirklich gebraucht wird. Egal, ob es sich um einen Zeitraum von Millisekunden, Jahren oder Jahrzehnten handelt, und egal, ob es sich um 1.000€ oder 100.000€ handelt.

- Die gute Nachricht für die Anleger:

Das Risiko, innerhalb dieser Zeitspanne Geld zu verlieren, reduziert sich drastisch, je länger die Zeitspanne andauert.

Der Dow Jones Industrial Average (DJIA) – oder in Europa auch kurz Dow-Jones-Index genannt – ist ein Aktienindex, der von den Gründern des *Wall Street Journals* und des Unternehmens *Dow Jones, Charles Dow* (1851-1902) und *Edward Jone*s (1856-1920), im Jahre 1884 geschaffen wurde.

Ich habe mir die Mühe gemacht und die Entwicklung des Dows in variable Zeitscheiben zerteilt und dann betrachtet, wie sich der DOW entwickelt hat. Beginnend vom Jahr 1920 bis heute habe ich Zeitscheiben von einem Jahr, fünf Jahren, zehn Jahren und fünfzehn Jahren betrachtet und innerhalb dieser Zeitscheiben die Kursentwicklung des DOW. Zudem habe ich dasselbe für die Aktie *General Mills* gemacht. Das Ergebnis war verblüffend:

Wenn Sie ein Investment, sei es nun eine Aktie oder auch ein Fondsanteil, für weniger als ein Jahr halten, dann ist das Risiko zu gewinnen oder zu verlieren 50/50. Sie könnten auch eine Münze werfen, um Ihren Erfolg oder Misserfolg vorherzusagen. Aber die Chancen verbessern sich stetig, wenn Sie einen Anlagehorizont von fünf, zehn oder gar fünfzehn Jahren einplanen.

Legt man die Entwicklung des DOW von 1920 bis heute zugrunde, ich wähle den DOW, weil kein anderer Index so weit in die Vergangenheit reicht, dann tendiert das Risiko, Geld an der Börse zu verlieren mit der Länge der Zeitperiode tatsächlich gegen null.

Die Ironie dabei ist:

Die Häufigkeit der Transaktionen steigt an mit der Menge an Informationen, über die ein Finanzmanager verfügt. Das heißt, je mehr Informationen er hat, desto schneller wird er kaufen und verkaufen. Das bedeutet aber auch, die Häufigkeit, Fehlkäufe zu tätigen, steigt an.

Daraus sollten Sie folgende Erkenntnis gewinnen: Ignorieren Sie die ständig auf Sie einströmenden Informationen und lassen Sie Ihr Depot einfach liegen. Und damit werden Sie, ein langer Zeithorizont vorausgesetzt, die meisten der professionellen Anlage-Manager schlagen.

Klingt verrückt, ist aber wahr!

Halten Sie eine Aktie nur für ein Jahr, dann sind Sie den erratischen und unkalkulierbaren Bewegungen der Börse hilflos ausgesetzt. Nach fünf Jahren wird sich dieses Hin und Her statistisch ausgleichen und beruhigen, nach zehn Jahren haben Sie eine sehr gute Chance, dass sich Ihr Depot stetig in der Gewinnzone befindet. Wenn Sie es schaffen, Ihre Aktientitel für fünfzehn oder gar zwanzig Jahre zu halten, werden Sie zu 100% immer in der Gewinnzone bleiben. Denn innerhalb der gesamten Periode von 1871 bis heute hat es keine einzige Phase von 15 Jahren gegeben, in denen die Anlage in Konsumwerte, über die Zeit gerechnet auch nur ein Mal an Wert verloren hätte. Legt man die schlechteste Periode von 25 Jahren zugrunde, so hätte sich das angelegte Geld immer noch um den Faktor 2,5 vermehrt, und das sollte Sie doch beruhigen.

Das Ergebnis der *General-Mills*-Analyse wage ich gar nicht darzustellen, so gut ist es. Denn bei diesem Wert lag die 100% Gewinnchance bei weniger als 10 Jahren (9,4 Jahren). Das bedeutet, wenn Sie diese Aktie zu einem beliebigen Zeitpunkt in der Vergangenheit gekauft hätten, dann hätten Sie in einem Zeitraum von nur 5 Jahren eine Gewinnchance von über 90% gehabt (90,17%) und nach etwa 10 Jahren hätten Sie zu 100% keinen Verlust gemacht. Auch hier hätte sich Ihr Gewinn innerhalb der Periode um das Fünffache gesteigert.

Natürlich ist eine solche Aussage zu hinterfragen, denn Sie hätten im Jahre 1925 beispielsweise wissen müssen, wie sich die Firmenergebnisse von *General Mills* in Zukunft entwickeln würden. Und wenn ich dieselbe Analyse mit der *Kodak*-Aktie bis zum Jahre 2005 angestellt hätte, dann sähen die restlichen acht Jahre ganz bestimmt nicht so rosig aus. Dennoch zeigt diese Analyse, wie sicher Aktienanlagen wirklich sind, und vor allem, dass der Zusammenhang zwischen *Volatilität und Risiko*, wie er in den einschlägigen Publikationen kolportiert wird, so nicht haltbar ist.

Es sollte Sie also nicht kümmern, ob Ihr Depotwert sinkt oder steigt, denn über einen langen Zeitraum hinweg wird Ihr Vermögen ansteigen. Und wenn Sie das Geld dann wirklich einmal brauchen, dann werden Sie über wesentlich mehr Geld verfügen können, als Sie angelegt haben. Und mehr Sicherheit können Sie nicht verlangen. Kurz zusammengefasst gilt das schöne Wort:

Langsam und stetig gewinnt das Rennen.

9.4 Schnelles Investieren gilt nicht

Wenn Sie ruhig und überlegt agieren, dann werden Ihnen sicherlich viele Schnäppchen entgehen. Ja, manchmal werden Sie denken: „Warum nur habe ich diese oder jene Aktie nicht gekauft, die sind doch so schön gelaufen." Das mag schon sein, allerdings dürfen Sie zwei Überlegungen nicht außer Acht lassen!

• Erstens:

Es hätte auch anders kommen können.

• Zweitens:

Entgangene Gewinne sind alle Mal besser als realisierte Verluste.

9.5 Orientieren Sie sich an einer Strategie

Also doch! Man muss also doch eine Strategie haben.

Nun ja, wenn man das Beobachten des Einkaufsverhaltens der Hausfrauen als Strategie bezeichnet, dann schon. Ich empfehle Ihnen nur eine Strategie, die sich an zwei Kriterien orientiert, Solidität und Dividenden.

9.6 Wie findet man gute Dividendentitel?

Sehen Sie sich nicht den Kurs der Aktie an, kaufen Sie für den Anfang Unternehmen, die bereits lange am Markt vertreten sind und deren Produkte täglich gebraucht werden. Solche Aktien werden Sie nicht zu einem niedrigen Kurs einkaufen können, denn gute Aktien werden Sie nicht billig bekommen. Sie werden sehen, in einem Jahr interessiert Sie der Einkaufskurs nicht mehr, Sie werden sich kaum noch an den Preis erinnern können.

Versuchen Sie eine ausgewogene Struktur in Ihrem Depot darzustellen. Dabei sollten Sie nicht Ihr Vermögen durch die Anzahl der Titel teilen, um dann jeden Titel gleich zu gewichten, Sie sollten vielmehr die Größe der Anteile nach den ausgezahlten Dividenden festlegen. Also: Durchschnittsrendite ermitteln und dann die Gewichtung so vornehmen, dass die ausgezahlte Dividende pro Jahr in etwa auf alle Werte gleich verteilt ist. Das reduziert vielleicht etwas den möglichen Ertrag, führt aber dazu, dass die sicheren Branchen etwas höher gewichtet werden, weil sie meist etwas weniger Dividenden zahlen als die mit einem etwas höheren Risiko behafteten Werte. Mit den Jahren verschiebt sich das Verhältnis jedoch, da die Dividendenstrategie der einzelnen Unternehmen sehr unterschiedlich sein kann. So erhöht *General Mills* seit nunmehr 52 Jahren im Schnitt die Dividende um gut 10%, während es die McDonalds-Aktie nur auf ungefähr 7% pro Jahr bringt. Wenn über die Jahre das Verhältnis der Werte zueinander aus dem Gleichgewicht geraten sollte, dann schichten Sie nicht um, das kostet nur Geld, sondern kaufen entsprechend nach und gewichten die nun untergewichteten Werte neu.

Mit dieser Strategie können Sie über die Jahre ein schönes Nebeneinkommen generieren. Bei der dividenden-orientierten Strategie muss man etwas Feinabstimmung vornehmen, denn es reicht nicht einfach, die Aktien zu kaufen, die eine hohe Dividende ausschütten, man muss unbedingt auf die Nachhaltigkeit der Zahlungen achten. So zahlte die „Deutsche Telekom" über Jahre stets eine wirklich attraktive Rendite von mehr als 7%, allerdings waren das kreditfinanzierte Zahlungen, das heißt, die Telekom zahlte die Dividenden aus dem Kapitalvermögen oder aus Neuverschuldungen. In einen solchen Wert sollte man nicht investieren, weil man nicht sicher sein kann, wann die Zahlungen reduziert oder gar eingestellt werden. Übrigens: Die Telekom tat und tut das, weil der größte

Aktionär auf dieser Zahlung besteht. Und nun raten Sie mal, wer der Großaktionär ist! Richtig! Der Staat. Wieder ein guter Grund, dem Staat kein Geld zu leihen, denn er verhält sich unvernünftig.

9.7 Investieren Sie langfristig

Wenn man den Ratgebern heute so zuhört, dann hört man allenthalben: „Kaufen und liegen lassen ist heute keine gute Strategie mehr."

Das Gegenteil ist der Fall, es ist die einzige Strategie, die langfristig gewinnbringend ist. Was hätte sich daran auch verändern sollen? Die Firmen, die stetig Gewinne melden, sind fast immer dieselben.

Wenn Sie sich für einen Titel entschieden haben, dann bleiben Sie dabei. Mister Börse, André Kostolany, sagte einmal: „*Hin und her macht Taschen leer.*" Deshalb: Nehmen Sie sich Zeit, bevor Sie kaufen, aber dann kaufen Sie und lassen den Titel liegen.

Bevor ich nicht wenigstens den Sektor im Blickfeld habe, in den ich investieren will, sehe ich mir nicht einmal die Kurse der möglichen Kandidaten an. Ich versuche nur die Stimmung am Markt zu erfassen. Dazu muss man ein wenig Zeitung lesen. Denn manchmal wird an der Börse ein Sektor einfach ausgeblendet, weil die Masse der Anleger in eine bestimmte Richtung läuft. Man darf sich einfach von einer Stimmung nicht anstecken lassen, so präsent sie auch sein mag. So konnten Bergbautitel während der Dotcom-Blase 2001, kaum beachtet von der Öffentlichkeit, stetig und langsam zulegen. Es waren keine 100 oder gar 1.000% Zuwachs, aber wenn Sie damals *Rio-Tinto* oder *Broken Hill* (heute BHP) gekauft hätten, dann hätten Sie tatsächlich mehr als tausend Prozent Gewinn erzielt.

Aber bleiben wir doch im Jetzt: Das Geld rennt hektisch zwischen Staatsanleihen der verschiedensten Länder hin und her, und niemand achtet darauf, dass die Menschen älter werden. Ältere Menschen haben besondere Bedürfnisse, und – wenigstens heute noch – verfügen sie über relativ viel Geld. Vielleicht sollte man in Werte investieren, die sich mit betreutem Wohnen beschäftigen oder mit altersgerechter Ernährung.

So war die Zeitungsbranche einst ein lukratives Investment, heute, im Zeitalter des Internets, der papierlosen Zeitung, wäre das kaum ein gutes Geschäft, in solche Aktien zu investieren.

9.8 Kümmern Sie sich nicht um die Meinung anderer

Vor Jahren hat mir mein Steuerberater angeboten, in Container zu investieren. Das sei ein absolut sicheres Geschäft, da könne gar nichts schiefgehen, denn Waren würden immer um die Welt geschifft. 15.000€ koste so ein Container und es gebe da auch eine Firma, die sich um die Auslastung der Dinger kümmere. Einige meiner damaligen Kollegen haben das gemacht und sie haben in den ersten Jahren auch gut verdient. Doch dann kam die Krise und es kamen die Rechnungen.

Rechnungen wieso?

Ja, wenn ein Container nämlich irgendwo leer herumsteht, dann muss für den Platz die Miete gezahlt werden. Wenn Sie nun denken: „*Also verkaufe ich das Ding einfach wieder, und schon bin ich das Problem wieder los*", dann irren Sie, das hat nämlich leider einen Haken. Denn wenn Sie in guten Zeiten 15.000€ für einen Container gezahlt haben, werden Sie in schlechten Zeiten für den verbeulten, verrosteten Blechkasten kaum mehr als 2.000-3.000€ bekommen können. Nur davon hat mir mein Steuerberater natürlich nichts erzählt.

Natürlich heißt das nicht, dass man mit Containern kein Geschäft machen kann, schließlich sind sie im täglichen Leben und im Verkehr nicht zu übersehen, und irgendwem müssen die ja gehören. Es kommt eben auf die Menge an. Wenn man nur zwei, drei oder auch 15 Container laufen hat, dann ist es eine Tragödie, wenn plötzlich drei oder vier unbeladen irgendwo herumstehen und nur Geld kosten. Wenn man 20.000 dieser Dinger hat, kann man die

Liegegebühren und den Schwund einiger auf die anderen, profitablen umlegen.

So oder so ähnlich ist es mit vielen anscheinend lukrativen Investitionen. Auch Immobilien können ein Geschäft sein. Wenn man wie die *Gagfah* beispielsweise den gesamten Bestand städtischer Sozialwohnungen kauft und der Stückpreis pro Wohnung unter 20.000€ liegt, dann kann man mit einer gesunden Mischkalkulation auch gutes Geld verdienen. Mit ein, zwei oder auch 10 Wohnungen ist das schon schwieriger, wenn da ein schlechter Mieter dabei ist, ruiniert der Ihnen das Ergebnis Ihrer gesamten Geldanlage.

9.9 Kaufen Sie keine Aktie auf Empfehlung

Ich würde niemals eine Aktie auf eine Empfehlung hin kaufen, was allerdings nicht bedeuten soll, ich würde auf diese Empfehlungen nicht hören. Ich höre mir gern an, was andere zu sagen haben, aber dann informiere ich mich und sehe mir die empfohlenen Werte genau an. Wenn ich dann zu dem Ergebnis komme, dass die Aktie tatsächlich werthaltig ist und dass sie nicht zu teuer ist, dann kaufe ich sie.

Im Jahre 2004 hörte ich durch Zufall die Börsensendung einer kleinen Radiostation. Der Moderator, dessen Name mir entfallen ist, hatte eine Art, die Vertrauen einflößte, und ich hatte den Eindruck, dass er wirklich wusste, wovon er sprach. Zudem waren seine Argumente meist plausibel und nicht aufdringlich. Und es wurde mir eine Gewohnheit, dieser Sendung zuzuhören, während ich am Frühstückstisch saß. Er sprach über die verschiedensten Anlageklassen und Aktien, aber ein Thema wiederholte sich fast jeden Morgen über mindestens vier Wochen hin. Er sagte, dass der Ölpreis weiter steigen werde und dass es deshalb eine gute Idee sei, Mineralöl-Aktien zu besitzen. Wenn man sich Mineralöl-Aktien ansieht, dann hat man nicht wirklich eine große Auswahl, und so entschied ich mich, mir die Aktien von *Exxon-Mobil* anzusehen. Eigentlich gab es damals nur drei Titel, die überhaupt infrage kamen, *BP*, *Total* und eben *Exxon*. Nachdem ich mir die Bilanzen angesehen hatte, kaufte ich *Exxon*, die innerhalb kurzer Zeit ihren Wert verdoppelten. Warum erzähle ich das? Weil *Exxon* lange Zeit mit der *Exxon-Waldez*-Katastrophe in Verbindung gebracht wurde und deshalb damals die höchste Strafe bezahlen musste, die ein Unternehmen bis dahin hatte zahlen müssen. Außerdem kostete die Beseitigung der Schäden Unsummen, sodass man leicht zu dem Schluss kommen konnte: „Nein, eine solche Aktie kauft man nicht, die wird diesen Unfall niemals schadlos überstehen können."

Wie Sie wissen, hat dieser Unfall der Firma *Exxon* nicht wirklich geschadet, und wer damals etwas Mut gehabt hat, wurde in den folgenden Jahren mit exorbitanten Kursgewinnen belohnt.

Informieren Sie sich über potenzielle Titel, die Sie kaufen möchten, aber trauen Sie nur Ihrem eigenen Instinkt und Verstand. Niemand kann sich um Ihr Geld besser kümmern als Sie selbst. Denn wenn andere sich um Ihr Geld kümmern, dann nur stets in der Absicht, selbst damit Geld zu verdienen.

Zurzeit haben wir einen ähnlichen Fall. Der *BP*-Mocondo-Unfall im Golf von Mexiko. Als das passierte, hielt ich bereits 5.000 Aktien dieser Firma, und der Kurs rauschte in den Keller. Von etwas über 7€ ging es hinunter auf etwas über 3€. Es ist nicht schön, als Aktionär einem solchen Kursrutsch zusehen zu müssen. Die erste Reaktion war: verkaufen! Aber dann dachte ich nach und ich erinnerte mich an den Fall Exxon-Waldez. So schnell, wie die Empörung der Bürger aufbraust, so schnell wird sie auch wieder abebben. Anstatt zu verkaufen, kaufte ich 10.000 Stück zu einem sagenhaft günstigen Preis von 3,70€. Heute, fast zwei Jahre nach dem Unfall, hat sich die Aktie immer noch nicht ganz erholt, aber das ist nur eine Frage der Zeit. Die Dividenden übrigens sprudeln wieder, und zwar mit 6%. Aber dank meines antizyklischen Verhaltens ist meine Gesamtinvestition weit im Gewinn, und in ein, zwei Jahren wird sich meine Investition verdoppelt haben.

9.10 Wundersames und Merkwürdiges

Wenn Ihnen jemand die sechs richtigen Lottozahlen für den nächsten Ziehungstag für den Preis von 12,50€ verkaufen wollte, würden Sie darauf eingehen?

Vermutlich nicht, denn jeder vernünftige Mensch würde sich fragen, warum dieser Jemand ausgerechnet Ihnen die Zahlen verkaufen will, wenn er sie doch selbst spielen könnte. Er könnte mit den Zahlen Millionen verdienen, warum will er ausgerechnet von Ihnen magere 12,50€, wenn er selbst doch in null Komma nichts reich werden könnte? Der Verdacht liegt nahe, dass das Geschäft wohl in eine ganz andere Richtung läuft und es wohl eher die 12,50€ sind, um die es tatsächlich geht.

Anbieter von Roulettespielen werben im Internet damit, dass erst gestern ein Schotte, Ire, Amerikaner oder sonst jemand mehrere Millionen an ihren Tischen gewonnen hat. Man müsse nur 400€ auf ein rumänisches oder bulgarisches Konto überweisen, dann würde der Betrag vom Anbieter der Internetseite verdoppelt, verdreifacht oder gar vervierfacht, und schon könne man an dem lukrativen Spiel teilnehmen.

Ja, zum Teufel, wenn diese Leute ständig Millionengewinne auszahlen müssen, warum werben sie dafür, sich selbst arm und andere reich zu machen? Kein Mensch mit auch nur einem Fünkchen Verstand würde Geld an derart dubiose Unternehmungen schicken.

Das Merkwürdige ist: Im Finanzgeschäft kann man anscheinend mit fast identischen Vorschlägen gute Geschäfte machen. Fast jeden Tag flattern Angebote in meine Mailbox, die mir gegen geringes Entgelt verraten wollen, wie man mit einer Aktie in kurzer Zeit 1.000, 1.500, ja sogar 10.000% Gewinn machen kann. Aber anders als beim Lottozahlenverkauf finden derartige Angebote stets Gehör, obwohl doch klar ist, dass die Anbieter solcher Tipps in hohem Maße unseriös sind.

9.11 Merkwürdige Verhaltensweisen

Ein seriöser Wirtschaftswissenschaftler beschreibt in seinem Buch, dass der Crash kommt. Und der Crash kam, wie wir alle wissen. Doch sehen wir uns an, wie manche Anleger reagiert haben, als der Crash tatsächlich kam.

Angenommen jemand hätte damals einen größeren Posten einer schottischen Bank in seinem Depot, das ihm von genau dem besagten Crash-Apologeten empfohlen wurde, der ja angeblich genau wusste, wann und warum der Crash kommen würde.

Dieser Jemand hatte die Aktien gekauft, weil ihm von seinem famosen und teuer bezahlten „Berater" mitgeteilt wurde, dass es sich um eine zwar große, jedoch einfach strukturierte Geschäftsbank handele, die mit der lokalen Industrie, dem Handel und Handwerk Geschäfte mache (Fehler 1: Verlasse dich nie auf Ratgeber). Der Wert der Investition betrug 100.000€ (Fehler 2: keine Banken oder Finanzprodukte).

Nun also kam der Crash und der Wert der Investition fiel am ersten Tag um 20.000€. Die erste Reaktion war nun nicht:

„Au weia, jetzt aber schnell verkaufen, weil der Kurs eventuell weiter abstürzen könnte."

Nein, der Anleger reagierte, wie die meisten kleineren Marktteilnehmer damals reagiert haben:

„20.000€, Verlust! Verdammt. Aber vielleicht steigen die Dinger ja wieder morgen."

Diese Nacht schlief er schlecht, aber er wartete ab. Was blieb ihm auch anderes übrig?

Am nächsten Tag erholt sich der Depotwert etwas und der Verlust des Depots schnurrt zusammen, auf nur noch 15.000€. Anstatt jetzt auszusteigen, denkt unser Anleger erleichtert:

„Morgen, morgen wird der Kurs wieder anziehen, und wenn dann mein Einstand wieder erreicht ist, werde ich ganz bestimmt verkaufen, mir den Schweiß von der Stirn wischen und Puhh sagen!"

Diese Nacht schlief er besser, aber am nächsten Tag fällt der Kurs erneut. Und dieses Mal fällt der Depotwert um weitere 40.000€.

Aber, anstatt jetzt die Reißleine zu ziehen, denkt der Mann:

„Heute 40.000€ Verlust. Na, so schlecht steht die Bank bestimmt nicht da, das sind alles nur Übertreibungen des Marktes."

Außerdem müsste man jetzt 55.000€ als Verlust verbuchen und das fällt schwer. Die 45.000€, die ihm bei einem sofortigen Verkauf immer noch blieben, sieht er einfach nicht.

Dann sackt der Kurs ins Bodenlose. Die ehemals 100.000€ schrumpfen auf die marginale Größe von 10.000€ zusammen. Anstatt sich nun zu überlegen, dass die Aktie nun um 1.000% steigen müsste, um ihre alte Höhe zu erklimmen, denkt der arme Mann:

„Also von diesem Level aus *kann* die Aktie eigentlich nur noch steigen."

Nein, kann sie nicht, sie fällt weiter! Sie fällt mit schöner Regelmäßigkeit jeden Tag. Nicht mehr so schnell wie in den ersten Tagen des Crashs. Wie auch! Nach unten ist ja kaum noch Platz.

Man ignoriert alle Nachrichten. Es heißt, der Staat muss zur Rettung der Bank einspringen, die ehemals sprudelnden Dividenden werden ausgesetzt. Der Mann ignoriert alles, nur in der Hoffnung, dass er das Geld genau mit diesem Wert, genau mit dieser Aktie wieder zurückgewinnen können wird. Am Ende steht er da, mit mageren 3.000€, ein Verlust von 97%. Die Aktie müsste jetzt um circa 2.000% steigen, damit man auch nur den Anlagewert zurückerhielte, geschweige denn Gewinne machten. Aber anstatt jetzt wenigstens zu verkaufen, denkt der Mann:

„Für die paar Euro lohnt sich's nicht, also halte ich die Dinger noch eine Weile."

Sehr viel tiefer sinkt der Kurs nicht mehr. Kann er schließlich auch nicht, unten ist unten und da ist der Kurs bereits angekommen.

Mit der Zeit vergisst der Anleger diese unangenehme Erfahrung. Nur ab und zu einmal schreckt er auf, wenn er hört, dass diese ehemals so erfolgreiche Bank eventuell vollends vom Staat übernommen werden soll und damit alle Aktionäre leer ausgehen würden. Das wäre dann der Totalverlust, denn der Rest, also knapp 3.000€, wäre dann auch futsch. Doch während er Stunden mit der Analyse verbringt, wie man die 3.000€ sinnvoll anlegen kann, die man gerade vom Arbeitgeber als Urlaubsgeld erhalten hat, befinden sich die Aktien mit einem Wert von 3.000€ immer noch in seinem Depot, ohne dass der Anleger auch nur einen Gedanken daran verschwendet.

Endlich entschließt er sich doch und verkauft den ungeliebten Wert. Für nur noch 2.800€, aber siehe da, der Schmerz vergeht schneller, als man denkt, und er kündigt den Vertrag mit dem populären, jedoch erfolglosen Ratgeber.

Der Herr Professor schreibt Briefe und teilt dem Mann darin mit, dass das ein grober Fehler sei, weil die Anzahl seiner Mitglieder beschränkt sei und man nie, nie wieder in seinen illustren Klub aufgenommen werden könne. Aber der Anleger hat gelernt und belässt es bei seiner Kündigung. Wenn man einmal von einem Hund gebissen worden ist, muss man ihm nicht noch einmal die Hand hinhalten.

Von wegen, man könne nie, nie wieder Mitglied werden, denn ab diesem Zeitpunkt bekommt der Mann, obwohl nicht mehr Mitglied, regelmäßig Post, in der ihm eine ermäßigte Mitgliedschaft angetragen wird, die nur noch halb so viel kosten soll wie die erste. Und er bekommt auch Nachricht, wie gut sich das Musterdepot des Experten seit der Krise geschlagen hat. Auf diesen Trick fällt unser Anleger jedoch nicht mehr herein.

Schlauer geworden, legt der gebeutelte Anleger das bisschen Geld in *McDonalds*-Aktien an, die zwar auch in der Krise ein klein wenig gelitten haben, aber diesen Verlust längst schon wieder aufgeholt haben. Von Zeit zu Zeit kommen noch Nachrichten, wie gut sich das Depot des Ratgebers geschlagen hat, aber spätestens nach dieser Erfahrung sollte man gelernt haben, dass sich jedes Depot im Nachhinein gut schlägt, wenn man nur die Gewinner veröffentlicht.

Die Lehren, die man aus diesem Beispiel ziehen sollte, sind:

- Niemand, auch nicht der beste Experte, kennt den Kurs von morgen.

- Wenn Ihr Kenntnisstand und Ihre Erfahrungen für gewisse Anlagen nicht ausreichen, kaufen Sie sich keinen teuren Rat ein, sondern orientieren Sie sich mit Ihrer Anlage an dem Wissensstand, über den Sie tatsächlich verfügen.

Man sollte seine Geldanlage nicht an einem kommenden Crash orientieren, nicht an den Kursen von morgen, sondern so, dass man jeden Crash, jeden Kursrückgang durchstehen kann, ohne hektisch reagieren zu müssen.

Sie ahnen es bestimmt! Der Investor, der sich dermaßen mit einer schottischen Bank verspekuliert hat, das war ich.

9.12 Dienste in Anspruch nehmen

Wenn Sie eine Renten-, Lebens- oder sonst eine Versicherung abschließen, dann muss die Versicherungsgesellschaft Angestellte bezahlen, und das macht sie natürlich mit Ihrem Geld. Wenn Sie einen Fonds kaufen, dann beschäftigen Sie jemanden, der für Sie Ihr Geld an die Produzenten weiterreicht. Und dieser Jemand will Geld für seine Dienste. Dieser Jemand wird argumentieren, er wisse besser als Sie, wie man das Geld anlege, und mit diesem Wissen würde er mehr Rendite erwirtschaften, als Sie es könnten. Gut, aber zuerst müsste er so viel mehr an Rendite erwirtschaften, dass es für sie beide reicht, und er müsste natürlich den Gewinn fair verteilen. Auf beide Eigenschaften haben Sie keinen Einfluss.

Wenn Sie keinerlei Zweifel an der Kompetenz dieses Beraters haben, wenn Sie davon überzeugt sind, dass sein Modell funktioniert, und wenn Sie fest davon überzeugt sind, dass alles mit rechten Dingen zugeht, dann können Sie getrost weiter Fonds kaufen und darauf warten, dass sich endlich einmal ausgerechnet Ihr Fonds in die richtige Richtung bewegt. Denn es hat den Anschein, dass sich die potenziellen Fonds stets nach oben bewegen, solange man die Anteile noch nicht gekauft hat, hat man sie erstanden, dann – Schwupps – dreht der Kurs und läuft für Jahre in die falsche Richtung.

Vertrauen Sie sich selbst, denn es ist nicht besonders schwer, auch ohne Anlageberater und Verwalter die richtige Anlage zu finden.

Legen Sie Ihr Geld also in reale Werte an, aber lassen Sie es nicht nur auf dem Konto liegen. Bei der gegenwärtigen Finanzkrise ist nämlich ganz plötzlich etwas in den Fokus geraten, was vor Kurzem noch keinerlei Bedeutung zu haben schien: Wenn Sie Ihr Geld auf die Bank bringen, dann werden Sie zum Gläubiger der Bank. Und als Gläubiger sind Sie nach dem Konkursrecht von einer Pleite der Bank genauso betroffen wie der Eigner, also der Aktionär der Bank. Es ist eben nicht so, dass Guthaben auf Konten etwas Heiliges sind, das niemals irgendwie angetastet werden könnte, dieser Mythos stammt noch aus der Zeit, als man Banker noch Bankbeamte nannte und der Staat noch die Finanzhoheit über seine Währung hatte. In einer Krise werden Sie als Kontoinhaber genauso behandelt, als ob Sie das Geld Ihrem Bruder, Ihrem Freund oder eben einer Firma geliehen hätten. Wenn einer von denen Insolvenz anmelden muss, ist Ihr Geld im Regelfall futsch. Und …, eine Bank ist eine Firma, so wie jede andere eben auch, mehr nicht.

Es gibt einen gesetzlichen Einlagensicherungsfonds, der Ihnen Ihre Einlage von bestimmter Höhe garantiert, dabei wird nur der Hintersinn dieser Sicherung stets verschwiegen, dass nämlich alles, was darüber ist, eben *nicht* gesichert ist. Mit 100.000€ werden Sie im Alter keinen Blumentopf gewinnen, der Ertrag daraus wird kaum reichen, Ihre Rente aufzubessern. Im Klartext heißt das nämlich nichts weniger, als dass man Ihnen im Falle des Falles Ihre gesamte Altersversorgung abnehmen kann, wenn der Staat das so beschließt. Deshalb investieren Sie nicht in Staatsanleihen, Fest- oder gar Spargeld, das Geld ist dort nicht sicher. Nur die Beteiligung an wirklichen realen Werten bietet eine einigermaßen sichere Anlage. Weil der Staat es sich nämlich niemals leisten wird können, genau die Steuerzahler zu enteignen, die ihn tragen, die Unternehmungen, Firmen und Aktiengesellschaften. Gehen Sie nach dem Motto vor:

If you can't beat them, join them!

Gesetzlich sieht das folgendermaßen aus: Die Einlagen von Privatkunden sind in Deutschland zu 100% durch das Einlagensicherungs- und Anlegerentschädigungsgesetz (EAEG) gesichert – allerdings nur bis zu einer Höhe von 100.000€. Fast alle Banken, ob Sparkassen, öffentliche Banken oder Direktbanken, bieten durch freiwillige Sicherheitsmechanismen einen weit höheren Einlagenschutz als den gesetzlich vorgeschriebenen an.

Klingt schön.

Denn wenn der Topf der Sozialleistungen einmal leer ist, dann wird auch aus dem Einlagensicherungsfonds nicht mehr gezahlt werden können, egal was in dem Gesetz steht. Und in Krisenzeiten, wenn wirklich einige Banken in einem Rutsch pleitegehen würden, kann dieser Fall sehr schnell eintreten. So wurden am 20. Juni 1948 alle Bankeinlagen in Deutschland auf einen Schlag wertlos, wer da Guthaben auf der Bank liegen hatte, verlor sein Geld und manchmal auch seine Existenz.

Wer wirklich mehr als 100.000€ auf dem Konto liegen hat, hat entweder zu viel Geld oder er weiß nicht, damit umzugehen.

Vertrauen Sie nicht auf den Vertrauensschutz des Staates, er verdient Ihr Vertrauen nicht. Vertrauen Sie auf sich selbst und auf die Industrie, die Waren herstellt, die jeder jeden Tag braucht.

Sie sind immer und so lange Sie leben Marktteilnehmer und sind damit stets dem Markt ausgesetzt, wenn Sie also Ihr Risiko nicht ausschließen können, so sollten Sie es wenigstens so weit als möglich minimieren. Es bleibt Ihnen also nichts weiter übrig, als sich den zuverlässigsten Schuldner für Ihr Anlagevermögen auszusuchen, deshalb sollten Sie Ihr schwer verdientes Geld weder dem Staat, Finanzberatern noch den Banken mit ihren merkwürdigen Produkten geben. Mit beiden werden Sie langfristig keine Freude haben.

10 Praktische Tipps

Nun wissen Sie, welche Aktien Sie kaufen sollten, und nur für den Fall, dass Sie es nicht bereits wissen, werde ich einige Tipps geben, wo Sie Ihr Geld günstig anlegen können, denn auch die Wahl der falschen Bank kann über die Jahre recht viel Geld kosten.

10.1 Depotgebühren

Wie ich bereits erwähnt habe, sollten Sie eine Bank wählen, die keine Depotgebühren verlangt. Das kann nämlich mit der Zeit ziemlich teuer werden. Banken, die keine Depotgebühren verlangen, findet man viele im Netz. Allerdings gibt es da einige gravierende Unterschiede, die Sie wissen sollten. So werden bei einigen Banken die Dividenden sofort gutgeschrieben, bei anderen kann das bis zu einer Woche dauern. Wenn Sie die Dividenden sofort wieder anlegen wollen, dann kann das recht unangenehm sein.

Zu einem bestimmten Tag werden Aktien Ex-Dividende gehandelt, das bedeutet, die Aktie notiert um die Dividende reduziert. Wenn, wie im Falle von GlaxoSmithkline, die Dividende 5% beträgt, dann ist das ein erschreckend hoher Abschlag, den Sie am Extag beobachten können. Diesen Abschlag sollten Sie jedoch nutzen, um mit der bereits gutgeschriebenen Dividende GlaxoSmithkline nachzukaufen. Sehr häufig fallen die Ex gehandelten Werte am ersten Tag danach, ziehen jedoch einige Tage später wieder an. Wenn allerdings die Dividende erst eine, zwei Wochen später auf Ihrem Konto erscheint, dann müssen Sie unter Umständen mehr für die Aktie bezahlen, als wenn Sie sie sofort hätten kaufen können. Brokerbanken machen auf sich aufmerksam, indem sie mit besonders günstigen Spesen werben, das kann aber böse ins Auge gehen, wenn Ihnen später alle möglichen Gebührenrechnungen ins Haus flattern. So verlangen Broker häufig Clearing- und andere Gebühren für die Depotführung im Ausland. Dann ist der Vorteil der günstigen Transferkosten schnell wieder beim Teufel. Nehmen

Sie eine solide Internetbank, klären Sie ab, welche Gebühren wann fällig werden, und bleiben Sie bei dieser Bank. Auch wenn Kauf- und Verkaufskosten vielleicht etwas höher ausfallen als bei Geschäftsbanken, Sparkassen und Brokern, wenn Sie Ihre Titel über mehrere Jahre halten, dann fällt das kaum ins Gewicht.

10.2 Statistiken und andere Kleinigkeiten

Der Begriff „hätte" ist jedem Investor bestens bekannt. Hätte ich damals die Aktie XYZ nur gehalten und dafür nicht den Titel ZYX gekauft, dann „hätte" ich jetzt einen schönen Gewinn, so aber habe ich eine Menge Geld verloren, bloß weil ich so blöd war und zu früh verkauft und zu spät gekauft habe.

Der Mensch ist von Hause aus ein pessimistisches Wesen. Ständig steht er an roten Ampeln, ständig steht er in jedem Stau, den der Straßenverkehr werden lässt, seine Warteschlange an der Kasse ist ständig die längste, und wenn sie es nicht ist, dann bewegt sie sich stets langsamer als die anderen Kassenschlangen.

Alles das mag schon stimmen, aber der Mensch zählt eben nur die roten Ampeln, an denen er halten muss, und nicht die grünen. Er bemerkt es nicht, wenn er rasant und zügig an einem Stau auf der anderen Seite der Autobahn vorbeifährt, er zählt nicht die Male, die er als Erster an der Kasse bedient wird, und er bemerkt es ebenfalls nicht, wenn vor ihm zwei, drei Herren an der Kasse stehen, die lässig nur ein Paar Socken auf das Laufband werfen, während an der Kasse nebenan vier Frauen emsig damit beschäftigt sind, den Einkauf einer ganzen Woche auf das langsam laufende Band zu türmen.

Doch im Grunde hält sich Gewinn und Verlust, Pech und Glück, Erfolg und Misserfolg die Waage. Niemand hat immer nur Pech, niemand immer nur Glück, nicht immer kann man Erfolg haben, aber auch nicht stets nur Misserfolg. Man empfindet es nur so, als ob man dauernd der Pechvogel wäre, weil man eben nur die negativen Ereignisse und Dinge registriert.

Um dem Leben eines Aktionärs etwas Realismus einzuhauchen, tun Sie Folgendes:

Wenn Sie Aktien kaufen, dann legen Sie ein Depot an. Aber, wenn Sie Aktien verkaufen, dann tun Sie bitte dasselbe und legen Sie ein Musterdepot auch für diese Aktien an. Und wenn Sie für das erhaltene Geld wieder Aktien kaufen, dann verfolgen Sie mittels eines Musterdepots, wie sich die neuen Aktien entwickelt haben. Dann können Sie nämlich vergleichen, ob Sie tatsächlich mit dem Verkauf nur Verluste eingefahren haben, oder ob es nicht doch so ist, dass der neue Aktienbestand mehr gebracht hat als der alte, wenn Sie ihn behalten hätten.

Ich will Ihnen das an einem Beispiel erläutern. Dieses Beispiel ist besonders erhellend, weil es nämlich eine von einem Anlageberater vorgeschlagene Investition gegen eine tatsächlich getätigte aufrechnet. In Abbildung 14 sehen Sie, dass die am 21. Mai 2011 verkauften Titel einen Gewinn gehabt hätten von 18.624,8€, wenn man sie gehalten hätte.

Aber in Abbildung 15 sehen Sie, dass das angelegte Geld einen Gewinn von 37.726,77€ eingebracht hat.

Kein Grund also, sich über entgangene Gewinne zu ärgern. Die beiden Musterdepots zeigen aber auch, dass man das Geld besser wieder sofort anlegt, denn sonst können einem die Kurse weglaufen, und das ist dann besonders ärgerlich.

Name	Anzahl	Kaufwert	Istwert	Wertentw.
Allianz	760 St.	84,00€	119,23€	+41,94%
		63.840,00€	90.614,80€	26.774,80€
Eon	2000 St.	17,19€	13,11€	-23.71%
		34.380.00€	26.230,00€	-8.150,00€
Gesamt		98.220,00 €	116.844,80€	18.624,80€
Abbildung 14: Für die Statistik, Verkauf				

Sie sehen, etwas muss man schon für seine Investitionen tun.

Name	Anzahl	Kaufwert	Istwert	Wertentw.
McDonalds	580 St.	59,70€	79,29€	+32,81%
		34.626,00€	45.988,20€	11.362,20€
Procter	1000 St.	39,00€	61,05€	+56,54.71%
		39.000.00€	61.050,00€	22.050,00€
Reckitt	507 St.	48,17€	56,68€	17,67%
		24.422,19€	28.736,76€	4.314,57
Gesamt		98.048,19 €	116.844,80€	37.726,77€
Abbildung 15: Für die Statistik, Kauf				

10.3 Gewinner und Verlierer

Es wird stets behauptet, die Börse sei so eine Art Nullsummen-spiel, bei dem den Gewinner stets die gleiche Anzahl Verlierer ge-genübersteht. Daraus folgt dann natürlich, dass man einen Exper-ten beschäftigen muss, um stets zu den Gewinnern zu gehören. Be-trachtet man den Markt der Day-Trader, entspricht das sogar einer gewissen Logik, doch insgesamt gesehen, also für das langfristige Börsengeschehen, ist das nicht korrekt.

Wenn Sie sich die Entwicklung des DOW seit 1900 ansehen, dann erkennen Sie, dass sich die Börse vielleicht nicht stetig, aber doch verlässlich immer nach rechts oben bewegt hat. Sie werden in der Grafik die beiden Weltkriege kaum erkennen, und auch die Lehman-Krise stellt nur einen kleinen Pickel im Landschaftsge-sicht des DOW dar. Während einer Krise, von denen ich schon ei-nige erlebt habe, hat man das Gefühl, sie wird nie enden, denn je-den Tag gehen die Kurse nur nach unten. Das kann einen schon nervös machen. Dennoch zeigt die Entwicklung der Indizes, dass es besser ist, gute Werte zu halten. Warum, wird Ihnen sogleich klar werden.

Kurse steigen langfristig nur, wenn der Warenumsatz zunimmt, wenn neue Produkte geschaffen werden und wenn die Kunden diese Produkte auch kaufen. Und wenn Sie davon überzeugt sind, dass diese stetige Zunahme an Umsatz und Wachstum irgendwann einmal ein Ende haben muss, dann machen Sie doch folgendes Gedankenexperiment:

Suchen Sie sich einen beliebigen Zeitpunkt in der Vergangenheit und denken Sie sich, dass im Jahre 1877, 1952 oder auch 2000 der Fortschritt aufgehört hätte, die Wirtschaft nicht mehr gewachsen wäre, wie sähe die Welt dann heute aus?

Nehmen wir 1952! Wir würden immer noch mit wenigen VW-Käfern, Borgwards und Lloyds herumfahren, die im Schnitt 13 Liter pro 100 km und mehr verbrauchen würden, wir würden immer noch Steinkohle aus den Gruben kratzen, die Luft wäre verpestet und die Menschen hätten keine Arbeit.

Und wenn Sie sich das Jahr 1877 ausgesucht hätten, dann würden wir immer noch Hurra schreien, sobald die hohen Herren Gutsbesitzer in ihren Kaleschen an uns arbeitender Bauernbevölkerung vorbeiführen. Wir würden versuchen, unser kleines kärgliches Zimmer mit Kerzen zu erhellen, draußen auf dem Hof unsere Notdurft verrichten, und das durchschnittliche Alter eines Arbeiters läge bei 37 Jahren.

Ich weiß nicht, wie die Welt in 100 Jahren aussehen wird, aber es wird eine andere Welt sein, mit anderen Bedürfnissen und Produkten. Aber einige Produkte werden wohl auch dann noch in den Läden liegen. Man wird bestimmt noch Brot essen, sich die Hände pflegen und Toilettenpapier verwenden. Doch Wachstum und Fortschritt werden erst ein Ende haben, wenn der letzte Mensch gestorben ist.

Wenn Sie sich also heute entscheiden, die Aktie zu einem relativ hohen Preis zu erwerben, dann müssen Sie nicht der Verlierer sein. Im Gegenteil, derjenige, der Ihnen die Aktie verkauft, hat seinen Gewinn gemacht, und Sie werden vermutlich ebenfalls einen Gewinn machen, wenn Sie sich einmal entscheiden sollten, die Aktie zu verkaufen. Der relativ hohe Kaufpreis wird Ihnen in ein, zwei Jahren relativ niedrig vorkommen.

10.4 Hin und her macht Taschen leer

Wer die täglichen Kurse an der Börse verfolgt, kann sich nicht des Eindrucks erwehren, dass dort nur Idioten am Werk sind. Wie bei einer Achterbahn geht's hinauf, dann wieder hinunter. Es gibt ziemlich viele Idioten an der Börse, die täglich versuchen, ihr Schnäppchen zu machen, und die bestimmen den momentanen Preis einer Aktie, doch im Wesentlichen sind es Anlageberater, die jede Gelegenheit nutzen, um die Aktien Ihrer Kunden zu verkaufen und wieder zu kaufen. Denn mit dem Hin und Her verdienen sie ihr Geld. Lassen Sie sich nicht davon beeindrucken, langfristig wird sich der Kurs einer Aktie immer an dem tatsächlichen Wert der Unternehmung orientieren, das gilt für gute Werte genauso wie für schlechte. Es kommt vor, dass eine Aktie extrem unterbewertet ist, aber das festzustellen, braucht es tatsächlich Fachleute. Sie dagegen sollten in Aktien investieren, die fair bewertet sind, damit liegen Sie auf lange Sicht immer richtig.

Und wenn Sie Ihr Geld einmal angelegt haben, dann starren Sie nicht jeden Tag auf die Kurse. Denken Sie an Herrn Kostolany und seinen Hund.

10.5 Wann soll man aussteigen?

Man könnte ebenso gut die Frage stellen, wann soll man eine Aktie kaufen? Denn wenn Sie einen Titel verkaufen, dann sollten Sie auch wissen, welchen Titel Sie dafür kaufen wollen, es sei denn, Sie brauchen das Geld für eine größere Investition. Und da Sie die Kurse von morgen nicht kennen, sollten Sie weder zu einem bestimmten Kurs aussteigen (Stop Loss), noch zu einem bestimmten Kurs einsteigen (Limit). Sie sollten werthaltige Aktien einfach kaufen und – halten! Wenn sie Dividenden bringen, und das sollten sie, freuen Sie sich über den stetigen Geldstrom, und vergessen Sie

Börse und Kurse. Wenn die monatlichen Dividenden einen bestimmten Wert erreicht haben, werden Sie gar nicht auf die Idee kommen, gute Dividendenbringer einfach wieder zu verkaufen. Wenn Sie ein Depot aufgebaut haben, das nach den Regeln von Kapitel *„Erfolgreich investieren"* aufgebaut ist, werden Sie nicht in die Verlegenheit kommen, Aktien zu verkaufen.

10.6 Was geschieht bei einem Verkauf?

Gehen wir davon aus, Sie haben ein solides Depot mit Werten, die Sie alle nach den obigen Regeln ausgesucht haben, also nichts Spekulatives, keine Risikopapiere, alles nur Konsumartikel.

Angenommen Sie haben einen Titel, der in den letzten Jahren besonders gut gelaufen ist und der alle Kriterien erfüllt, die Sie an eine Aktie stellen. Nehmen wir weiter an, Sie haben einen Gewinn von 100% gemacht. Ihr ursprüngliches Engagement betrug 10.000€, welches auf nun 20.000€ angewachsen ist. Für diese 20.000€ bekommen Sie 4% Dividendenrendite, also 800€ im Jahr. Nach Abzug aller Steuern und Abgaben bleiben Ihnen davon 580€.

Ihnen wird die Sache zu heiß und Sie entschließen sich, den Wert zu verkaufen, und bekommen die 20.000€ gutgeschrieben. Natürlich will der Staat etwas davon abhaben, nämlich 30,5% Steuern und Abgaben. Nicht vom gesamten Betrag, aber vom Gewinn, und das sind dann 3.050€, die von Ihren 20.000€ abgezogen werden. Es bleiben Ihnen 16.950€, die Sie wieder investieren können. Nehmen wir an, Sie bekommen für das neue Investment ebenfalls 4% Rendite, dann sind das 678€ pro Jahr. Ziehen wir davon ebenfalls die Steuern ab, dann bleiben Ihnen gut 471€ pro Jahr an Dividende. Das Ergebnis Ihrer Aktion wäre doch nur, dass Sie 580€ Nettorendite gegen eine Nettorendite von 471€ eingetauscht hätten. Sie haben einen Wert, der Ihnen, vom Anlagebetrag gerechnet, 8% Rendite einbrachte, in einen Wert getauscht, der es nun nur auf 4% bringt. Warum wollen Sie das tun? Sie müssten sich doch ganz sicher sein, dass das neue Engagement ab jetzt besser laufen wird als das alte. Aber das haben wir doch bereits mehrfach festgestellt, den Kurs von morgen kennen Sie nicht.

Zudem müssten Sie jetzt ganz sicher sein, dass der ursprüngliche Wert zu hoch bewertet war und dass der neue Wert unterbewertet ist. Wie wollen Sie das herausfinden?

Das KGV? Das ist nicht unbedingt eine verlässliche Maßzahl. So ist ein hohes KGV für Technologietitel ohne Weiteres zu akzeptieren, für eine Bank, eine Versicherung eher nicht. Aber der Punkt ist: Um sich an solchen Kennzahlen zu orientieren, müssten Sie ja genau das tun, was Sie eigentlich gar nicht wollten, sich mit der Börse intensiv beschäftigen.

Wenn Sie von einem Wert wirklich überzeugt sind, und nur dann sollte er sich in Ihrem Depot befinden, dann wird dieser Wert nicht schlechter, bloß weil er über die Jahre gute Gewinne gemacht hat, warum also sollten Sie ihn gegen einen anderen, gewiss auch guten Wert eintauschen? Es gibt genügend Aktien, die über die Jahrzehnte stetig an Wert zugelegt haben. Jeder, aber auch wirklich jeder Zeitpunkt in der Vergangenheit wäre der falsche gewesen, diese Aktien zu verkaufen.

Doch Halt!

Das gilt nur für Werte, die Sie langfristig halten wollen. Ein gutes Depot wird keine Titel enthalten, die man verkaufen möchte. Wenn Sie freilich spekulative Werte halten, dann sollten Sie sich eigentlich sofort davon trennen, es sei denn, Sie verfügen über ein Anlagevermögen von mehr als zehn Millionen Euro, denn dann dürfen Sie sich solche Spielchen auch erlauben. Die weitverbreitete Ansicht, man solle die Verluste nach unten begrenzen, ist einfach falsch, sie dient nur dazu, den Börsenumsatz anzukurbeln, doch leider sind nicht Sie es, der daran verdient, im Gegenteil, Sie liefern nämlich den Rohstoff dafür – das Geld!

Von realisierten Gewinnen ist noch niemand arm geworden, werden Sie sagen. Das stimmt natürlich, aber was machen Sie dann mit dem Geld? Anlagen, die für uns Anleger mit nur wenig Kapital infrage kommen, sind meist nicht dermaßen unterschiedlich in ihrer Bewertung, als dass sich ein Wechsel wirklich lohnen würde.

10.7 Die psychologische Barriere

Sie sollten eines bedenken: Wenn man einen Titel einmal verkauft hat, so gibt es eine psychologische Barriere, die verhindert, dass man diesen Titel wieder zurückkauft.

Wenn Sie beispielsweise die Aktie von *McDonalds* irgendwann einmal mit gutem Gewinn für 40€ verkauft haben, dann wird es Ihnen unendlich schwerfallen, diese Aktie zu einem Preis von 80€ wieder zu kaufen. Sie hätten immer das Gefühl, Sie würden Ihren schönen Gewinn von damals wieder hergeben. Und damit werden Sie auf Gewinne verzichten, wenn die Aktie bei 100€, 120€ oder gar 200€ steht.

Sehen Sie sich den langfristigen Chart Ihrer Anlagen an, das ist die beste Medizin gegen den aufkommenden Drang, ständig umzuschichten. Und hören Sie nicht auf das dumme Geschwätz der Anlageberater, die Zeiten hätten sich geändert: Wenn man die richtigen Werte im Depot hat, dann war *„Kaufen und liegen lassen"* immer eine gute Strategie, und das wird in hundert Jahren auch noch so sein.

11 Volatilität ist gleich Risiko?

11.1 Ansichten und Meinungen

Wenn man die gängigen Vorstellungen von Finanzgeschäften, Börse und dem Investieren als Grundlage für einen Film nehmen würde, dann müsste man diesen wohl unter die Rubrik „*Science-Fiction*" einordnen, denn die Meinung über ein so wichtiges Subjekt wie die eigene Geldanlage basiert zum Großteil auf subjektiven, mit Emotionen überfrachteten Ansichten und weniger auf Fakten und Analysen.

Der größte Mythos ist wohl, dass Investieren in ganz gewöhnliche Aktien als eine äußerst unsichere und vor allem risikoreiche Angelegenheit betrachtet wird. Wann immer man sich mit den verschiedensten Anlageberatern, aber auch Laien unterhält, die über ein gewisses Maß an Erfahrung verfügen, stellt man fest, dass gerade diese Gruppe von Menschen Investitionen in Aktien im Vergleich zu anderen Formen der Geldanlage als höchst risikoreich einstuft.

Ich habe in meiner langen Karriere als Investor herausgefunden, dass eher das Gegenteil zutrifft. Das Investieren in Aktien ist, gemessen an den Risiken der Geldanlage allgemein, eher die risikoärmste Art, sein Geld anzulegen, natürlich unter der Voraussetzung, dass die Auswahl der Einzelwerte auf eine vernünftige und einfache Art geschieht.

Ich verstehe die Sorge der Menschen, die ihr Leben lang arbeiten und sich nebenbei um ihr eigenes Investment kümmern müssen. Ich verstehe auch, dass man sich von dieser lästigen Aufgabe befreien möchte, vor allem, weil die Meinungen und Nachrichten, die jeden Tag auf den geplagten Anleger einströmen, extrem widersprüchlich sind. Aber es hilft ja nichts, man wird sich kümmern müssen, denn sieht man sich die Rentenentwicklung der letzten

Jahre an, so ist die Befürchtung sehr real, im Alter nur mit einer geringen staatlichen Rente auskommen zu müssen.

Die eigene Geldanlage ist ein lästiges und ungeliebtes Thema. Gerade was die Börse angeht, hört man in den Medien stets nur Hiobsbotschaften. Meist wird berichtet, die Börse laufe gerade sehr schlecht. Und wenn es auf dem großen Markt der Finanzen einmal etwas besser läuft, dann hört man von den „Experten" von Presse, Funk und Fernsehen, dass es sicherlich bald wieder schlechter laufen wird. Diverse Journalisten, alles selbst ernannte Experten natürlich, geben ihre Meinung kund, die jedoch fast immer geprägt ist von dem eigenen meist kleinbürgerlichen Verständnis von Geld, Aktie und Investition, und da spielt die Einzelaktie als Anlageform eine eher unrühmliche Rolle, wird schlecht geredet und verteufelt.

Kein Wunder, dass sich da gerade der verunsicherte Anleger an Experten wendet, die ihm allesamt stets suggerieren; die Anlage in Aktien sei höchst gefährlich, weil volatil und deshalb nicht kalkulierbar, und deshalb seien sie die richtigen Ansprechpartner. Und auch der Staat spielt eine unrühmliche Rolle in dieser Tragödie, denn durch wenig rentierliche Alternativangebote und extrem hohe Steuern und Abgaben verhindert er, dass der einzelne überhaupt ein signifikantes Vermögen aufbauen kann. „Honi soit qui mal y pense."

Eine Überlegung, die gerade in der deutschen Gesellschaft wenig Beachtung findet, ist:

Das monatliche Einkommen, welches einem bis zum Rentenbeginn das Leben sichert, muss im Alter ersetzt werden durch die Rendite der Anlagen, die man während des Arbeitslebens getätigt hat.

Rentenzusätze wie Riester und Rürup werden keinen substanziellen Beitrag zum Renteneinkommen liefern, und Sparen allein wird gewiss nicht reichen. Deshalb muss eine Anlage bis zum Renteneintritt auch eine substanzielle Rendite erwirtschaften, und die sollte mindestens so hoch sein wie die staatliche Rente. Dabei werden bereits zurzeit des Ansparens von den meisten Bürgern Anlagen favorisiert, nach dem Motto: Hauptsache sicher und wenig volatil. Dabei spielt der Ertrag eine eher untergeordnete Rolle. Und genau dies ist der Grund, warum der erreichte Kapitalstock im Alter eher klein ist.

Die folgenschwerste Meinung bezüglich der Anlage in Einzeltiteln ist:

Volatilität = Risiko!

11.2 Ist Volatilität gleichzusetzen mit Risiko?

Will sagen: Eine im Wert stark variierende Assetklasse ist gleichermaßen auch eine risikoreiche Assetklasse. Die Aktie ist natürlich eine im Wert stark variierende Assetklasse, jedoch ist es fraglich, ob das auch gleichbedeutend mit einem hohen Anlagerisiko ist.

Doch genau dieser Zusammenhang wird von zahlreichen Theorien der Volkswirtschaft hergestellt. Dabei besteht das eigentliche Risiko nicht in der Aktie selbst, sondern in der Art, wie Anleger auf die Volatilität des Aktienkurses reagieren.

Wenn eine Aktie von einem Tag auf den anderen rapide an Wert verliert, dann reagieren die allermeisten Anleger völlig falsch, indem sie anfangen zu verkaufen.

So ein Verkauf hat aus psychologischer Sicht natürlich seine Vorteile, denn anstatt sich täglich mit den sinkenden Kursen auseinanderzusetzen, hat man nun plötzlich Ruhe. Die Aktie ist aus dem Fokus, und man denkt nicht mehr daran.

Umgekehrt, wenn eine Aktie, die man zum Kauf ins Auge gefasst hat, plötzlich beginnt zu steigen, dann ist man geneigt, fast jeden Preis dafür zu zahlen, ohne zu bedenken, dass es für jede Aktie einen Preis gibt, der einfach zu hoch ist, und sei die Aktie auch noch so toll.

Ich nenne das den Effekt der Schafherde. Jeder rennt immer dorthin, wo alle anderen hinrennen, ohne sich zu überlegen, dass das Gras an dieser Stelle möglicherweise bereits abgefressen ist.

Und genau darin liegt die eigentliche Gefahr der Volatilität. Jedes Szenario einer Krise hat seine inhärente Dynamik, die faktisch immer nach demselben Muster abläuft. Dabei bedenken gerade die Anleger nicht, dass Krisen nicht ewig dauern. Obwohl man das genaue Gegenteil tun sollte, kauft man euphorisch Aktien, wenn sie teuer sind, und verkauft sie aus lauter Verzweiflung wieder, wenn sie billig sind.

Der Grund für dieses Verhalten ist: Wenn man nicht weiß, in welche Werte man eigentlich investiert hat, dann ist man eher geneigt, sich bei fallenden Kursen von ihnen zu trennen. Hätte man die Titel nach rationalen Kriterien selbst ausgesucht, dann wäre der Verkaufsdruck in Krisenzeiten wohl nicht so hoch.

Das Risiko der Volatilität steckt nicht in den Aktien, sondern in dem herdenhaften und dummen Verhalten der Anleger selbst. Und davor sollten Sie sich hüten. Denn die Aktie ist nicht bloß der Wert, der an den Tafeln der diversen Börse steht, es ist ein realer Anteil an einer Unternehmung der Weltwirtschaft. Und es liegt am Investor selbst, zu beurteilen, in welche Unternehmung er sein Geld stecken möchte.

Wenn Sie eine Aktie gekauft haben und Sie um den Wert dieser Anlage wissen, dann wird für Sie diese Aktie nicht plötzlich 10% weniger wert sein, bloß weil der Markt es so befiehlt. Sie werden auch nicht in Euphorie ausbrechen, weil Ihr Titel in wenigen Wochen um 10% gestiegen ist. Denn hätten Sie ein Depot mit Aktien, hinter denen Sie stehen, deren Wert Sie kennen, dann würden Sie diese weder im Falle eines Kurssturzes noch bei einem exorbitanten Anstieg verkaufen. Der gegenwärtige Preis Ihrer Titel hätte dann nämlich keine besondere Bedeutung, sondern es zählte der innere Wert, und damit wären Aktien, Ihre Aktien, natürlich nicht volatil und würden nicht hektisch bei jeder Gelegenheit gekauft und wieder verkauft werden.

Wenn ich sehe, wie schon mehrfach geschehen, dass meine Titel aus völlig irrationalen Gründen in den Keller rauschen, dann ist das für mich eher ein Kaufsignal, eben weil ich um den realen Wert meiner Aktien weiß. Und gute Titel werde ich nicht einfach verkaufen, bloß weil eine indifferente Masse von Anlegern entscheidet; heute ist die *McDonalds*-Aktie 3% weniger wert als gestern. Niemand wird sein Auto verkaufen, bloß weil der ADAC eine schlechte Kritik abgegeben hat, niemand sich von seinem Partner trennen, bloß weil eine Kaffeetante den Po oder die Taille des Partners oder der Partnerin nicht so prickelnd findet.

Kritiken und Einschätzungen der Experten von Aktien sind immer subjektiv. Wenn man überhaupt auf solche Einschätzungen reagieren will, sollte man wenigstens die Schwerpunkte des Experten kennen. Legt er Wert auf kurzfristigen Gewinn, wie sieht sein Anlagehorizont aus, was qualifiziert ihn Aktien zu beurteilen, spielen Dividenden eine Rolle in seiner Einschätzung, was versteht er unter dem Begriff Sicherheit und welche Alternativen hätten Sie, würden Sie tatsächlich auf seinen Rat hin verkaufen? Für die meisten Anleger jedoch reicht allein das Attribut „Experte" aus, um dem Rat eines x-beliebigen Beraters zu folgen.

In diesem Sinne sind jegliche Arten von Fonds, Geldmarktpapieren und Hebelprodukte für eine dauerhafte und ertragreiche Anlage eigentlich nicht geeignet. Besonders nicht für den normalen Anleger, der später mal auf sein Vermögen und die daraus resultierende Rendite zurückgreifen muss.

Weil ich meine Aktien kenne, begreife ich Kursstürze nicht als Verlust von Vermögen, weil ich weiß, dass *meine* Firma und die Produkte, die sie herstellt, mehr wert sind als der gegenwärtige Preis an der Börse, und weil ich weiß, dass Mister Market sich im Laufe der Zeit schon wieder beruhigen wird und meine Titel langfristig wieder den wahren Wert annehmen werden.

Ich kenne den inneren Wert meiner Investition, weil ich weiß, welcher Cashflow über die Jahre generiert wurde, ich weiß, welche Gewinne erwirtschaftet werden, und ich kenne die Politik der Gewinnausschüttung. Diese einfach zu ermittelnden Tatsachen zählen mehr für mich als der erratisch umherspringende Kurs an den unterschiedlichen Börsen. Anstatt in Panik zu verfallen, wenn der Kurs gerade fällt, und mich damit einem völlig unnötigen Verlust auszusetzen, ist meine etwas intelligentere Reaktion: „Sieh zu, dass du jetzt jedes freie Geld einsetzt, um die Chance zu nutzen, ein Stück von *deinem* Unternehmen etwas billiger einzukaufen."

Jede Assetklasse hat ihre Vor- und Nachteile, aber ich habe stets daran geglaubt, dass die direkte Investition in Aktien zwei unschätzbare Vorteile besitzt:

- das fast unbegrenzte Potenzial, Profit zu generieren,

- und die Liquidität, die gerade Aktien zu eigen sind.

Als Aktienbesitzer fühle ich mich eher als Besitzer der Firma, weniger als Geldgeber und Gläubiger. Ich ziehe es vor, mein Geld gegen Gewinnbeteiligung in eine gute Unternehmung zu investieren, als es gegen profane Zinsen an irgendjemanden auszuleihen, den ich nicht kenne und von dem ich nicht weiß, was er mit meinem Geld anstellt.

Jede Geldanlage unterliegt stets einer gewissen Volatilität. Das macht sie deshalb nicht unsicher. Es sind die Reaktionen der Investoren, welche die Anlage unsicher machen, meist nicht die Anlage selbst. Wenn Sie Ihre Anlage nach nachhaltigen und vernünftigen Kriterien ausgesucht haben, können Sie jede Kursbewegung einfach aussitzen. Sie leben in einer volatilen, sich ständig verändernden Welt. Doch der tägliche Bedarf der Menschen ist eine konstante Größe, auf die langfristig Verlass ist.

11.3 Angst und Gier

Die unvermeidbare Volatilität der Aktienpreise ruft in Investoren Emotionen hervor, die stärker sind als alle anderen Risiken, die mit dem Investieren verbunden sind.

Es sind Gefühle wie Angst und Gier, die ich meine. Aber genau diese beiden Regungen sind es, die sehr großen Schaden am eigenen Portfolio anrichten können, und es ist ohne Zweifel die Angst, die den größten Schaden verursachen kann. Wenn man zusehen muss, wie das eigene Vermögen von Tag zu Tag dahinschmilzt, wenn sicher geglaubte Gewinne ins Nirwana zu verschwinden scheinen, dann überkommt den Anleger die Angst, und er fängt an, genau das zu tun, was den Schaden erst anrichtet.

Dem Druck nicht standhaltend, beginnt er Teile seines Vermögens zu verkaufen, dabei trennt er sich von Aktien solider Firmen, die in der Vergangenheit derartige Krisen mit Bravour gemeistert haben. Der innere Wert der Aktie verliert an Bedeutung, und nur der Marktwert steht im Fokus. Und kaum eine andere Situation ruft diese Reaktionen so stark hervor wie das große R-Wort – *Rezession*. In einer solchen Phase verkauft jeder. Jeder möchte sein Vermögen retten, obwohl es doch eigentlich nichts zu retten gibt, der innere Wert der Aktien hat sich meist gar nicht nicht geändert. Aber die Masse der Verkäufe generiert Panik, und die greift auf fast jeden der kleineren Anleger über.

Eigentlich müsste man sich nur ansehen, was in einer solchen Situation die Großanleger machen, dann wüsste man, wie man selbst reagieren sollte, aber die Panik ist so groß, dass der Verstand ausgeschaltet bleibt und nur der Instinkt regiert. Und der sagt: „Raus, nur raus aus dem Markt, egal was es kostet, weg mit all dem Teufelszeug, die Börse sieht mich nie wieder."

Anfangs wartet man noch ein Weilchen, man denkt; vielleicht erholt sich der Markt ja wieder. Und es kostet. Jeder Tag, den man wartet, kostet. Bis man es endlich nicht mehr aushält, und man beginnt zu verkaufen. Ohne Limit, ohne überhaupt auf den Kurs zu schauen. Aber eigentlich kostet es doch nichts, denn die Kurse an der Börse sind nur virtuelle Größen, die sich erst *dann* realisieren, *wenn* man die Titel verkauft.

In einer Rezession will man verkaufen, aber das wollen alle, also sinkt der Preis. Resigniert akzeptiert man am Ende jeden Preis, der Wert der Firma, die hinter dieser Aktie steht, ist völlig aus dem Bewusstsein verdrängt.

Verkaufen! Man will nur verkaufen. Erleichtert atmet man auf, wenn man die Aktien endlich los ist. Man leckt seine Wunden, zählt das restliche Geld, lehnt sich zurück und ist erleichtert. Das ist ähnlich wie nach einem Albtraum, wenn man nach dem Aufwachen feststellt; man liegt im sicheren Schlafzimmer im Bett, steht doch nicht am Rande einer Klippe und ist auch nicht im Begriff in die Tiefe zu stürzen.

Wenn dann der Markt wieder steigt, dann beginnt man erst zu begreifen, welches Debakel man da angerichtet hat. Nur dann ist es meist zu spät, denn mit dem verbliebenen Geld lassen sich die Aktien leider nicht mehr zurückkaufen. Aber anstatt aus den Fehlern zu lernen, wendet man sich ab und blendet aus dem eigenen Leben Geldgeschäfte, Investieren und Börse völlig aus. Das freilich ist äußerst gefährlich, denn damit gibt man die Kontrolle der eigenständigen Rentenplanung aus der Hand und ist im Alter auf die nun wirklich volatile Rentenpolitik der verschiedenen Regierungen angewiesen.

11.4 Meine These ist:

Wenn Sie in Aktien der größten Marktführer investieren, in Firmen, die die Dinge des täglichen Bedarfs herstellen und vertreiben, dann brauchen Sie keine Angst vor einer Rezession zu haben. Diese These basiert auf dem einfachen Umstand, dass eine Firma, bestimmt nicht zum Weltmarktführer aufgestiegen wäre, wenn sie sich nicht auf ein erfolgreiches Geschäftsmodell stützen könnte, wenn sie sich nicht bereits über einen langen Zeitraum auf dem Markt behauptet hätte. Deshalb sind alle Firmen, die hinter erfolgreichen Marken stehen, starke und vertrauenswürdige Unternehmungen, in die man ohne Bedenken sein Geld investieren kann. Wie bereits anfangs gesagt: Die meisten Investoren stützen ihr Urteil über den Aktienmarkt auf vorgefasste Meinungen anstatt auf Fakten, und das führt nicht nur bei Investitionen ins Abseits.

Eine Rezession bedeutet nicht das Ende aller wirtschaftlichen Tätigkeit. Eine Rezession ist immer nur eine temporäre Unterbrechung im allgemeinen Geschäftszyklus, die zwar meist mit erheblichen Schwierigkeiten verbunden ist, im Regelfall jedoch nach ein, zwei Jahren endet. Danach folgt regelmäßig eine Phase der Erholung.

Sehen wir uns doch einige Krisen und Rezessionen der letzten Jahrzehnte an.

Europa mit seinen wechselnden Systemen eignet sich nicht gut für die folgende Darstellung, deshalb beziehe ich mich auf die amerikanische Wirtschaft, die liefert relevante Daten über einen längeren Zeitraum, und sie ist, ungleich den europäischen Ländern, seit dem Jahre 1854 ununterbrochen derselben Regierungsform unterworfen.

Seit 1854 hat es in den Vereinigten Staaten 33 Rezessionen gegeben. Im Schnitt dauerte jede dieser Rezessionen gut 18 Monate, also eineinhalb Jahre. Seit 1980 gab es genau fünf davon. Und zwar:

- Januar 1980 bis Juli 1980, Dauer der Krise: 6 Monate;
- Juli 1981 bis November 1982, Dauer der Krise: 17 Monate;
- Juli 1990 bis März 1991, Dauer der Krise: 8 Monate;
- März 2001 bis November 2001, Dauer der Krise: 8 Monate;
- die große Rezession von Dezember 2007 bis Juni 2009, Dauer der Krise: 18 Monate.

Die letzte Rezession, an die wir uns alle gewiss noch erinnern, war die wohl schwerste in der Geschichte der Börse. Dieser ökonomische Einschnitt war so groß, dass manche Investoren auch nach vier Jahren noch unter den Folgen dieser Rezession leiden.

Aber diese negativen Erinnerungen haben nach meiner Auffassung mehr Schaden angerichtet als die große Rezession selbst. Gerade normale Anleger haben sich nach diesem Einschnitt von der Börse abgewandt, und damit haben sie sich auch von vielen grundsoliden Aktienwerten für immer verabschiedet, die eigentlich für eine vernünftige Investition unverzichtbar sind. Sie haben ihre Titel zu einem Zeitpunkt verkauft, als sie hätten kaufen sollen, und das führte dazu, dass viele an sich gute Investmentpläne unnötig zu früh und mit großen Verlusten aufgelöst wurden, obwohl die Zeiten für einen Ausbau dieser Pläne gerade in der Krise ausgesprochen gut waren.

Das Mittel gegen eine solche irrationale Handlungsweise ist Kenntnis der inneren Werte seines Portfolios und Ausdauer, die Titel zu halten. Stattdessen exerziert man emotionelles Kaufen und Verkaufen oder gar das Delegieren der Finanzverwaltung an andere.

Dieser Umstand zeigt aber auch, dass es für den Anleger nicht besonders hilfreich ist, sich an einen Experten zu wenden, dessen wahre Interessen er weder kennt noch beurteilen kann. Er muss sich selbst um seine Anlage kümmern. Und wenn stets behauptet wird, die Vermögensverwaltung sei ein schwieriges Geschäft, das man tunlichst den Experten überlassen sollte, so ist das schon vom Ansatz her falsch, denn auf diese Weise werden Sie den inneren Wert Ihrer Anlage niemals kennenlernen. Sie werden niemals eine Beziehung zu den von Ihnen erworbenen Titeln erlangen. Sie kaufen eine schwarze Kiste, von der Sie nicht wissen, was darin enthalten ist. Und schwarze Kisten mit unbekanntem Inhalt verkaufen sich eben leichter als wahre Schatzkästlein.

Kenntnis vom inneren Wert seiner Anlagen zu erhalten, ist nicht besonders schwer. Ich habe bereits darauf hingewiesen: Halten Sie sich an die wahren Experten, schauen Sie den Hausfrauen zu, was sie einkaufen, womit sie ihre Wäsche waschen und welche Kosmetik sie verwenden, sehen Sie sich dann die langfristigen Charts der Firmen an, die solche Produkte herstellen. Und wenn dann die Dividendenausschüttung Ihren Vorstellungen entspricht, dann haben Sie einen guten Überblick über kaufenswerte Aktien. Auf diese Weise orientieren Sie sich mehr am inneren Wert einer Aktie anstatt an dem volatilen Börsenpreis. Sie werden in Krisenzeiten dem Verkaufsdruck nicht mehr so ausgesetzt sein, weil Sie wissen, welche Aktien Sie im Depot halten.

Wenn Ihr Portfolio eine Auswahl der oben genannten Werte enthält, dann können Sie jede Rezession beruhigt aussitzen. Sie können auf die Dividendenzahlungen vertrauen, denn auf diese hatten die Rezessionen bei keiner der genannten Titel einen Einfluss gehabt. Wenn Ihr Vermögen und die daraus generierten Dividenden auf diesen Werten basiert hätte und Sie die Stärke gehabt hätten, während der Lehman-Krise keinen Moment auf Ihre Aktien zu schauen, dann hätten Sie die Krise in Ihrem Depot nach einem halben Jahr überhaupt nicht mehr feststellen können.

Abbildung 16: Gegenüberstellung von Kurs und Dividende

Die Coca-Cola-Aktie

Entwicklung von 1960-2014

Entwicklung der Dividende im gleichen Zeitraum

Ich habe in den Abbildungen 16, 17 und 18 einmal die Kursentwicklung der Dividendenentwicklung gegenübergestellt. Selbst solide Aktien zeigten Einbrüche in der Kursentwicklung. Wenn Sie sich jedoch das Diagramm der Dividendenzahlungen darunter anschauen, dann zeigt dieses einen stetigen Anstieg ohne jeglichen Einbruch.

Im Gegenteil, wie Sie sehen können, hätten sich Ihre Dividendeneinkünfte in der Krise sogar erhöht.

Abbildung 17: Gegenüberstellung von Kurs und Dividende

Die Colgate-Aktie

Entwicklung von 1978-2014

Entwicklung der Dividende im gleichen Zeitraum

Es ist die Entwicklung der Dividenden, die Ihnen zeigt, wie solide eine Unternehmung wirtschaftet.

Abbildung 18: Gegenüberstellung von Kurs und Dividende

Die Aktie General Mills

Entwicklung von 1983-2014

*Entwicklung der Dividende im gleichen
Zeitraum*

Wollen Sie wirklich in Fonds investieren, die die beiden Titel in Abbildung 19 und Abbildung 20 enthalten? Das sind beides Werte, die von vielen „Experten" stets empfohlen werden.

Abbildung 19: Gegenüberstellung von Kurs und Dividende

Die Allianz-Aktie (ADR)

Entwicklung von 2000-2014

Entwicklung der Dividende im gleichen Zeitraum

Europäische Titel haben manchmal auch eine ganz brauchbare Dividende, allerdings ist meist die Kontinuität über einen langen Zeitraum nicht gewährleistet. Wenn Sie in Rente sind, können Sie es sich eben nicht leisten, dass in einem Jahr 1,00€ pro Aktie auf Ihrem Konto erscheint, im anderen nur noch 0,25€.

Beurteilen Sie selbst, welche Aktien Sie im Depot haben möchten.

Abbildung 20: Gegenüberstellung von Kurs und Dividende

Die Aktie Eon (ADR)

Entwicklung von 1997-2014

Entwicklung der Dividende im gleichen Zeitraum

Und nun will ich Ihnen nicht viel Glück, sondern Erfolg, viel Erfolg beim Investieren wünschen, denn mit Glück hat das langfristige Investieren nichts zu tun. Sie sind der Markt, und wenn Sie Dinge des täglichen Bedarfs auch täglich kaufen, dann wissen Sie, dass das Investieren nichts mit Können oder Expertenwissen zu tun hat, sondern einfach nur mit gesundem Menschenverstand und mit dem Konsum der Milliarden von Menschen, die sich auf diesem schönen Planeten befinden.

12 Ein Nachsatz noch

12.1 Planetenbewegung und Quantenmechanik

Sie haben gewiss schon öfters in einschlägigen Sendungen die wunderbare Welt der Physik bestaunt. Wie unbegreiflich es ist, wenn dem erstaunten Zuschauer erklärt wird, wie Sterne entstehen und wieder vergehen, wie widersprüchlich die Gesetze der Quantenmechanik funktionieren und wie die Relativitätstheorie das gewohnte Weltbild von Zeit und Raum durcheinanderbringt. Die Moderatoren dieser Sendungen sind allesamt hochkarätige Physiker, und Sie als Zuschauer wissen, dass Sie ohne fundierte Ausbildung niemals verstehen werden, wie diese geheimnisvollen Gesetze zusammenwirken.

In den Nachrichten ist oft zu hören, dass gewisse Wirtschaftsindizes unter- oder überschritten worden sind. Mal freut man sich, mal bekommt man Bedenken, aber eines scheint im Bewusstsein der Bevölkerung stets unterzugehen. Wenn diese Indizes am Ende nicht mit den Berechnungen und Schätzungen übereinstimmen, dann bedeutet das doch nichts weiter, als dass die Berechnungen eben falsch waren! Warum also sollten die Ratschläge dieser honorigen Herren richtiger sein als ihre Berechnungen? Und Sie werden gewiss schon Sendungen gesehen haben, in denen Ihnen von ebenso hochkarätigen Wissenschaftlern vorgeführt wird, wie die Welt der Finanzen funktioniert. Die Wissenschaftler versuchen ebenfalls den Eindruck zu erwecken, ihre Wissenschaft sei etwas für den Laien völlig Undurchschaubares, und Sie sind bestimmt zu einer ähnlichen Einschätzung gekommen: „Also das verstehe wer will, ich jedenfalls habe keine Ahnung davon."

Doch während es sich bei Physik und Mathematik um reine Wissenschaften handelt, sind Volkswirtschaftslehre und Betriebswissenschaften eher unter die Kategorie Heuristik einzustufen.

Heuristik bezeichnet die Kunst, mit begrenztem Wissen und wenig Zeit zu guten Lösungen zu kommen. Es bezeichnet ein analytisches Vorgehen, bei dem mit begrenztem Wissen über ein System mithilfe von Mutmaßungen Schlussfolgerungen über das betreffende System getroffen werden. Die damit gefolgerten Aussagen können von der optimalen Lösung abweichen. Durch Vergleich mit einer optimalen Lösung kann die Güte der Heuristik bestimmt werden.

Bekannte Heuristiken sind zum Beispiel Versuch und Irrtum und das Ausschlussverfahren. Heuristische Verfahren basieren auf Erfahrungen; sie können auch auf falschen Erfahrungen basieren (z. B. verzerrte Wahrnehmung, Scheinkorrelationen oder solchen, die „damals" richtig waren, heute aber falsch sind.

Heuristiken beziehen sich also stets auf persönliche Einschätzungen, die dem Erfahrungsschatz des Einzelnen entspringen. Während Sie in der Physik und Mathematik wirklich auf verlorenem Posten stehen, können Sie sich im Bereich der Finanzen getrost auf Ihren eigenen Erfahrungsschatz stützen. Und wenn Sie sich auf Erkenntnisse und Einschätzungen beschränken, die einem fundierten Modell entsprechen, dann, ja dann sind Ihre Erkenntnisse und Einschätzungen genauso viel wert, genauso richtig oder falsch wie die eines Finanzvorstandes einer großen Investmentgesellschaft. Denn dieser Herr tut nichts anderes als Sie, seine Prognosen sind genauso falsch oder richtig wie die Ihren. Sein Modell mag etwas komplexer sein, die Datenmenge, auf die er sich bezieht, größer, aber es sind stets seine Einschätzungen und sein Erfahrungsbereich, die ihn urteilen lassen, und eigentlich hat das mit Wissenschaft nur wenig zu tun.

Ein mir gut bekannter Physiker hat das so ausgedrückt:

„Alle ‚Wissenschaften', die in ihrer Bezeichnung das Wort ‚Wissenschaft' enthalten, sind meist keine wirklichen Wissenschaften, sondern Heuristiken."

Da ist etwas Wahres daran.

Und um die Essenz dieses Buches abschließend noch einmal zu beschreiben:

„Investieren Sie nur in Firmen, die Sie verstehen, deren Vertriebskanäle Sie kennen und deren Produkte Ihnen bei jedem Ihrer Einkäufe im Supermarkt begegnen."

Es ist nicht die einzige Art, an der Börse Geld zu verdienen, aber es ist die Art, die viele Anleger verstehen und selbst umsetzen können. Und es ist die Methode, die das Risiko minimiert, Geld an der Börse zu verlieren.

Wenn Sie sich daran halten, dann brauchen Sie keine Berater, keine Finanzprofis und keine staatlichen Beratungsstellen. Sie können an der Börse Erfolg haben, wenn Sie sich an die ganz einfachen Regeln halten, die allerdings den Weisheiten der Beratergilde diametral entgegenstehen.

13 Eine Geschichte zum Schluss.

13.1 Ole und Joana

Im Februar 1912 wurden Ole und Joana Joannson geboren. Sie waren Zwillinge einer norwegischen Einwandererfamilie. Die Joannsons waren nicht reich, kamen gerade so über die Runden. Mrs. Joannson kümmerte sich um die Kinder, so wie es eben damals üblich war, und Mister Joannson arbeitete an einer Abfüllanlage bei Coca Cola. Die beiden waren sehr stolz auf ihre Kinder und versuchten, ihnen mitzugeben, was eine arme Einwandererfamilie eben so mitzugeben hat.

Im Jahre 1920 ging die Firma, in der Mister Joannson arbeitete, an die Börse und gab das erste Mal Anteilscheine aus. Auch wenn es Mister Joannson schwerfiel, kaufte er zwei dieser Aktien. Eine für Ole und eine für Joana. Er bezahlte für jeden Anteilschein $21, was damals eine wirklich große Summe war. Außerdem nahm er sich vor, alle Dividenden, die für diese zwei Aktien in Zukunft bezahlt würden, wieder in Aktien seiner Firma zu investieren, und er beschloss, dass seine Kinder mit dem 18. Lebensjahr über das akkumulierte Vermögen verfügen dürften.

In den goldenen 20er-Jahren vermehrte sich das kleine Vermögen moderat, und alles schien auf dem besten Wege zu sein. Ole und Joana machten schon Pläne für ein Studium, das beide aufnehmen wollten, doch dann kam der Schwarze Freitag. Im Oktober 1929 stürzte die Börse ab und kein Titel blieb verschont.

Der 18. Geburtstag der beiden kam, und es bestand keine Aussicht auf eine Beendigung der weltweiten Wirtschaftskrise. Ole entschied, er würde seine Aktien verkaufen, die mittlerweile auf ganze drei Stück angewachsen waren. Aber der Vater konnte ihn schließlich überreden, nur eine der drei Aktien zu verkaufen und die anderen beiden zu behalten. Ole bekam ganze $182 dafür, ein Gewinn von erstaunlichen 2.500% in nur 10 Jahren.

Joana widerstand der Versuchung, auch wenn für sie die Dinge nicht so gut liefen wie für ihren Bruder. Sie behielt ihre Aktien, ja, vergaß sie fast in den Wirren der Prohibition. Doch die Firma, für die ihr Vater immer noch arbeitete, prosperierte und erholte sich langsam wieder von dem Kurssturz, den auch sie in den schweren Jahren durchlitten hatte.

Die folgenden fünfzehn Jahre vergingen schnell. Joana heiratete, bekam Kinder und arbeitete als Lehrerin in einer Mittelschule. Sie und ihr Mann lebten das Leben einer durchschnittlichen Familie in einer kleinen Stadt in Georgia. Sie genossen ihr Glück und an die Aktien, die mittlerweile zu einer stolzen Anzahl von 1.234 angewachsen waren, dachten beide nicht.

Aber auch Ole war recht erfolgreich. Auch er hatte geheiratet, auch er hatte Kinder, und er fand sogar eine Arbeit an der New Yorker Börse. Nichts Aufregendes, aber es ernährte seine Familie. Allerdings gewöhnte sich Ole einen etwas zu extravaganten Lebensstil an, und so war das Geld meist etwas knapp in seinem Haushalt.

Es war im Jahr 1945, als Ole eine Analyse las, in der geschrieben stand, dass Coca Cola mit einer großen Konkurrenz zu kämpfen habe und deshalb wohl mit einem Kurseinbruch zu rechnen sei. Ole, wieder einmal in Geldschwierigkeiten, erinnerte sich seiner Coca-Cola-Aktien, pfiff leise durch die Zähne, als er feststellte, dass nur die Hälfte seiner Aktien bereits $2.000 wert waren, was damals einem kleinen Vermögen gleichkam. Also verkaufte er die Hälfte und bezahlte seine Schulden mit dem Geld.

Ole rief seine Schwester an und versuchte, auch sie davon zu überzeugen, wenigstens einige Aktien der Firma Coca Cola zu verkaufen, aber Joana blieb standhaft und behielt ihre Aktien. Sie hatte beobachtet, wie in ihrer Nachbarschaft die Produkte ihrer Firma gekauft wurden und schenkte den Analysen der schlauen Bankmanager keinen Glauben.

1985, vierzig Jahre später, Joana und ihr Ehemann, beide 73 Jahre alt, lebten immer noch in einer ländlichen Gegend Georgias.

Sie hatten sieben Enkelkinder und freuten sich, wenn diese zu Besuch kamen.

Ole hatte sich auch nach Georgia zurückgezogen, aber nicht der ländlichen Ruhe wegen, sondern weil er sich das Leben in der Stadt nicht mehr leisten konnte. Sein aufwendiger Lebensstil hatte ihn eingeholt. Und Mitte der 70er-Jahre hatte er kein Geld mehr. Zu allem Unglück lief ihm seine Frau weg, die sich zu sehr an den komfortablen Lebensstil gewöhnt hatte. Ole hatte wieder geheiratet, lebte komfortabel, nicht extravagant vor sich hin. Die beiden Geschwister besuchten sich oft, denn sie lebten nicht weit voneinander entfernt.

Eines Tages, es muss im August gewesen sein, Ole saß mit einem alten Freund aus besseren Tagen auf seiner Veranda und las nur aus alter Gewohnheit die Wirtschaftsnachrichten, die ihn längst schon nicht mehr interessierten. Da stolperte er über den Preis der Coca-Cola-Aktie und rechnete aus, dass der Rest seiner Anteile stolze $93.000 wert war.

Sein Freund sagte: „Mensch, Ole, das ist ja ein Gewinn von 1.328%. Aber jetzt solltest du wirklich verkaufen, nur ein Narr würde diesen schönen Gewinn wieder riskieren." Ole brauchte keine weitere Überzeugungsarbeit seines Freundes, er sah ein, dass ein solcher Gewinn in dem Leben eines Menschen wohl nur ein Mal vorkommen würde, und er verkaufte.

Ole rief Joana an und versuchte, auch sie davon zu überzeugen, dass es nun an der Zeit sei, auch ihre Aktien zu verkaufen. Aber auch wenn es bereits zu spät war, versuchte sie ihn zu überzeugen, jedoch erfolglos: „Ole", sagte sie, „was willst du mit dem Geld? Du bist gut versorgt, hast keine Probleme, warum willst du verkaufen? Weißt du eigentlich, was du mit dem Geld anfangen wirst?"

Das wusste Ole natürlich nicht, außerdem war es sowieso zu spät, denn das Geld lag bereits auf seinem Konto.
Ole versuchte, sich zu rechtfertigen. „Joana", sagte er, „Papa hat damals nur $21 investiert, das ist ein Gewinn von mehr als eine Million Prozent. Es wäre dümmer als dumm, die Aktien jetzt nicht zu verkaufen."

Aber Joana blieb stur und verkaufte nicht.

Heute, im Jahre 2012, Ole weilt längst nicht mehr auf dieser Erde, aber Joana erfreut sich trotz ihrer 100 Jahre noch bester Gesundheit. Und sie erzählt jedem, der sie danach fragt, die Geschichte ihres Bruders. „Ole hat's einfach nicht verstanden", sagt sie und lächelt in Gedanken an ihren geliebten Bruder, „zuerst verkaufte er, als die Aktien niedrig standen, weil er Angst hatte, sie könnten weiter fallen, dann verkaufte er wieder, weil irgendein Analyst ihm erzählte, die Aktie sei überbewertet. Am Ende hörte er sogar auf einen Freund, und weil der ihm riet, er solle verkaufen, verkaufte er ohne Not. Er selbst dachte nie über seine Investition selbst nach, hörte immer nur auf andere, er sah den Kurs, aber nicht den Wert seiner Unternehmung."

Auch Joana hat im Laufe der Zeit einige ihrer Aktien verkauft, weil ein Enkelkind kein Stipendium erhalten hatte, weil einer ihrer Söhne keine Arbeit gefunden hatte. Aber sie hat nie verkauft, weil irgendjemand ihr geraten hatte, das zu tun.

Und auf die Frage, wie viel ihr $-21-Investment heute wert ist, lächelt sie nur und antwortet: „9,6 Millionen Dollar."

14 Anhang

Das Buch richtet sich an deutsche Leser, deshalb will ich hier die WKN-Nummern und NYSE-Kennungen aller im Buch erwähnten Aktientitel aufführen.

Name	WKN	NYSE
Allianz	840400	AZSEY
Altria	200417	MO
BP	850517	BP
BHP	850524	BHP
AT&T	A0HL9Z	T
Nestle	A0Q4DC	NSRGY
EON	ENAG99	EONGY
RWE	703712	RWEOY
Johnson & Johnson	853260	JNJ
Procter & Gamble	852062	PG
Reckitt Benkiser	A0M1W6	BRBGPF
General Mills	853862	GIS
General Electric	851144	GE
Beiersdorf	520000	BDRFY
Colgate	850667	CL
Coca Cola	850663	KO
Apple	865985	AAPL
Deutsche Bank	514000	DB
Vectren	927171	VVC
Tabelle 2		

Hilfreiche Internetadressen sind:

www.seekingalpha.com

www.dividata.com

www.onvista.de

www.fool.com

www.nyse.com

Gute Musterdepots kann man unterhalten bei:

www.finanzen100.de

www.onvista.de

www.ing-diba.de

Auf jeden Fall sollten Sie sich von all Ihren Werten die Berichte zu-schicken lassen. Jede gute Unternehmung, die etwas auf sich hält, bietet auf seiner Internetseite unter „Investor Relation" entspre-chende Möglichkeiten an. Für an der NYSE gehandelte Werte ist die Seite von www.seekingalpha.com unverzichtbar, allerdings set-zen die Nachrichten und Foren sehr gute Englischkenntnisse vor-aus.

15 Nachwort zur zweiten Auflage:

Die Diskussionen und der Gedankenaustausch auf diesen Foren haben dazu geführt, dass ich nun diese Auflage in verbesserter Form und hoffentlich auch etwas fehlerfreier herausgeben kann.

Es ist für einen Autor nicht leicht, ohne einen Verlag im Hintergrund, ohne professionelle Korrektoren, einen Text mit mehreren Hundert Seiten zu verfassen, deshalb lieber Leser (und Kritikenschreiber), sehen Sie mir die wenigen Tippfehler nach, die noch im Manuskript enthalten sein mögen. Ich werde mich bemühen, auch den letzten Buchstabendreher zu entzwirbeln, auch das letzte fehlende Komma zu ergänzen und jedes überflüssige Komma zu eliminieren.

In diesem Buch habe ich anfänglich nur meinem Ärger Luft machen wollen. Ärger über all die Experten, Analysten und Spezialisten, die jedem, der es hören will, versichern, sie könnten die Zukunft vorhersagen. In Wahrheit sind sie alle nur daran interessiert, dem unbedarften Laien das Geld abzunehmen. Dass die Industrie der Experten derart gigantische Ausmaße angenommen hat, zeugt nur von der Verunsicherung des einfachen Anlegers, der ständig nach dem Stein der Weisen sucht, um wenigstens etwas finanziell unabhängiger zu werden.

Dieses Buch ist für Anfänger geschrieben. Dieses Buch ist geschrieben für Menschen, die ihr Geld investieren wollen, die eine Anlage suchen, die das eingesetzte Geld sinnvoll und effizient verwaltet und natürlich einen Ertrag erwarten lässt, der die staatlichen Zuwendungen im Alter komfortabel ergänzen kann. Dass man sich hierfür der Börse bedienen muss, ist dabei kein Hindernis, denn dafür wurden die Börsen dieser Welt ursprünglich einmal eingerichtet. So wie ein Küchenmesser zum Morden verwendet werden kann, kann die Börse als Zockerbude missbraucht werden. Sie kann jedoch auch und immer noch eine geeignete Plattform sein, die dem Austausch von Nachfrage und Investitionsangebot dient.

Ich bin der Meinung, dass es an der Börse so wie bei jeder Lotterie und jeder auf Wahrsagerei basierenden Einrichtung keine Experten geben kann. Die Börse bietet den illustren Experten jedoch ungleich mehr Möglichkeiten, die Wahrsagerei unter dem Mantel der Wissenschaftlichkeit zu verbergen als jede andere Pseudowissenschaft. Fatal wird es nur, wenn auch der Kleinanleger diesem Wahn verfällt und beginnt, sich selbst zum Experten zu ernennen oder nach solchen zu suchen. Dabei ist es doch so einfach. Auf der einen Seite steht die Industrie, die Wirtschaft und der Handel, sie alle haben Investitionsbedarf, und auf der anderen Seite steht der Anleger, der versucht, sein Geld so gewinnbringend und sinnvoll wie möglich anzulegen.

Deshalb sollte bei jeder Investition stets im Vordergrund stehen:

Zu wissen, wem man sein Geld geben will, und niemals, unter keinen Umständen die Kontrolle über die eigenen Finanzen an andere zu delegieren, denn derjenige, der das Geld kontrolliert, verdient auch, und das sollten Sie sein und kein Bank- oder Finanzberater.

16 Nachtrag zur dritten Auflage

In der vorliegenden Auflage habe ich einige Fehlerkorrekturen vorgenommen, besonders die Abbildungen, von denen mir in der zweiten Auflage einige *verrutscht* sind, habe ich korrigiert und vereinheitlicht. Man kann nun die Beschriftung der Achsen besser lesen (auch wenn diese immer noch recht klein ist). Dank hierfür geht an *Gabi (Starter)*, die mir die wichtigen Hinweise gegeben hat.

Im Kapitel über ETFs und Fonds habe ich Änderungen vorgenommen, die meinen Ansichten nun besser entsprechen.

Auch das leidige Problem der wechselnden Schriftgrößen ist behoben worden, und ich weiß immer noch nicht, wie es in den vorherigen Ausgaben dazu kommen konnte. Das Zusammenspiel von *LibreOffice* und *Yutoh* funktioniert offensichtlich nicht so ganz problemlos.

Auch einige Werte musste ich verändern, so steht in der zweiten Auflage ein Wert von 20€ für den Titel Altria, doch der ist innerhalb eines Jahres auf 41€ angewachsen.

Vielen Dank gebührt den Mitdiskutanten auf meinem Forum

.http://www.aktienboard.com/forum/f40/finanzberatung-danke-olaf-borkner-delcarlo

Mit ihren wertvollen Hinweisen haben sie zur Verbesserung dieser Auflage maßgeblich beigetragen. Meinen Dank auch an *cubanpete*, der mir mit seinen Hinweisen aus der Profi-Ecke wertvolle Tipps gegeben hat.

17 Literaturangaben

[1] Matthias Thieme: *„Unwürdig und unanständig".* In: *Frankfurter Rundschau*, vom 8. April 2011.

Über den Autor

Vom Kochlehrling zum Wissenschaftler

Angefangen hat alles damit, dass ich mit vier Geschwistern auf-
wachsen musste, mit denen ich mich nicht sonderlich gut verstand.
Papa war Beamter, Mutter Beamtin, alle Geschwister wurden Be-
amte, ja selbst die Großväter wählten alle den sicheren Beamten-
stand, so war's der Brauch.

Ich selbst, obwohl ich's einmal versucht habe, habe es nicht zum
Beamten geschafft. Irgendetwas war zwischen uns --dem Staat und
mir– wir verstanden uns einfach nicht, also haben wir uns nach den
18 Monaten Polizeidienst, die ich statt des Wehrdienstes ableisten
durfte, gütlich voneinander getrennt.

Und weil ich unbedingt Hochseefischer werden wollte, schickte
man mich 14 jährigen Knirps nach dem Volksschulbesuch nach
Reit im Winkl in die Kochlehre. Für die, die's nicht wissen; *Reit im
Winkl* liegt hoch in den Alpen, hart an der Grenze zu Österreich.
Klar, wer auf einem Hochsee-Trawler Dienst tun will, sollte die
Berge kennen, das wird einem jeder Hamburger gerne bestätigen!

Die Kochlehre endete vorzeitig damit, dass ich zu Weihnachten
einen Karpfen töten sollte. Aber der sah mich so traurig an, dass
ich den Holzhammer, Holzhammer sein ließ und weinend die ver-
rauchte Küche verließ. Meine Lehrherrin schüttelte nur den Kopf
und meinte: *„Der Bub taugt nicht für den Koch, er sollte doch lieber Metzger werden."*

So schnell können Karrieren enden.

Dann schickte man mich in die Lehre als Elektriker, bis mich der
Chef der Fernsehabteilung zu sich nahm und ich den Rest meiner
Lehrzeit als Fernsehtechnikerlehring verbrachte. Damals reiste
man mit einem Röhrenkoffer von Kunde zu Kunde und reparierte

vor Ort, die riesigen Kisten mit dem kleinen Bildschirm.

Nach einer längeren Episode als Musiker versuchte ich's mal mit der Selbstständigkeit mitten im Bayrischen Wald, der damals noch tief und schwarz war. Ich verkaufte Fernsehgeräte und reparierte sie. Aber irgendwie fand ich, war das auch nicht meine Bestimmung, also entschloss ich mich nach Australien auszuwandern.

Dort begann eine wunderbare Zeit. Ich arbeitete bei *General Electric*, deren Aktien ich heute besitze (nicht alle natürlich), dann für die Firma *Matsushita*, die heute glaube ich Panasonic heißt. Für drei Jahre arbeitete ich bei *TCN9* und *ATN7*, die damals größten australischen Fernsehketten.

Nach vier Jahren kehrte ich zurück nach Deutschland. Und eigentlich sollte es nur ein Urlaub werden. Meine Rückkehr nach *Down Under* stand kurz bevor, da las ich eine Annonce in der Süddeutschen Zeitung, in der stand; man könne auf dem Wege des Zweiten Bildungswegs die Mittlere Reife nachmachen, da konnte ich einfach nicht widerstehen.

Also machte ich die Mittlere Reife und weil's so schön war, gleich noch das Abitur hintendran. Abitur macht man in Bayern im April und Mai, mit dem Studieren fängt man an im November, jedenfalls ist das in München an der TU so. Geld hatte ich keines und so musste ich mir einen Job suchen, als Überbrückung bis zum Studienbeginn.

Hätte die Dame bei Manpower in ihrem Rolodex nur ein Kärtchen weiter vor oder zurück gegriffen, dann wäre mein Leben in völlig anderen Bahnen verlaufen. Denn so schickte sie mich zu MBB als Lektor für englische Handbücher und damit in die Arme einer kleinen süßen Italienerin, die fortan die Regie in meinem Leben übernehmen sollte, aber das wusste ich damals noch nicht.

Noch im selben Jahr stellte sie mich ihren Eltern vor. Die waren entsetzt als sie mich das erste Mal sahen. Flowerpower, mit hellblauen Hosen, einem grünen Hemd, das metallisch glänzte und einem riesigen Schlapphut auf dem Kopf. Natürlich rieten sie ihrer Tochter doch abzulassen von so einem Filou und Herumtreiber.

Aber meine Freundin blieb stur und nach sechs Jahren heirateten wir, mit dem Einverständnis der Eltern.

Wer die spaßige Geschichte nachlesen will, kann das tun: Das Buch *"Italien für Anfänger"* beschreibt meine merkwürdigen italienischen Erfahrungen.

Nachdem wir ein Jahr verheiratet waren, legte sich der Widerwille meiner Schwiegereltern und machte Platz einer wirklich beeindruckenden Zuneigung. Die drückte sich darin aus, dass mein Teller beim Zuteilen der täglichen Spaghetti immer voller wurde.

Ich studierte Informatik und weil das mit dem Abschluss ganz gut passte, durfte ich am Lehrstuhl für Bauinformatik von Herrn Prof. Dr. Heinrich Werner zum "Doctor rerum naturalium" promovieren (Doktor der Naturwissenschaften). Professor Werner war stets ein geduldiger und einfühlsamer Doktorvater, der mir, nach meiner Frau, zur wichtigsten Person in meinem Leben geworden ist und mit dem ich bis heute in Freundschaft verbunden bin.

Für eine Karriere an der Universität war ich dann doch schon zu alt und so ging ich nach Italien um mich dort als Unternehmer zu versuchen. Dank der *dot.com* Blase funktionierte das auch ganz gut. Doch kurz bevor die Blase platzte, wurde meine erfolgreiche kleine Firma von meinem größten deutschen Geschäftspartner übernommen und man setzte mich als "Amministratore unico" für alle italienische Filialen ein.

Aber bald schon wurde mein Arbeitgeber von einer noch größeren amerikanischen Firma aufgekauft und die brauchten keine Filiale in Italien, die hatten schon mehrere. Also wurde ich vorzeitig in den Ruhestand geschickt.

Ich wusste, dass das mit meiner umlagefinanzierten Rente kaum etwas werden würde, also fing ich an, an der Börse zu spekulieren und das ging in den ersten Jahren fürchterlich in die Hose. Aber ich gab nicht auf und lernte. Das Wichtigste was ich lernte war: Höre auf keine Berater.

Heute kann ich von meinen Dividenden gut leben, die Rente ist nur das Tröpfchen auf dem heißen Lehmboden und verdampft schnell, wenn ich mit meiner Frau zum Essen gehe.